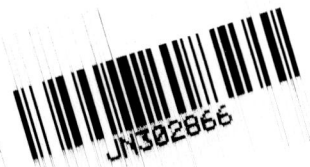

持続可能性の危機

地震・津波・原発事故災害に向き合って

●

長谷部俊治
舩橋晴俊　編著

御茶の水書房

序　「持続可能性の危機」を問うこと

長谷部俊治
船 橋 晴 俊

人間は，破滅的なもの，未知なものに直面すると，恐れを抱くとともにその意味を理解しようとする。2011年3月11日に起きた大地震，巨大津波，原発事故は，まさにそれに当たる。それぞれが深刻な災害を引き起こしただけでなく，被災，避難，救援，復旧・復興の過程で人々の様々な思いが交錯し，起きたことの意味を問い続ける作業を強いるのである。

本書は，主として研究者の立場から，それらの災害（3.11災害）と向き合い，問い続けるなかでどのような問題を発見したか，そしてそれにどのように取り組むべきかについての論考（論文9編，コラム2編）をまとめたものである。

もとより，置かれた立場や事情，災害に向き合う姿勢，問題関心などは各人各様である。特に，被災当事者と外部からの関与者とのあいだには，事態に取り組む切実さや緊急性について質的に大きな違いがある。また，起きたことの全容は未だ明らかでなく，復旧・復興に向けての道筋は端緒についたばかりであり，原発事故災害についてはその終息についてさえも今後長い時間を必要とする。従って，問いの発し方は多様であるし，問いを通じて浮かび上がってくる意味もまた多面的，多義的なものにならざるを得ない。

そのなかで本書には二つの特徴がある。

第一の特徴は，3.11災害に向き合うなかから「持続可能性の危機」という共通の認識に至ったことである。

3.11災害は，様々な危機的情況を顕在化した。たとえば，福島第一原子力発電所の事故とそれに伴う災害の広がりが引き起こしたのは，放射能汚染を防止できなかったことだけでなく，生起した放射線被曝がどのような健康被害を引き起こすのかの確実な認識が極めて困難であること，放射能汚染からの回復が極めて困難であること，エネルギー供給の安全性と安定性がいとも簡単に崩れ去ったことなど，それぞれが深刻な問題を孕む危機的な事態であった。しかもそれらが複合的に起きたのである。そしてそのような事態は，我々が築いてきた環境・社会・経済の基盤の危うさを浮き彫りにし，それらのあり方の根本的な見直しを迫っている。

また，東北地方太平洋沖地震による津波の被災についても，多数の人命が失われただけでなく，居住という人間にとって基本的な基盤が広い範囲で全面的に崩壊したこと，居住を支える土地の記憶や自然的基礎の認識が十分に確認・伝承できていなかったこと，高齢者を始めとする社会的弱者へのケア体制が災害に対して脆弱であったこと，さらには被災後にコミュニティの解体あるいは衰退が不可避的に起きつつあることなど，地域社会が持続するための基盤が危うい状態であったことを顕在化した。その危機は一過性のものではないし，被災地に限らず日本の多くの地域社会が共通して抱える問題でもある。その重大さを正面から受け止めなければならない。

さらには，より根源的に，安全とはどのような状態なのか，科学技術の制御可能性は確保できているのか，各種の制度は人間を尊重するべく運営されているのか，エネルギーや食糧の供給のブラックボックス化が何をもたらしたか，大都市と地方との関係は公正か，開発に当たって生態系や歴史・文化が十分に尊重されているかなど，環境・社会・経済の成り立ちそのものについて問い直す必要も生じている。

このように，3.11 災害は多様な危機をもたらしたのであるが，これらに向き合うと，これらの危機が相互に関連し合い，重なり合いつつ，全体としてひとつの危機的な情況を示しているという実態が浮かび上がってくる。我々はそのような危機的な情況を，「持続可能性の危機」として捉えることとする。

実は「持続可能性」という概念は多義的である[1)]。たとえば，国際機関が一般的に採用している「持続可能性」の定義は，環境，社会，経済が調和して長期的に持続することであるとし，環境面では，気候変動への対応，生態系の保全，水，森林，食糧，エネルギー等の資源の適正な管理などが強調される。また社会面では，Millennium Development Goalsに代表される最低生活水準の確保，人権の尊重，社会参加の確保などを，経済面では，公正な国際取引や開発援助などによる南北格差の是正を焦点とした取り組みが展開されている。これは，1987年の国連「ブルントラント委員会」（Brundtland Commission）報告で述べられた「持続可能な開発とは，将来の世代の欲求を充たしつつ，現在の世代の欲求も満足させるような開発」（“sustainable development is development that meets the needs of the present without compromising the ability of future generations to meet their own needs.”）という定義に即した考え方である。

だがそれに対する懐疑的な意見や，この定義の含意をもっと積極的に展開せよという意見も多い。たとえば，環境，社会，経済だけでなく文化の持続も重要な要素であるという主張，開発の意味を人間活動の影響を環境容量の範囲内に留めつつ生活の質を向上させることに転換すべきであるという考え方，さらには地球生態系の持続を最優先すべきで人間の都合はその範囲で考慮するという原則の提示など，様々な議論が展開されている。

また，持続可能性を定量的に計測する試みにしても，たとえば自然資源と人工資源の代替性を認めるか否かという計測のための前提においてさえ異なる見解がある（代替性を認める立場を「弱い」持続可能性，認めない立場を「強い」持続可能性という[2)]）。あるいは，持続可能性を考える際の空間的時間的な広がりも一律ではない。地球的な規模ではなく地域社会や特定の領域についてその持続可能性を問うアプローチがあるし，絶滅危惧種の保全や人権の保護などは喫緊の課題である一方，気候変動や水・食糧・エネルギー需給などについてはやや長期的なスパンで考えなければならないのである。

しかし，このように持続可能性という概念が多義的であるにせよ，3.11災害がもたらした，複合的，重層的な問題に直面し，価値観，倫理観のような根源的な基盤の問い直しに迫られ，大きな時間的空間的スケールのもとで生存のあり方を考え直さなければならないという情況は，「持続可能性の危機」というほかないと考える。3.11災害は，まさにそのようなものとして立ち現れ，現代の日本社会が持続可能性の危機に直面していることを露にしたのである。

さらには，3.11災害は，日本の社会に持続可能性問題を産み出す構造が組み込まれていることを炙り出した。

地震・津波災害は，我々の生存が自然との共生によって支えられていることを忘れていたのではないかという問いを突き付けるし，原発事故災害は，科学技術への過信（特にその制御可能性についての吟味不足）が招いた災禍という性格が見出される。これらは，まさに環境の持続可能性を損う普遍的な構造問題そのものである。また，3.11災害によって浮かび上がってきた，コミュニティ機能の脆弱化，大都市と地方との関係の歪み，地域社会の自律性の喪失などは，いずれも効率性を過度に追求した結果であると考えることができ，社会の持続可能性の基盤を掘り崩す構造問題である。そして，3.11災害は，食糧の安全，エネルギーの安定供給，地域経済力などについて強い疑念をもたらしたが，それらは経済的な持続可能性への疑念でもある。

もっとも，このような持続可能性問題についてはその真偽を含めて検証が必要である。本書の論考はそのための一歩でしかないであろう。従って，本書の標題は，正確には，「持続可能性の危機？」とすべきであるのかもしれない。

第二の特徴は，本書の論考が3.11災害の多様な局面をカバーするとともに，地震・津波災害と原発事故災害との本質的な違いを明確に意識した論述であることである。

災害の進行の局面は，被災，避難，救援，復旧・復興という過程を辿るが，それは局所的な社会変動過程でもある。また原発事故災害は，それが起きたこと自体が衝撃的な出来事として世界的な関心事となる。そしてその過程で多様な関係者が多数の意思決定に迫られ，その行動がまた多くの社会的な影響を引き起こす。同時に，多彩な認識や意味付けがなされ，それらが交錯する。その全貌を捉えることは不可能に近い。

それぞれの問題関心に従って事態にアプローチするほかないのであるが，そのなかで本書の論考は，避難・救援の局面（第6・7章，コラム1），復旧・復興に向けた局面（第4・5・8・9章，コラム2），認識・意味付けの理論的な側面（第1・2・3章）をカバーする。各論考は執筆者の学問的背景や問題設定の違いを反映しているから，論考全体が一貫した視点や考え方によって論述されているわけではないが，しかし3.11災害をめぐる局面の主要なテーマについて考察を加えることができたと考える。特に，被災地・被災者との支援的な関わりについて具体的な実践のなかで考察した論考（第4・6章，コラム1）は，被災に直接向き合った記録でもある。

ところで，災害の局面においては一定の共通性があるものの，地震・津波災害と原発事故災害とは本質的な違いがある。

まず，災害発生原因の性格が決定的に異なる。地震や津波は自然現象であって，その発生は自然史的必然である。発生によりどのような影響を被るかについては人為的な要素が強く作用するが，事象の発生自体は運命として甘受するほかない。一方，原発事故は，自然現象ではなく人為によって引き起こされたものである。自然界には存在しない連鎖増幅する核分裂反応という危険な現象をあえて造りだした結果であり，人為がなければ原発事故は絶対に発生しない。しかも，その造りだした現象の制御可能性について，以前より重大な疑いが寄せられていたところ，福島原発では自然災害をきっかけとして制御可能性が失われた。

この違いは，3.11災害に向き合う場合の基礎的な認識の差となって現れる。たとえば，原発事故の原因は予期せぬ大津波が原因だとして，3.11災害をひとくくりに論じることは，問題の本質を覆い隠す危うさを孕むことになりかねない。

次に，被災の様態についても大きな違いがある。地震や津波は，一旦起きた後は直接的な危険状態が継続することはない。数日過ぎれば，再度被災する恐れは遠のくのである（もちろん，被災による異常状態がときには数年にわたって続くし，また余震やそれに伴う津波の危険性も存在することを忘れてはならない）。ところが，原発事故による被災は，事故発生後も長年にわたって危険な状態が継続する。放射性物質の再度の漏出・拡散の恐れや，拡散した放射性物質による被曝の恐れが，年単位で数えなければならない長さで残っているからである。しかも，被曝の影響については未知なところが多く，不安も各段に大きなものとならざるを得ないのである。

復興のあり方の違いはその現れでもあるが，瞬間的な破壊と危険状態の持続という被災様態の違いは，対応のあり方だけでなく，災害に関する社会的な意味付けや受容態度の違いを生じることになるのである。

もう一つ見逃せないのは，災害による影響の空間的時間的な広がりの違いである。地震・津波災害は，東日本の各地に広範な影響を与えたが，空間的に限られた範囲のものであった。時間的にも，復旧・復興の取り組みは，早晩日常的な活動となっていくであろう。また，災害そのものも同じような類型のものとして，カシミール地震（2005年，死者86,000人以上），四川地震（2008年，死者69,227人），スマトラ大津波（2004年，死者283,100人以上）などがあり，国際的な視点から見れば特異なものとは言い難い。

一方，原発事故災害は，影響そのものが国際的な広がりを呈している。漏出した放射性物質は地球規模で拡散したし，原子炉の安全性について全世界に注意を喚起した結果，ドイツなどではエネルギー政策を転換するに至った。時間的な広がりについても，廃炉や放射性廃棄物の処理問題を含めると，影響の終息を見通すことさえ困難である。現に，チェルノブイリ原発事故（1986年4月26日発生，事故によって漏出した放射性物質の量は福島第一原発事故を上回ると推定されている）によって汚染された土地は26年経過したいまでも居住不能の状態にあるし，爆発した原子炉はコンクリートの建造物に覆われたままであり，さらに今後100年単位の対処が必要となっている。

このような違いから，地震・津波災害よりも原発事故災害のほうが，現代社会のあり方や科学技術のあり方に関して，より根源的な問いを喚起することとなるし，持続可能性の危機という観点からもより深刻な問題を孕んでいる。3.11災害が提起した問題を理論的な側面から考察した論考（第1・2・3章）が，図らずもすべて原発事故災害に焦点を当てたものとなったのもそれ故である。また，第2部と第3部との区分も，両者の本質的な違いを意識したものである。

さて，本書は，法政大学サステイナビリティ研究教育機構（「サス研」）の活動を発端として成立した。サス研は，3.11災害を重く受け止め，総合大学としての社会的責任と専門性を伴った学術的な貢献を担うべく，2011年5月以降，研究チームを組織して活動を展開しているが[3)]，本書のいくつかの論考にはその活動の成果が反映している。活動に当たっては，研究会や公開シンポジウム[4)]を開催して議論を深め，知見や成果の交流を図ってきた。

しかし3.11災害に向き合うということは共通であっても，研究者ごとの視点や考え方の違いは残る。そもそも，学問的な背景が異なれば，問題の設定やアプローチの手法が違ってくるのは当然である。また，それらの違いが関心を寄せる事象・事態や問題意識に差異を生むのもあたりまえである。3.11災害に向き合ううえで最も重要なのは，それぞれの学問的な基盤をもとに冷静な議論を継続することである。その意味で，本書の論考は，中間的な性格を帯びていることを理解いただきたい。

●注

1）本書第1章においては，持続可能性の概念が批判的に検討されている。また，第2・3章も，持続可能性をめぐる理論的な考察である。

2）たとえば，David Pearce, Anil Markandya, Edward B. Barvier（1989）“Blueprint for a Green Economy”『新しい環境経済学』（ダイヤモンド社，1994）p36-52を参照。なお同書には，資料として，環境持続性の様々な定義が添付されている。

3）2011年度は，次の7つの研究チームが組織され活動が展開された。
（被災地に対する支援を中心に）
・陸前高田地域における被災住民による主体的な地域再生に向けた再生支援の研究
・陸前高田市議会文書の救援保全活動
（震災・津波被災地の復興を中心に）
・東北製造業の震災津波被災実態と復興の展望の研究
・震災・津波被災とサステイナブルな都市・地域デザイン（港町・漁村の復興）の研究
（原発事故をめぐる諸課題を中心に）
・放射能時代の農業・農山村の持続可能性の探究
・再生可能エネルギーの普及方策に関する研究
・震災アーカイブズの構築および『原子力総合年表・資料集』の編集

4）原発・震災問題緊急シンポジウム「震災・原発問題の投げかけている課題と復興への展望：地域再生の視点から」（サス研主催，2011年7月3日），サス研フォーラム「原子力の持続可能性を問う」（サス研主催，2012年1月29日），国際シンポジウム（午前の部）「震災後のいま問いかける：自然との共生と生業・生活文化」（サス研・国際日本学研究所共催，2012年3月20日）（開催場所はいずれも法政大学市ヶ谷キャンパス）など

持続可能性の危機

目　次

目　次

〈被災地から見えるもの〉

持続可能性の危機

——地震・津波・原発事故災害に向き合って——

〈持続可能性の問い直し〉

第1章　ポスト3.11と「持続可能性」のコペルニクス的転換

——危機の時代に「人間らしく生きるための条件」を求めて——

牧野英二

はじめに

2011年3月11日に起きた東日本大震災・福島第一原発事故によって「持続可能性」に対する従来の見解は，根本的見直しを迫られている。また，日本社会は従来とは異質なリスク社会に変貌し，多くの住民が「人間らしく生きるために必要な条件」を取り戻せず，生存の危機に曝されている。そこで本章は，哲学・倫理学的観点から次の課題に取り組む。第一に，震災・原発事故の発生以来，いまだに多くの住民が曝されている「健康被害」について，筆者の基本認識を示す［第一節］。第二に，震災・原発事故に対する政府・東電などの対応や，従来の政策の前提にある「持続可能性」に対する批判的分析を試みる［第二節］。第三に，科学者・研究者，大学など研究教育機関の果たすべき責任や役割について，若干の見解を提示する［第三節］。第四に，「持続可能性」に対する従来の見解に代わる新たな構想を提案する［第四節］。これらの考察によって，震災・原発事故の本質に迫り，同時に「持続可能性研究」の進展に寄与することを試みる。

1　「健康の危機」と「人間らしく生きるための条件」

（1）危機の重層性

震災・原発事故の発生以来，国民はかつて経験したことのない危機に直面している。筆者は，10年前，現代が危機の時代であり，批判的機能が必要であると訴えた。そこでは「危機と批判（Krisis und Kritik）」との不可分の関係を指摘し，批判と同じ語源に由来する「クリージス」「クリーゼ（Krise）」が，経済学で「恐慌」を，医学で「発病」を，核実験や原発事故での「臨界」を意味することを指摘した。同時に，国家的・政治的レベルでの危機管理も含めて危機に対する批判的機能が衰退している現状に警鐘を鳴らしてきた[1)]。この警告は，不幸にも3.11で「予想以上に」的中した。現在，被災地住民や国民の多くから，さらに国際社会からも政府・官僚・東電・学会・専門家に対する不信の念が強まり，今日不信の連鎖が増幅し拡大して，日本社会は「信頼の危機」と呼ぶべき状況に陥っている。

被災地住民は，科学技術を無力と化す自然の猛威と人間に起因する自然の制御不可能な脅威とによって「人間らしく生きる術と拠り所」，「定住地（colonia）」を奪われた。彼らは，特に放射能汚染による「植民地主義（colonialism）」の暴力によって，今後も不安に脅えて生きなければならない。この暴力は，「風評被害」を産み出し，住民への差別と偏見として現れ，「外の自然」と「内の自然」を破壊した。日本社会では，人間関係や社会基盤を成り立たせる「信頼関係」が崩壊しつつあり，「不信の構造」が加害者と被害者との関係や被害者の間でも増幅され，新たな被害と加害の構造を再生産している。ここに筆者が「危機の重層性」と呼ぶ震災問題の複雑さと根深さがある。筆者は，「てつがくカフェ」を福島市や都心で実施した際，放射能と同様に「不可視の暴力」による「健康破壊」の一端を垣間見た[2)]。そこで次に，哲学的観点から「健康」の意味を検討する。

（2）被曝被害の隠蔽と増大する「健康不安」

ジャン－ピエール・デュピュイは，『ツナミの小形而上学』の日本語版序文の中で，自然が人間に対して「お前は自分に宿る悪を，私の暴力に重ね合わせて隠そうとした。けれども私の暴力は純粋なもの，善悪の範疇の手前にあるものだ。ならば私は，お前が作った死の道具と私の汚れのなさとの重ね合わせを文字通りに取って，お前を罰しよう。このツナミを受けて滅ぶがよい！」[3)]，と今回のカタストロフィを語っている。筆者は，人間の悪や暴力が自然の暴力に重ね合わせて隠そうとした事実を彼が看破した点に注目したい。実際，多くの人間は，自然災害に重ね合わせて人間の「死の道具」，原発事故を津波や大地震という自然の暴力に重ね合わせて隠そうとした。この1年間，繰り返された「直ちに，健康に影響はない」という政府関係者の発言とそれを無批判に報じたマスコミ報道の姿勢は，国民の健康や安心・安全の棄損と不信増幅の最大の元凶であった。放射性物質が健康に害はない，と断言できる人間は存在するのだろうか。ここに，今回の複合災害をめぐる「不信の構造」と「信頼の危機」を産み出した主要な原因がある。またデュピュイは，「今日では最も大きな脅威は悪意をもつ者よりも，むしろ善意の産業によってもたらされる」(上掲書，viii)という現代社会のパラドクスを的確に指摘している。筆者は，政府，官僚，企業，マスコミ，自治体，研究者・学者の言動にも同じ問題点が潜んでいる，と考える。

原発事故の実態は，今日に至るまで断片的で小出しの情報に翻弄され全体像が明確に示されていない。国民の事故の記憶が薄れ忘却されるに従って，正確な情報が明らかにされてきた。政府機関の情報開示の問題は，大気・水・土壌・海洋から食料・住居・生活物資にわたる放射能汚染の正確な実態が解明されない点にもある。情報開示の不十分性・情報秘匿・情報操作は，健康不安や情報への不信や風評被害を拡大させる結果となった。災害発生後の政府の対応は，被災者・避難者の経済的条件の悪化や生活条件の低下による日常生活や将来への深刻な不安・健康的な条件を維持可能にするよりも，困難にする方向に作用した[4)]。これらの事象は，「持続可能な社会」の前提条件の喪失という事態を意味する。

（3）「健康」の哲学的考察

最初に，「健康」の一般的意味を確認しておく。「健康とはただ疾病や障害がないだけでなく，肉体的，精神的ならびに社会的に完全に快適な状態にあること」(世界保健機関憲章序文)。この文章は，個人的レベルと集団的レベルの二つの側面から成る。第一に，個人の健康条件は，疾病がなく食欲があり便通がよい，元気がよく疲れにくい，睡眠が十分とれる，抵抗力があり病気にかかりにくい，姿勢がよく身体の調和がとれている，発育が正常なことにある。第二に，集団の健康の指標は，平均寿命，死亡率，新生児・乳児死亡率，周産期死亡率，妊産婦死亡率，罹患率，有病率などである[5)]。ところが，WHO憲章の健康の次の文章では「…健康は，人種，宗教，政治的信条，経済的ないし社会的条件の区別なく，あらゆる人間の基本的権利のひとつである」[6)] と記されている。健康は，人間の基本的権利に属する。健康の実現には，人種，宗教，政治的信条，経済的ないし社会的条件の差別を受けないことが不可欠である。だが，現代社会では，「健康」という基本的人権が保証されている人間はどれだけ存在するのだろうか。真に持続可能な社会を実現するためには，上記の健康概念の内実が満たされなければならない。

健康は基本的人権に属し，健康の権利は，日本国憲法が謳う基本的人権に基づくものとして，全国民に等しく保障されなければならない。だが，今日，多くの低所得者・障がい者・疲弊した地域の住民や被災者の健康の権利は，憲法が謳うように守られてはいない。いまや「健康」の実現のための条件を問い直すことが求められている。

そこで次に，20世紀哲学に大きな影響力を及ぼしたハンス－G・ガダマーの健康観を検討してみよう。ガダマーによれば，健康の本質は，「健康の神秘〔秘匿性〕(Verborgenheit der Gesundheit)」[7)] にある。健康は，日常的には隠されている。病気や怪我の時に，初めて人間は健康ではないことを自覚し，健康の尊さを意識する。健康は測定できないとすれば，「その理由は，まさに健康が内的に調和し，自己自身と一致した状態にあるからに他ならない」(上掲書，同箇所)。健康は，生活の質（QOL）と同じく，客観的に数値化しデータ化できない。健康は，内的調和にあり，自然のバランスにある。

ガダマーの解釈では，「健康とは生のリズムであり，つねに平衡が保たれている恒常的なプロセスである」(上掲書，p.146.)。健康を自然の平衡状態と考えることは，人間の健康だけに妥当するわけではない。生のリズムの現象は，生命力・気分転換・エネルギーの回復にある。科学技術は，自然の平衡状態が回復不可能な状態に陥るほど自然・社会・人間の環境を破壊し，制御不可能な事態を引き起こし，生命体全体の健康を破壊する。現代技術の本質は，自然の自立性を破壊し，人間の自然も破壊した点にある。健康は，心身全体，宇宙，天候や周囲の森林・田畑などの環境と深くかかわり，その影響を受ける。したがって持続可能な社会の人間の健康は，異分野融合的研究によって実現しなければならない。

哲学者の課題は，「単なる原因と結果，治療と効果の一致ではなく，〈秘匿された調和（eine verborge Harmonie）〉」を再び獲得することであり，「その調和のなかに〈回復の奇跡〉と〈健康の神秘〉が宿っている。それは〈保護性（Geborgenheit）〉を意味している」（上掲書，p.148.）。哲学者の課題は，健康にかんする個別的事象に拘泥せず，自然科学的な因果関係に制約されず，健康の本質である「秘匿された調和」を自覚させて，それを「保護」することにある。哲学的に言えば，「健康は作られたり制作されたりするものではない。／健康は，損なわれることによってわれわれ自身の対象となる」（上掲書，p.1.）。健康は，「制作技能（Machenkönnen）」ではない。病気や死は，「制作可能性（Machbarkeit）」の限界を表している。健康は制作可能なものではないという指摘は，示唆的である。人間を含む自然界全体は，大災害や「想定外」の事故による人間の制御可能性を超えている。「制御不可能性」は，原発事故による放射能被曝や汚染問題に限定される事態ではなく，反自然的なものの制作技能に不可避であり，社会システムでも不可避である。

健康的な生き方は，「人間は，他のすべての生きものたちと同様，自己の健康に対する絶え間ない威嚇的な攻撃から身を守りながら生きている」（上掲書，p.148.）ことである。しかし人間は，いつも防御の姿勢をとっているわけではない。人間自身が自然であり，それは人間の内部にある自然に他ならない。「それはわれわれの身体の防御的，自己構成的な有機的体系によって，同時にわれわれの〈内的な〉平衡を維持することができる自然なのである」（上掲書，p.148f.）。この健康観の特徴は，人間の自然と外の自然との調和を回復することにある。自然は，人間の健康を損ない，人間の存在を否定する脅威として働く。他方，人間は，この自然と同じ自然であるかぎり，自然とともに存在する。

筆者は，ガダマーの見解に概ね賛成である。特に自然が人間の健康を脅かす絶えざる脅威として働くことは，今回の大震災・原発事故で端的に現れている。したがって人間は，「自然との共存」という美しい言葉によって自然の暴力性を隠蔽させてはならない。他方，彼の主張に筆者は幾つかの疑問を禁じることができない。まず，人間が自然界に存在しない人工的な物質（猛毒のプルトニウムなどの核物質や遺伝子操作で産み出された生物・食物など）を産み出して以来，古代ギリシアの自然をモデルにしたマクロ・コスモスとミクロ・コスモスとの類比や自然の調和の思想は，もはや通用しないのではないか。現在，そして将来，日本で生活する人間の多くは，放射能に汚染された環境の中で，「自然の調和」を破壊した自然の中で生きてゆかなければならない。この状況で，著者の見解は，どこまで妥当なのだろうか。健康は，地震・津波・感染症など自然の脅威に限定されない。戦争やテロなどの事件，原発事故や鉄道事故，公害等人災による健康の阻害要因にも十分な顧慮が必要である。これこそ，3.11以後日本で学問研究する者の取り組むべき主要課題である。

（4）健康であるための前提条件

次に筆者は，健康を実現するための主要な前提条件を考察する。健康作りのためのオタワ憲章で挙げられた前提条件は，次の通りである。①平和（peace）②住居（shelter）③教育（education）④食糧（food）⑤収入（income）⑥安定したエコシステム（a stable eco-system）⑦持続可能な資源（sustainable resources）⑧社会的正義と公平性（social justice and equity）[8)]。これらは，本章のサブタイトルに掲げた「人間らしく生きるための条件」を意味する。

①平和は，健康の最も重要な前提条件である。戦争や紛争・テロなどは，人命を奪い，心身の健康を損ない，基本的人権を棄損する最も暴力的な行為であり，未来世代にわたり，精神的・物的・環境的な大きな負の影響を与える。戦争や武力衝突では，核兵器の使用の危険性を生じ，劣化ウラン弾のような核汚染を引き起こす反人道的兵器が使用されてきた。これらの兵器の使用を禁止しようとする国際社会の努力は，まだ不十分である。

②住居は，人間が最小の共同性の単位である家庭生活を営む物的・精神的よりどころである。“homeless”は，住む場所の喪失だけの“houseless”でなく，

家族が集うべき場所・拠り所の喪失状態を意味する。津波や地震，原発事故で自宅を破壊され，避難を余儀なくされ，避難所や仮設住宅で不便な生活を強いられた人々は，健康という人間の基本的権利が奪われている。“home”は，人間の生きる場をなす「絆」の基本的条件の一つである。

③教育には，人間の徳育・知育・体育という成長の基本条件が満たされなければならず，そのためには，あらゆる意味で，健康であること，健康でありうることが保障されなければならない。心豊かな社会システムの形成には，道徳・倫理・成熟した判断力に裏付けられた人間教育や人間関係の構築が不可欠である。心身の健康を損なう戦争・紛争・災害などによる被災者・救護者両者のメンタルケアと自立支援には，教育の力が求められている。

④食糧は，生物として生存するためだけでなく，人間として望ましい健康的な成長やその維持が保障されるための基本的条件である。食糧生産の場を奪われ，農業・漁業の生産物が放射能に汚染され，生業のすべが断たれている人たちは，健康だけでなく生きる権利すら奪われている。彼らは，土地に縛られ，安全で安心できる食べ物・飲料水の保障を得られず，安全を脅かす要因（リスク）に曝されている。これは正義に反する事態である。

⑤収入は，上記の諸条件を満たすために，必要不可欠であり，経済的自立の基本条件である。大震災や原発事故によって，住民の多くは未来世代にわたり収入の条件が奪われている。除染された土壌や水の保管場所についても，被災地や他の地域の住民の間で，合意が困難な状態にある。原発事故は，最前線で働く末端の現場作業員の労働条件の劣悪さだけでなく，反社会的な賃金格差の実態までも明らかにした。

⑥安定したエコシステムは，健康を脅かす生活環境や社会環境，自然環境から人間を守るために必要不可欠の条件である。現在の日本では，この条件が満たされていない。「放射能汚染は健康に直ちに影響はない」という言説は，健康の意味を理解できず，放射能汚染が健康に不可欠な「安定したエコシステム」を破壊する現実が把握できない表れである。加えて，国民に健康を保障する客観的基準は明確に示されていないので，「暫定規制値」の数値とその変更は，健康不安を煽り，心身の健康を損なう結果を生じている。

⑦持続可能な資源には，自然的・物質的資源や，人的資源の確保と供給も意味する。健康を維持する上で，安定的な日常生活や企業の経済活動に要するエネルギーの確保は不可欠であり，個人レベルから共同体レベル，国家や国際社会のレベルまで，持続可能な資源の確保と安定的で安全なエネルギーは最も重要な条件である。そのためには，健康を損なう原子力エネルギーではなく，自然再生エネルギーの使用が最適解である。資源の有限性と再生エネルギーの意義と課題は，健康問題と不可分である。国内と国際社会の資源配分・環境政策・経済や金融の公平な配分や遺伝資源及び利益配分の公平性による「バイオパイラシー（biopiracy）」の禁止，産業廃棄物や放射能汚染物質の海洋投棄の禁止も不可欠である。

⑧社会的正義と公平性は，健康に不可欠な①から⑦までの条件を個人レベルから共同体レベル，国家や国際社会のレベルまで，あまねく実現する指針である。経済のグローバル化と富の不公平・国内外の南北問題は，社会保障制度の課題でもある。しかし日本社会では，社会的正義と公平性の実現はきわめて不十分である。現在の日本社会は，「健康」の基本条件も十分満たしておらず，「真に持続可能な社会」の実現にはほど遠いのが実情である。

2　従来型の「持続可能性」概念の陥穽

（1）「サステイナビリティ学」と原発安全神話の前提

急激な気候変動や長期にわたる世界規模の経済不況・金融不安の影響に加えて，今回の災害により日本社会は，多様な意味で「持続不可能な社会」に変貌しつつある。そこで本節では，「健康」概念の実現を妨げる最大の障害となった原発事故と原発推進の考え方の基礎にある再生エネルギーに依拠した「持続可能性」の考え方に対する再検討を試みる。

現代社会は，科学技術の時代であり，原子力エネルギーと原発は，資源の枯渇や地球温暖化対策という人類の明るい未来を拓くために有効な役割を担う最先端の再生エネルギーとして華々しく登場した。まず，地球温暖化問題の解決と原子力発電の「サステイナビリティ」（sustainability）との関係について，二酸化炭素削減と地球温暖化対策の切り札として，日本政府，官僚，電力会社，産業界，学会・研究者，マスコミなどによる「安全で安価な再生エネルギー」である原子力発電事業が推進されてきた。そこでここでは，原子力発電を推進してきた人々による『サステイナビリティ学への挑戦』の見解を検討してみたい。それによって，「原発安全神話」の真相が明らかになるはずである。

例えば，「原子力に対しては，賛成・反対の両極端の議論がありますが，私は，このあたりで，〈原子力エネルギーはサステイナブルなものであるか〉という観点から，科学的・客観的な総合評価を行う必要があると考えています」[9)] という，有力な見解がある。この主張の背景には，「地球温暖化問題の解決は，省エネ，新エネルギー，原子力の組み合わせが鍵を握りますが，なかでも原子力は不可欠であり，原子力発電所の建設を一定量進めることで，世界規模での地球温暖化防止に貢献すると考えられます」（上掲書，pp.149f.）という，原子力工学者の強い確信があった。また，原発が持続可能であるためには，下記の条件が必要である。(1) 技術的な裏付け（高速増殖炉サイクルを含む）。(2)総合的経済性。(3)広い意味での安全性(核拡散を含む)。(4)資源的問題がない（将来，高速増殖炉導入）。(5) 廃棄物の安全な処分。(6)人材育成維持，技術力維持。(7) 将来世代に大きな負担を残さない（放射性廃棄物）。(8) 社会的受容。(9) 技術的課題の制御。(10) 人文社会学的課題の理解・合意。加えて，「原子力発電においては，このように諸々の技術的課題に加え，原子力の必要性やコスト，リスク管理などの面で，社会的なコンセンサスを醸成することも要件となります。開発者・推進者・一般市民の間で，人文社会学的課題が理解され，共有されて初めて，サステイナブルな原子力社会が築けるのです」(上掲書，p.153f.)，と補足された。

筆者は，この10項目の条件のうち，最後の条件に特に注意する必要があると考える。この条件は，「サステイナブルな原子力社会」の実現のために最も重要であり困難だからである。では「開発者・推進者・一般市民の間で，人文社会学的課題が理解され，共有され〔る〕」とは，どのような事態なのだろうか。具体的説明はみられない。だが，その趣旨は，開発者・推進者・一般市民の間で，原子力社会の重要性について価値観が共有でき，原子力発電の推進について社会的なコンセンサスが実現できた事態を想定している，と推測される。

(2)「原発安全神話」の物語に対する批判的検討

福島原発事故後，上記の主張は，どれだけの妥当性や説得力があるのだろうか。筆者は，現在，この疑問に対する吟味・検討が必要・不可欠である，と考える。そこで，「原子力発電が持続可能的であるための条件」の10項目について，個別に吟味・検討を加える。

(1) 日本の原子力発電にかんしては，1999年9月30日に起こった東海村のJCOウラン加工工場における臨界事故により，国内で初めて2名の死者を出した。その前後にも，各地の原発で多くの放射能漏れ事故が発生した。それらを精査すれば，日本の原子力発電には，技術的な裏付けが不十分・不適切で致命的な欠陥があることは明らかである。福島第一原発についても，当初から格納容器の欠陥が指摘され，その安全性が疑われてきた。東京電力がこれらの指摘を無視し事故の隠蔽や虚偽の報告を続けてきた事実も多数明らかになってきた[10)]。「事故」を「事象」と言い換えるレトリックの欺瞞にも，多くの国民は無感覚になった。その結果，チェルノブイリ事故と並ぶ大事故が生じたのである。

(2) 総合的経済性は，今後の直接的・間接的被害の補償を考慮すれば，企業の存続すら困難で国家的な規模の大損失となった。特に放射性物質に汚染された土地の除染費用は，天文学的な額になる。また放射能汚染の影響は，今後幾世代にもわたることから見て，環境倫理学的にみて世代間倫理に反するだけでなく，未来世代に対する財政的負債も膨大であり，その金額も不確定である。さらに大気や海流などを媒介にした国外・全地球的規模の環境汚染や資源の損失は，今後，計算困難で巨額な賠償を要求される可能性がある。

(3) 広い意味での安全性（核拡散を含む）は，福島原発事故によって完璧に否定された。この事故は，3号機臨界事故（1978年発生，2007年発覚）以上の危機的な事故であることが判明し，「レベル7」の「原子力史上最悪のチェルノブイリ原発事故に匹敵する」大事故となった。福島原発事故は，発生から１年が経過したにもかかわらず，いまだに放射性物質を放出し続けている。この事故により，福島県外の周辺地域や東京をはじめ関東地方の各地にも，高線量のホット・スポットが発見されている。

(4) 資源的問題がない（将来，高速増殖炉導入）のかどうかは，もはやコメント不能である。国際社会は原発見直しの方向に転換しつつある。ドイツやイタリアなどヨーロッパ諸国は，脱原発を国策に掲げ，自然再生エネルギー中心の持続可能な社会に向けて舵を切った。日本でも，「資源」概念や自然エネルギー政策への根本的な見直しが急務である。特に原発建設地の直下や周辺に地震を引き起こす恐れのある活断層が確認され，地震のさいに，福島原発のように津波による被害の予想される原発は，日本では少なくないのである。

(5) 廃棄物が安全に処分できることも不可能であることが明確になった。安全性より利益の優先（原発は安い＝儲かる）の発想は退けるべきであり，今日では，その算定基準そのものが誤りであることが指摘されている。今回の事故の対応・今後の人的・物的補償は，天文学的値になる見通しである。福島第一原発の廃炉までの期間は，政府の見通しでも約30年を要し，膨大な汚染土や汚染物質の最終処理場の確保は見通しの立たない状態である。

(6) 人材育成維持，技術力維持対策についても，東海村JCO社員が２名死亡した教訓が生かされていない。原発事故という危機管理能力の無力さを政府，官僚，企業，専門家すべてのレベルで露呈した。危機的状況に対して適切かつ迅速に対応できる判断力・決断力・危機意識の持ち主がほとんど存在しないことが明らかになった。復旧作業にあたる現場作業員の被曝線量も限界に近づき，新たな現場作業員を確保することも困難になっている。

(7) 将来世代に大きな負担を残さない（放射性廃棄物）という保証は，完璧に否定された。長年にわたる放射能汚染の危険は，広範な地域の土壌・水・大気まで大きな汚染を続けている。福島原発の汚染水の放出量は，事故発生１ヶ月後の４月段階で，「人類史上，最悪の海洋汚染」と言われた「1970年代に英国セラフィールド再処理工場で定常的に行われていた放射性廃液の海洋排出1間年分の放射能量に相当する」[11] と言われている。現時点では，その何倍もの放射能が国内外の土壌・水・大気を汚染しているはずである。

(8) 社会的に受容できる範囲を超えた大事故になった。国際社会からも日本の対応に不信感が急増し，外国人の国外退避も急増した。その結果，日本政府に対する不信感も急増している。外国人による日本渡航中止・日本製品の輸入禁止，そして放射能汚染水の海洋への大量放流に対する国際的批判の高まりは，国際社会における日本の立場を脆弱にした。

(9) 福島第一原発事故の収束に向けた工程表は，これまで数回修正され，収束宣言まで出された。しかし放射性物質の放出や汚染は続き，2011年11月には，再臨界の可能性も指摘された。福島原発事故の収束は技術的課題が制御できるレベルを超えた。事故発生後1年以上経過した今日なお，実質的に福島第一原発は制御不能な事態から脱却できていない。

(10) 人文社会学的課題の理解・合意は，この問題については不可能である。研究（者）倫理・科学技術倫理・企業倫理・情報倫理に悖る行いの結果，「関係者」に対する国民の不信・不満は頂点に達している。こうした事態に対して誰が・どのような責任をとるのだろうか。原発事故発生以来，1年が経過して当事者の東京電力の社長ひとりが交代しただけであり，政府や官僚，安全保安院や内閣府原子力安全委員会のメンバーは，誰一人として事故の責任を取って辞任する者はいないのである。

3 「持続可能性」の再検討

(1)「持続可能性」概念の起源

最初に，サステイナビリティ研究の再検討のために，「持続可能性」概念の起源ないし由来に遡って，この概念の元来の含意を確認する。大多数の学者・研究者は，「持続可能性」または「維持可能性」と訳される「サステイナビリティ」（sustainability）の由来やその元来の意味には無頓着である。しかし，この概念の根本的な見直しが迫られている今日，そうした無頓着さはもはや許されない。震災・原発事故以降，従来の科学技術のあり方が根本的に問い直されている中で，この課題も不可避である。この課題は，「持続可能性」が科学的概念であるか，それともそれとは異なる価値的な概念であるかという問いと不可分である。そこで，この問いに答えるために，「持続可能性」の概念史的考察を試みる。

第一に，筆者は，「持続可能性」と訳される英語（sustainability）がドイツ語（Nachhaltigkeit）に由来するという歴史的事実を確認しておきたい。ドイツ起源の概念のイギリス社会への導入は，18世紀初期のドイツ林学・森林管理の思想が19世紀半ばにイギリスに移入されたことによる。宗教戦争後の壊滅した中部ヨーロッパの森林を再生し永続的に維持する研究と実践の中で，ドイツ林学が誕生した[12)]。ヨーロッパの後進国となったドイツでは，『林業経済学』により国家の存続に不可欠な森林の「絶えず安定した持続する利用」（nachhaltende Nutzung）が可能となるよう「林木の保全と育成の技術」を考察するため，歴史的・社会的要請に応えることが急務であった。壊滅状態の国土の再生には，自然の再生，特に森林の再生が不可欠であった。この歴史的事実は，震災・原発後の被災地，国土，自然の再生にとってある種のヒントを提供している。

第二に，明治初期以来の日本の林学・林業が決定的な影響を受けたのも，ドイツ林学からであった。明治維新以後の急速な近代化の中で，入会権が複雑に絡む日本の森林管理やその法制化には，多くの困難があった。そうした状況の中で国有林の経営方針が示された明治24年以降，戦後の森林法などに至るまで，森林の「保続」「保続性」（Nachhaltigkeitの当時の訳語）の必要性が主張されてきた。ここからも，森林の「持続可能性」の遂行のために国家学的・国策的な思想が背景にあることは，容易に看取される。この思想は，後述のように21世紀の初頭に東京大学が主導した「サステイナビリティ学（Sustainability Science）」の構想にも依然として引き継がれている，と筆者は解釈している。ここには，後述の「サステイナビリティ」をめぐる論争が関連する。

第三に，「持続可能性」概念の意義及び使用は，近代化の進展によって森林学の領域から他の領域に拡大された。上述のように，イギリスに「持続可能性」の導入が急務であったのは，産業革命の先進国が同時に環境破壊の先進国でもあった事情を物語っている。20世紀に入り，人間による自然の無秩序な収奪と破壊や大規模な環境汚染によって，この概念の重要性が急速に再確認されてきた。1972年6月のストックホルム会議や1992年6月の地球サミットのリオ宣言は，この事態に対する危機意識の表れであった。人間の諸活動が地球規模で自然環境に持続不可能な事態を産み出した結果，人類の存続さえも危機に曝したことの自覚が「持続可能性」概念の意義及び使用の再認識に至った。日本では「持続可能性」への関心は，国外の環境問題の高まりと国内の資源問題，再生エネルギー問題，公害問題への反省などによって，政府，学会や大学，企業を中心に高まっていった。だが，ポスト3.11の日本社会では，この要請によって唱えられてきた「持続可能性」の根本的な見直し，「持続可能性概念のコペルニクス的転換」が迫られている。

そこで筆者は，「持続可能性」について，改めて「何を」「どのように」「なぜ」持続させるのか，と問い直してみたい。筆者は，下記の(1)～(7)の重層的な連関により上記の三つの問いに答えようとする見解を紹介することで，問いを分節化する。(1)理念(世代間正義・世代間正義の理論)(2)概念構想(「強い」持続可能性または「弱い」持続可能性，中間型的な諸構想)と基本規則(3)ガイドライン(復元性，十分性，効率性)(4)優先的な行為領域の確定(5)様々な行為領域のための規則と目標体系(6)特殊な概念とモデル，指示形成(7)実施，モニタリング等[13)]。特に(1)(2)(3)までは，理論的な基礎レベルを形成しており，哲学的議論の関与が強く求められている[14)]。

(2) 21世紀における「持続可能性」の変遷

ここでは，先に指摘した(1)理念(世代間正義・世代間正義の理論)(2)概念構想(「強い」持続可能性または「弱い」持続可能性，中間型的な諸構想)と基本規則という二つの論点を中心に「持続可能性」概念の変遷を明らかにする。そこで筆者は，「サステイナビリティ研究」に対する学者の関わり方の相違に着目して，「持続可能性」の課題に言及する。

筆者は，先に「持続可能性」について，改めて「何を」「どのように」「なぜ」

持続させるのか，という問いを提示した。「持続可能性」にかんするこの問いは，持続可能にすべき対象・方法・原理を問い直すことを意味する。「サステイナビリティ」にかんする研究は，どの解釈の立場に立つにせよ，経済活動と環境保護との対立と調停・調和にかんする課題と深く関わる。この課題は，伝統的な文化と自然との調和にかんする人間の生存に不可避である。従来の見解は，文化，特に経済活動重視の立場を採るか，それとも自然及び自然環境重視の立場を採るかによって，鋭く対立する立場に分かれる。また，歴史的にみる限り，「サステイナビリティ」をめぐる見解は，前者から後者に徐々に移行してきた。

経済学者の解釈する持続可能性は，ベッカーマンに代表されるように，多くはプロジェクトや開発路線の「純粋に技術的な特色」と解釈されてきた。それは「社会が厚生（welfare）の最大化を追求する限り，持続可能性という条件は余計なもの」[15]だという主張に現れている。21世紀に入るとこうした主張は徐々に弱まり，日本では「持続可能な社会」の構想は，大別して二つのグループに区分できる。第一グループは，東京大学が主幹する「サステイナビリティ学」の構想に代表される。この学の課題と意義は，地球社会の持続可能性を追求する学術的体系をなす三つのシステムの再構築と相互関係の修復にある。人間の生存基盤となる資源・エネルギー，生態系などからなる地球システム，国を特徴づける経済制度，政治制度，産業構造，技術体系からなる社会システム，個人のライフスタイル，健康，安全・安心，価値規範などからなる人間システムである[16]。地球システムと社会システムの相互作用は地球温暖化の問題であり，社会システムと人間システムの相互作用は循環型社会の構築という課題であり，地球システムと人間システムの相互作用は，地球危機管理システムの構築である。「サステイナビリティ学は，このようなシステムの持続可能性にかかわる諸課題・側面を包括的に究明し，未来へのビジョンとシナリオを描く学術体系であり，その維持・向上に貢献することを究極の目的としている」（上掲書，p.6.）。

したがって「社会構築」「地域形成」「教育・社会連携」を基本軸に「全体を構成し，日本発の「超学」としてのサステイナビリティ学を提唱し」（上掲書，

p.3.)，探究することが研究者の使命となる。「持続可能な社会」は，複雑な現実の全体を俯瞰して実現すべき将来の課題であり，その実現のために自然科学が主要な役割を果たす。『サステイナビリティ学への挑戦』の執筆者は基本的に「弱い持続性」の立場に立つ学者・研究者の集団である。

だが，ここで筆者の素朴な疑問として，次の諸点を列挙しておく。第一に，全体を構成することは，どのように可能か。第二に，「全体」とは何を指しているか。第三に，「構成する」とはどのような意味か。第四に，この学問には，人文科学の役割は不要であろうか。第五に，「超学」とはどのような意味か。この書物は，この疑問に答えていないのである。

筆者は，原子力工学専門家が，原子力発電による「持続可能な社会」実現のためには10項目の条件が必要であり，特に（10）人文社会学的課題が理解・合意されることの重要性に気づいていた点を指摘した。「持続可能な社会」の実現のためには，人文社会科学的な課題こそ重要な役割を果たすべきである。『サステイナビリティ学への挑戦』の筆者には，ヤーコプスのように倫理的政治的目標と解釈された持続可能性の視点が欠落し，正義や民主主義と並んで「社会がいかに統治されるべきか」という論点もない[17)]。1980年代にドイツで議論になった倫理的特徴の顕著な見解も窺われない。ハンス・ヨナスは，「持続可能な社会」には「生の永続性」が含まれていなければならないと主張した。彼は，この見解に依拠して「汝の行為の諸結果が，地上における真に人間的な生の永続性（Permanenz echten menschlichen Lebens）と一致するように行為せよ」という定言命法を唱えた。ヨナスは，この命法に集合的に従う社会こそ「持続可能な社会」であるという構想を展開した[18)]。

もちろん，「サステイナビリティ学への挑戦」を目指す研究者が，未来世代への視座や将来への展望を持っていなかった，と解釈すれば，彼らにとって公平な評価ではない。彼らは，鋭い着眼と優れた研究成果に基づいて，新たな学問的挑戦に取り組んでいたからである。彼らは，「温暖化などの地球環境問題，人口問題や水・食料問題，資源・エネルギー問題，貧困の克服，経済のグローバリゼーション」により，「環境負荷の増大や資源争奪競争が拡大し，やがて地球社会が立ちゆかなくなる懸念」[19)] を表明する。「サステイナビリティ学」が取り組むべき「人工物の飽和」「地球温暖化」「資源の欠乏」の三つの問題を解決するためには，2050年までに「エネルギー効率三倍」の実現・「物質循環システム」の構築・「再生可能エネルギーの利用を二倍にする」ことを同時に達成しなければならない。「これらは理論的に正しく，技術的にも適切で，ぎりぎり国際的合意が可能な線です」[20)]。

この考えによれば，「持続可能な社会」は，「より豊かな社会の構想」，「国際競争力を高めよ」という国家戦略とも不可分の現実的・理念的課題であり，国内外・地球全体の自然や社会が直面する複雑な問題群でもある。この思想は，すでに指摘したように，19世紀後半の明治時代に「持続可能性」が日本に導入された時期の思想と同様の構想である。こうしてみると，明治時代にドイツから移入された「持続可能性」は，21世紀に至って最新の「サステイナビリティ学」にも引き継がれていることが明らかである。

他方，「サステイナビリティ学」には，確かに現実に直面する諸課題の共通認識・危機意識がある。それでも，この学に対する筆者の第一の疑問は，「持続可能な社会」の内実の曖昧性にある。また，この学のために必要な「地球持続学」「持続可能学」の実態は，依然として多様で不明確である。第二の疑問は，科学技術の発達が一定の問題解決を示しつつ，逆にますます問題の複雑さが明白になったのではないか。彼らには，問題の複雑性・問題解決のためのデータの不確実性・解決策や合意形成上の要素の多様性への自覚が弱い。第三に，グローバル化時代の多文化主義の現実とローカルなレベルに至る諸価値の対立・相克の現状，科学技術の進歩発展が生み出すパラドクスに対する認識が弱い。これらの問題は，3.11以後にいっそう明確になった。にもかかわらず，この点に関する彼らの認識の共有がきわめて不十分である。そこで，日本における第二のグループに考察を向けてみたい。

（3）「ハード・サステイナビリティ」の台頭

先に考察した，「サステイナビリティ学」の立場は，緩やかな成長の持続を主張する点で「ソフト・サステイナビリティ」の立場である。他方，筆者の理解では，定常化説を唱える見解は，「ハード・サステイナビリティ」の立場として把握可能である。

上述のように「ソフト・サステイナビリティ」の立場には，次のような制限と問題点が指摘される。第一に，自然災害や複合災害の有効な危機管理意識が脆弱であった。「サステイナビリティ学」のグループが唱える「自然との共生」の限界に無自覚であることも共通する。第二に，複雑化する国際社会が抱える課題の根本的理解の甘さが指摘されなければならない。第三に，地球システム・社会システム・人間システムの有機的連関の有効性の是非が挙げられる。第四に，諸個人の人生観・社会観・世界観・宗教観と関わる道徳・倫理，共同体や国家・国際社会における規範に対する重要性が軽視されている。第五に，これらの複雑な問題やパラドクスの解決を包括的に扱う学問的な視点が欠けている。その主要な理由には，彼らの「善意」による科学技術の重視と人文社会科学の軽視とがかかわっている。

以上の課題を別の角度から問い直してみよう。第一は，誰のための「サステイナビリティ」であり，「サステイナブルな社会」であるかという問いである。この問いに答えるためには，伝統的な主体と客体との二元論の克服も求められる。言い換えれば，そうした社会の主体は誰であるかという問題である。この課題に取り組むためには，個人・地域などの共同体・国家・国際社会・人類全体にわたる主体及び自然との有機的な全体論的関係の視点が必要となる。動物や自然にまで倫理や権利主体を拡大し，人間を生態系の構成要素として位置づける「非人間中心主義」の主張が無視できるか否かも問われる。だが，日本の現実を踏まえれば，当面，政治的主体が環境政策の強力な推進役を果たすことが重要である。そのためにも，市民の提言や活動，さらに国民の政治に対する直接的影響力を発揮することが不可欠である。

第二に，「サステイナビリティ学」の主張する「我々」とは，誰のことか。その場合の「国際的合意」とは，どのような内容を指すのであろうか。「環境的正義」は，手続き的にも配分的にもどのように保証されるのであろうか。この説に同意しない人々は，「我々」ではないことになり，「国際的合意」から排除される危険性はないか。現在顕在化している国内外の南北問題と弱者と強者の対立は，ますます先鋭化しないであろうか。また，「自然との共生」を主張する人々は，人間による「自然の管理・保護・保全」の思想には与しえないのであるから，この説には同意できないであろう。筆者は，「ソフト・サステイナビリティ」の立場による「サステイナビリティ学」が哲学・倫理学と自然科学との有機的な連関を実現できなかったと理解しており，その主要な原因はこの点にある，と解釈している。

第三に，「サステイナビリティ学」に携わる研究者には，持続可能が望ましいという暗黙の前提がないだろうか。持続可能であるべきでない側面はないのだろうか。多くの研究者は，暗黙のうちに「持続可能性」概念がプラス価値をもつ，と考えている。現実を直視すれば，強者と弱者の格差・差別の拡大・南北問題などの是正がまず問題解決の前提であり，必要な条件ではないか。「善意」に基づいて「持続可能性」を無前提に主張することは，不公平・正義に反する現実の肯定と固定化・拡大になる危険性がある。また，誰が「望ましい持続可能な社会」の実現と推進を担い，その責任を負うのであろうか。科学技術の驚異的発達によって，人間の責任が「地球の生物圏全体」に及び，「人類の生存」にまで拡張されなければならない。この見解は，たんなる危惧ではなく，3.11以後，現実的な課題となった。「責任という原理」の考えは，不可避の必要条件である。だとすれば，「好ましい予測よりも好ましくない予測を優先しなければならない」という科学技術の進歩と社会の発展に対する否定的側面を重視する厳格な予防原則も必要ではないか。未来世代に対して誰がどのような責任をとるべきだろうか。加えて，人間の欲求の肯定的価値づけや無意識化した欲求の拡大の発想やシステムの転換が求められているのではないか。モノの消費からコトの消費の時代には，いわば不可避の消費の対象と主体のあり方は，どのように「望ましい持続可能な社会」のモデルを提供できるだろうか[21)]。

それにもかかわらず，21世紀に生きる人間は，「望ましい持続可能な社会」のモデルを追求すべきである。そのような場合，持続可能であるべき要素はなにかを考えるべきである。同時に，科学技術と政治・倫理や正義・公平性などの諸規範との不可分の関係を考慮することが必要である。例えば，ヒトゲノム解読計画から明らかになってきたように，研究開発の課題と成果には，倫理的・法的・環境的・社会的問題の研究が組み込まれている。また，こうした大規模な研究開発には，社会制度や人間のあり方，人間観などに影響を与えることが明らかになってきた。さらに未来世代との「世代間倫理」に悖るような開発や社会のあり方，科学技術の発展には慎重でなければならない。リスクの不公平・正義に反する人間的・社会的・自然的要因を可能な限りなくした「持続可能な社会」でなければならない。加えて，リスクの予測不可能性と無限責任・環境的正義の問題が生じる。社会が資源依存型社会から技術依存型になれば，この問題は不可避となる。

では「持続可能な社会」に不可欠の条件とはなにか。ここでは次の論点を補足しておく。それは，加藤説にも見られるように，資源問題から見た持続可能性に必要な政策提言であり，環境問題の背後にある資源問題の重要性を認識することである。第一は，消費の抑制である。そのためには過剰消費の基準・最低必要消費の基準の明確化が必要である。第二は，資源利用の効率化，省エネの努力である。そのためには技術開発のための投資が必要である。第三は，リサイクルの徹底による完全循環型社会の実現にある。そのためには生産者と消費者の責任をより強力に打ち出す必要がある。第四に，新技術の開発による枯渇型資源使用を回避することにある。それには技術開発のための投資が必要であり，技術開発の方向として枯渇型資源への依存から脱却する過程を明らかにすることが必要である。第五に，持続可能性を維持する主体となりうる人材の育成が肝要となる[22]。

そこで筆者は，上記の課題に対する解決の手がかりとなるさらなる問いを提起してみたい。①消費の抑制には，無意識化された人間の欲望と社会システムをどうコントロールできるかが最大の課題であり，そのためには根本的な価値観・世界観・ライフスタイルの転換が必要ではないか。②資源利用の効率化のために，技術開発以外に国家間の資源ナショナリズムの克服も求められるが，それはどのようにして可能であろうか。③完全循環型社会の実現には，グローバルなレベルでの規範が不可欠であるが，どのようにしてそれが構築でき，有効に機能できるのだろうか。④新技術の開発による枯渇型資源使用の回避には，さらにどのようにして供給に需要を合わせる合理的システムを構築できるのだろうか。⑤持続可能性を維持する主体となりうるのは人材だけであろうか。人間以外の存在者・自然の生態系や地球環境全体との関連，システム自体が主体と見られることはないのであろうか。⑥信頼という「公共的財産」の共有も必要となる。この課題の考察には，シセラ・ボクによる「ミニマリズム的価値」の考え方が参考になる[23)]。人間相互・公共的な信頼を確保するために，専門家だけでなく市民も参加するテクノロジー・アセスメントの有効性を再検討する必要がある。ステークホルダーだけでなく一般市民が，望ましい社会に必要な科学技術の導入の決定やプロセスに関与することも欧米では一定程度実現されている。

しかし，それで問題が解消するわけではない。参加と合意が手続き的正義の実現にとどまり，配分的正義の実現と結びつかない問題が生じる可能性は常に生じる。科学技術の進歩発展は，輝かしい成果とともに予測を超えた新たな課題を生み出している。人類・国際社会・国家・共同体・個人は，この「輝かしき悲惨」を共有し，共通の問題意識をもって取り組むシステムを構築することが不可欠である。参加システムから排除された者・意思決定の反対者・少数者にも同じ責任とリスクを負わされる場合，これは正義に適っているか。市民参加や民主主義を背景に生まれてきた「ハイプ」(Hype) という新しいタイプの誇張や誇大宣伝の登場による「信頼の喪失」にどのように対応するべきだろうか[24)]。

4　「持続可能性」のコペルニクス的転換

（1）「持続可能性」の新たな課題

ポスト3.11の日本社会に要請される「真に持続可能な社会」のビジョンとはどのようなものが望ましいのだろうか。筆者は，「持続可能性」にかんする問いとして持続可能にすべき対象・方法・原理を問い直してきた。その結果，筆者は，この問いの前提を問い直す必要がある，と主張したい。ポスト3.11の日本社会では，それ以前の状態を留保なく持続可能にさせる自然的・社会的条件が大きく損なわれた。自然的条件とは，放射性物質の汚染から無縁な地域やその影響から無関心に生活できる場所である。しかし日本国内には，そのような場所はもはやほぼ存在しない。また社会的条件とは，「健康不安」や「不信の連鎖」を払拭する「信頼の回復」，国民が安心して生活できるセイフティー・ネットが構築され機能することである。だが，こうした条件も未だ構築されていない。すると，求められる「持続可能性」のあり方は，これらの条件を満たしうる概念でなければならない。その場合の「サステイナビリティ研究」には，主要な五つの課題が存在する。第一に，目的の多義性，第二は，思考様式の異質性，第三に，価値観と生活形態の多様性，第四に，研究領域と課題の複雑性と不確定性，第五に，「資源の有限性」と「資源概念の拡大」が指摘できる。

①目的の多義性については，環境保護と経済成長との調和可能性を主張する立場がある。これには，従来の多くの見解が該当する。他方で，環境保護と経済成長との調和不可能性を主張する立場があり，「定常化社会論」や「経済成長なき社会発展論」を主張する立場が妥当する。これは，ゼロ成長の定常型社会による持続可能性を目指す立場と脱経済成長による持続可能な社会の実現を目指す立場とに区分できる。後者には，ラディカルに従来の「持続可能性」を脱構築するセルジュ・ラトゥーシュのような脱成長の立場がある[25)]。新たな「持続可能性」は，ラトゥーシュのように，そうした発想を根本的に見直し，「発展パラダイム」や基礎にある西洋の普遍主義的経済主義の「超克」を目指すべきであろうか。

②思考様式の異質性については，これらの課題の解決方法を考察する際の合理性や思考のモデルの相違に留意すべきである。第一に，合理性とはどのようなことか。従来は，目的合理性や計算的理性が前提されていた。第二に，近年はコミュニケーション的合理性や社会的合理性が注目されている。これらについても，理性的な議論による合意形成の困難さだけでなく，社会的合理性により合意が未来世代に及ぶ環境的正義や責任の所在を合理化できるかどうかが疑問視されている。ここにも，近代的合理性に基づく諸科学の問題点が指摘できる。さらに科学技術の発達と幸福増大の無意識的な追求は，個人レベルを超えた社会システムの自律的メカニズムの解明とその縮減をもた

らす。このメカニズムの解明には，人文・社会・自然の諸科学の異分野の融合的な知の探究が不可欠である。

③価値観と生活形態の多様性については，合意形成の重要性と課題，例えば，合意形成のパラドクス，すなわち手続き的正義と配分的正義との不整合が指摘できる。地方の人間と都市の人間との価値観の違い，便宜供与の格差，地域間格差の要因にも十分な配慮が求められる。この問題は，国際社会における南北問題やこの図式の限界とも不可分である。

④研究領域と課題の複雑性と不確定性については，第一に，倫理的問題と規範的・法的問題の錯綜した課題が存在する。第二に，主体と客体との不可分な関係性，言い換えれば，相互主体性の問題がある。持続可能な社会の主体とは誰のことか。それは人間だけか，それとも人間以外の自然も含むのかという問題である。第三に，予想を超えた新たな問題の発生とシステムの複雑化にも考慮することが求められる。

⑤「資源の有限性」と「資源概念の拡大」については，第一に，資源の有限性と再生エネルギーの意義と課題が挙げられる。第二に，人材活用と「人体＝天然資源」の活用と倫理・規範の有効性の限界がある。第三に，資源活用の利害関係の不可視性と価値の多様性にいっそう留意しなければならない。「人間や自然との共生」，「自立と連帯」を唱える立場は，現実の困難さ・複雑さ・不確定性等の課題が把握できていない。第四に，サステイナビリティ研究の課題は，従来の発想に依拠した「共生学」では対応できない。世界の地震の10分の1が集中する地震大国日本では，「複合災害」への対応は不可避の課題である。

（2）3.11以後の「持続可能性」研究の課題

本論では，3.11以後の「持続可能性」研究の課題として，次の論点を提起した。第一に，筆者は，①危機の時代に時代批判を行い，問題を摘出して，その解決の手がかりを明らかにした。②そのために現実を冷厳に分析し，現実社会の批判を試み，新たな理念・戦略・戦術を提示した。③多様な価値観・人生観・世界観の対立・相克の調整・調停・統合のための手続きや新たな問題の内実を摘出してきた。

第二に，文明論的・歴史哲学的観点から，次の課題を明らかにした。3.11以後の日本は危機的状況にあり，その克服には，①近代以降の科学技術の制限と矛盾の顕在化状態を共有し，科学技術信仰からの脱却が必要である。②科学の進歩と客観性の限界の顕在化状態を共有し，自然科学は客観的で中立的であるという「信仰」から脱却すべきである。③成長と持続を前提した社会及び生活スタイルからの脱却，従来の価値観の転換が必要である。④リスク管理・リスク評価の新たな基準と総合的リスク・マネジメントの再構築が求められる。⑤市民のための科学技術の発展と必要な資金の適正な配分の保障が求められている。

第三に，サステイナビリティ研究の根本的見直しを提起した。①従来型の「科学の予想」を超えた事態発生の総合学的・政策的課題を検討した。②「複合災害」に対するリスク評価や管理等の必要性を主張した。③健康で安全で安心して幸福な人生を送るためのシステム，特に地域や都市・生きる場の再構築（Renaissance）が必要である。④これらは，融合的総合研究であるサステイナビリティ研究の課題である。⑤この研究は，研究目的・研究方法・その成果などの理念や規範・倫理に自覚的に取り組むことが肝要である。

第四に，研究（者）倫理・技術倫理・情報倫理のより有効で機能的な働きが必要である理由を論じた。①政・官・財・学・民の癒着構造やハイプとその再生産システムの変革が急務である。②研究者・学者らの責任の明確化とその処し方，言い換えれば，無責任構造再生産の連鎖の遮断と新たな知の方向づけが必要である。③情報秘匿や情報操作・マスコミなどの責任構造や不信の構造と風評被害の拡大再生産の構造を解消する必要がある。④市民の被害者性と加害者性とのパラドクス，差別と偏見の増幅への対応の重要性，未成熟で判断力の弱体化した市民の再教育の意義についても言及した。

第五に，政治哲学・法哲学・経済哲学・環境哲学的観点から，上記の課題に取り組むべき必要性に言及した。それは脱原発への道を示すことである。そのためには①人間の生存基盤となる資源・自然再生エネルギーに基づく経済と環境との両立可能な論理を構築することである。②政治制度，産業構造，科学技術体系などからなる正義に適った社会システムを再構築することである。③個人のライフスタイル，健康，安心，安全，他の価値規範の再検討による循環型社会の構築が不可欠である。④ここには，リスクの予測不可能性と無限責任にかかわる環境的正義の問題が生じている。

第六に，最優先の課題は，原子力や化石燃料の優遇策を見直し，自然エネルギー優先の政策転換，税金の公平な再配分にある。それには，①「持続可能な社会」に不可欠な生活条件である年金・介護・福祉の充実の保証が重要である。②そのために社会正義の実現，政治・経済と環境の調和とその倫理・規範の構築が求められる。③「真に持続可能な社会」の実現には，従来の政治・経済システムを根本的に変更すべきである。④このことは，個人の生活様式の大きな変革を迫っている。企業は，環境負荷の高い住宅・自動車・家電・他の消費財の生産のあり方を見直し，その購入に消費者は慎重であるべきである。「善意」の生産者と消費者という発想は，転換すべきである。そのためには，消費者の「加害性を縮減」する思考様式への転換が不可欠である。

第七に，ライフスタイルの転換には，地産地消の分散型社会への移行と自然再生エネルギーによる雇用創出が不可欠である。そのためには，①ローカルなレベルに至る諸価値の対立の現状，科学技術の進歩発展が生み出すパラドクスに対する認識の共有が前提となる。②一般市民は，自然再生エネルギー参入企業やNPOへの関与を高めることが重要である。その実現に必要な科学技術の有効利用と市民社会・弱者への優先的活用が求められる。③そのためには災害時も日常性の場面でも，乳幼児・高齢者・障がい者が最初に犠牲になり，棄民化されている現実の改善が不可欠である。その場合，耳易い「自然との共生」や「安心・安全な社会」という「言葉」に騙されないことが重要である。3.11以後，自然のあり方やそれと人間との関係そのものが変質したという現実を直視しなければならない。

第八に，今後，個人的・公共的価値の尊重と国内的・国際的な共有がますます重要となる。政府は，被災地や被災者の実態や精神状態を的確に把握できていない。原発事故の収束宣言と実態との落差や，被災者の補償や原状回復のめどが立たない現状で最も放射性物質による汚染の高い場所に中間貯蔵施設を設置する政府の姿勢は，上述の基本的規範に悖る。

第九に，3.11以後，学問研究・科学的客観性・科学技術に対する信頼や依存のあり方を根本的に問い直すべきである。学問研究や科学技術は，誰のため・何のために存在するのか。専門家・研究者の言説を鵜呑みにせず，個々人が自分の頭で考え，判断力を身につけることが必要である。懐疑的・批判的精神を発揮することが，専門家と非専門家との相互信頼の構築に有益な役割を果たす。日本社会では，真の意味での「啓蒙」が欠けているからである。

結論

3.11と真摯に向き合うことは，科学技術の驚異的発達の意味が変質し，人間の責任が地球の生物圏や人類の生存に及ぶ現実を直視することである。科学技術の進歩発展は，人間の「健康」「安心」「安全」，社会生活全体を保障できるだろうか。日本は，リスクの高い社会になり，国民全体の「人間らしく生きる条件」を維持するよりもそれを脅かしている。憲法で保障された国民の生活権・健康権などの基本的人権が侵された状態が日本社会では常態化しつつある。また，今後予想される国内的・国際的な巨額の補償金，国家的な財政破綻の回避策や健康被害などの救済が国民の負担，増税などから補填されるという社会正義に反する政策が取られつつある。この間十分に機能しなかった政治や社会システム，マスコミに対する不信は，市民の間に怒りを呼び起こし，絶望感すら蔓延しつつある。加えて，多くの科学者・研究者の言動や当事者能力，判断力の欠如に対する住民の不信感や無力感は，過去にないほど高まっている。この問題は，学者・研究者の社会的役割や責任，従来の学問・科学技術・大学のあり方を根本的に問い直すことを迫っている。3.11以後の「持続可能性研究」を有効に遂行するためには，上記の諸課題を正確に認識し，共有することが不可欠の前提条件である。これらの認識が共有されず，実効的な「持続可能性研究」の成果が挙げられなければ，日本社会は展望なき没落への道を歩むことになるだろう。

●注

1）牧野英二『カントを読む－ポストモダニズム以降の批判哲学』（岩波書店，2003年，pp.12-15.）。福島原発事故を踏まえて，ウルリック・ベックは『リスク化する日本社会』（岩波書店，鈴木・伊藤訳，2011年，pp.1-12.）で，筆者と同様の認識を示している。

2）「てつがくカフェ@フクシマ」「てつがくカフェ@外濠」などの震災支援プロジェクトの内容については，『朝日新聞』東京版（2012年3月9日付）記事を参照されたい。

3）ジャン－ピエール・デュピュイ『ツナミの小形而上学』日本語版序文vi（岩波書店，2011年，嶋崎正樹訳）。

4）Asahi Shinbun Weekly AERA 2011.8.22. 健康に及ぼす内部被曝の影響については，次の文献を参照。河田昌東『チェルノブイリと福島』（緑風出版，2011年，pp.48ff.）

5）『家庭医学館』小学館，2008. 参照。

6）Cf. *Basic Documents*, Forty-fifth edition, Supplement, October 2006.

7）ハンス－G・ガダマー『健康の神秘』（法政大学出版局，2006年，三浦國安訳，p.138.）

8）Ottawa Charter for Health Promotion, 21 November 1986, Prerequisites for Health.

9）東京大学サステイナビリティ学連携研究機構編『クリーン＆グリーンエネルギー革命　サステイナブルな低炭素社会の実現に向けて』（ダイヤモンド社，2010年，p.138. 田中知・東京大学大学院教授執筆箇所）。

10）核エンジニアのアーノルド・ガンダーソン氏の証言によれば，「アメリカの原子力委員会（現・原子力規制委員会）も，すでに72年の時点で『この［福島第一と同じ］マーク1型原子炉を許可すべきでない』という報告書を書いています。」（『週刊現代』2011.4.2.p.37.）

11）Asahi Shinbun Weekly AERA, 2011.4.18. p.10.

12）Vgl. Regina Maria Wallner, *Philosophie der Nachhaltigkeit. Wissenschaftsphilosophische Grunglagen für ein integraleres Verständnis von Nachhaltigkeit*. Berlin 2010, S.3f. Hans Carl von Carlowitz, Sylvicultura oeconomica, 1713.

13）Vgl. Konrad Ott／Ralf Döring, *Theorie und Praxis starker Nachhaltigkeit*, 2. Aufl. Marburg 2008, S.41.

14）本節の二つの歴史的事実にかんしては，次の文献から示唆を受けた。丸山徳次「持続可能社会と森林コミュニティ」（『哲学』62号，日本哲学会編，p.122，pp.131-132.）を参照。

15）Cf. Wilfred Beckerman, Sustainable Development: Is it a Useful Concept?, in: *Environmental Values* 3（1994), p.205.

16）小宮山宏編『サステイナビリティ学への挑戦』（岩波書店，2007年，pp.4-5.）。

17）Cf. Michael Jacobs, Sustainable Development, Capital Substitution and Economic Humility: A response to Beckerman, in: *Environmental Values* 4（1995), p.65.

18）Hans Jonas, *Das Prinzip Verantwortung*, Berlin 1984, S.36.

19）三村信男他編『サステイナビリティ学をつくる』（新曜社，2008年，p.i.）。

20）小宮山宏・三菱総合研究所理事長「知識と行動の構造化で，国際競争力を高めよ　新パラダイム産業で世界をリード」（第1章「持続型社会への新ビジョン」所収）東京大学サステイナビリティ学連携研究機構編『クリーン＆グリーンエネルギー革命　サステイナブルな低炭素社会の実現に向けて』（ダイヤモンド社，2010年，pp.4-6.）他。

21）広井良典『定常型社会　新しい「豊かさ」の構想』（岩波書店，2001年，pp.127-136.）
22）加藤尚武『資源クライシス―だれがその持続可能性を維持するのか？』（丸善，2008年，pp.8ff.）
23）シセラ・ボク『共通価値』（法政大学出版局，2008年，小野原雅夫監訳）を参照。
24）デイヴィット・ベルーベ『ナノ・ハイプ狂騒　アメリカのナノテク戦略』（上下，みすず書房，2009年）を参照。特に，本書下巻（pp.468-497）の論述が参考になる。
25）セルジュ・ラトゥーシュ『経済成長なき社会発展は可能か？　〈脱成長〉と〈ポスト開発〉の経済学』（作品社，中野佳裕訳，2011年，pp.217-276.）。

第2章　持続可能性をめぐる制御不能性と制御可能性

船 橋 晴 俊

はじめに

現代社会のありかたを把握する上でも，その改革を考える上でも，持続可能性（sustainability）をめぐる制御可能性／制御不能性は，一つの鍵になる視点である。とりわけ，東日本大震災は，エネルギー政策が，持続可能性と不可分に結びついていることを明らかにするとともに，原子力に大幅に依存してきたエネルギー政策の根本的見直しを要請している。

本論の課題は，現代社会において，持続可能性をめぐる制御不能性あるいは制御困難性が，どういう要因連関のもとに生み出されているのか，制御可能性を高めるためには，どのような要因，条件が大切であるのかということを，エネルギー政策を主要な参照事例としつつ，検討することである。

1　持続可能性と制御可能性を考える基本的視点

現代の地球社会と日本社会が直面する諸問題を解明し，その解決の道を探るにあたって，持続可能性（sustainability）と制御可能性（controllability）は，相互に関連づけつつ使用されるべき鍵概念である。この2つの言葉の基本的意味と相互関係を，まず考えてみよう。

（1）制御可能性と持続可能性の基本的意味と，両者の相互前提性

社会システムの有する制御可能性を暫定的に定義するのであれば，制御可能性とは，社会システムの抱えるさまざまな問題群を解決しつつ，社会シス

テムを一定の望ましい状態に保つことである。すなわち，社会において「目指されるべき状態」を想定した上で，その状態を達成し，維持できるかどうかという点でこそ，制御可能性が問題になる。このように制御可能性を捉えるのであれば，社会システムをどのような理論枠組みで把握するのかということと，その社会システムの中に立ち現れてくる問題群をどのような概念枠組みで把握するのかということが，制御可能性／制御不能性の解明に際しては重要となる。

次に，持続可能性については，「ブルントラント委員会報告」において提示された考え方を暫定的な定義として採用することができよう。すなわち，持続可能な開発とは，「将来の世代の欲求を充たしつつ，現在の世代の欲求も満足させるような開発」を言う（環境と開発に関する世界委員会，1987，66頁）。この定義は，人間社会が自然環境に依存していること，そして環境は有限であること，現在世代の欲求充足は環境の有限性との関係で，一定の節度が必要であることという一連の認識を前提にしている。ただし，この定義はさまざまに多様な解釈を許容するものであり，その含意については，いくつかの視点からの考察が必要である。すなわち，充足されるべき「欲求」をどのようなものとして考えるのか，この条件を満たすような，あるいは，満たさないような経済活動や技術とはどのようなものか，などの論点を明確化しなければならない。

このような暫定的な定義に基づいて検討すると，制御可能性と持続可能性が相互前提的な関係にあることが，確認できる。すなわち，一方で，持続可能性を有する社会は，その実現のために，制御可能性を備えなければならない。持続可能性の実現のためには，人間社会が生み出し自然環境に課している環境負荷の総量を制御する必要があるのであり，その点での制御可能性が必要である。

他方で，同時に，全体社会水準での制御可能性を実現するためには，持続可能性という条件が，その必要条件の一つとなる。社会の一部分，例えば，一つの企業をとりあげた場合，社会全体の持続可能性とは無関係に，制御可能性を実現することはできる。二酸化炭素を大量に発生する企業であっても，当面は安定的な経営を実現することはできる。しかし，全体社会の水準では，持続可能性を備えていない社会は，長期的には存続できないから，制御可能性を備えているとは言えないのである。

（２）制御可能性を捉える理論枠組と，その成立条件

では，現代の社会システムの制御可能性／制御不能性を解明するためには，社会システムを把握するために，どういう理論的モデルが有効であろうか。ここでは，社会システムをめぐる制御過程を把握するために，「四水準の階層的制御システムモデル」と「経営システムと支配システムの両義性論」という二つの理論的視角が必要かつ有効であることを示したい。

[1] 四水準の階層的制御システムモデル

四水準の階層的制御システムモデルとは，事業システム，社会制御システム，国家体制制御システム，国際社会制御システムという四つの水準の制御システムが，階層的に重ね合わさりつつ，社会制御過程が進行しているというかたちで，社会制御の過程を把握するモデルである（船橋，2012）。

このモデルの特徴は，三つある。第一に採用している視点は，四つの水準の制御システムにおいて，それぞれ「制御中枢圏」が，なんらかの程度において存在し，各水準の意志決定の中心的役割を果たしていること，そして，各水準の制御中枢圏をとりまいて，なんらかの程度において「公共圏」が存在し，制御中枢圏と他の諸主体の間の相互作用を媒介しているということである。第二に，四つの水準の制御システムの間には，よりマクロ的な水準の制御システムが，よりミクロ的な水準の行為主体に対して，行為の機会構造と制約条件を定義するような枠組み条件を設定しているという関係がある。第三に，さまざまな問題群の解決という意味での制御可能性は，制御中枢圏の設定する問題解決原則の適切さと，各水準で設定される枠組み条件の適切さに規定されるのである。

よりマクロ的水準の制御システムから課させる「枠組み条件」の優劣が，よりミクロ的水準の制御努力の成否と，どのように関連するのかという点は，

一定の命題群によって把握できよう。その命題群とは，例えば，社会制御システムと事業システムとの関係においては，次のように定式化できる。

Ⅰ[1] − FW1：社会制御システムの設定している枠組み条件（制度構造と主体・アリーナ群布置）の優劣は，事業システムにおける問題解決の成否を傾向的に規定する。

Ⅰ − FW1 − ES：すぐれた枠組み条件を有する社会制御システムの中では，個別の事業システムにおける問題解決が傾向的に成功する。

Ⅰ − FW1 − DF：欠陥のある枠組み条件を有する社会制御システムの中では，個別の事業システムにおける問題解決が傾向的に失敗する。

Ⅰ − FW2：しかし，社会制御システムの設定している枠組み条件の優劣は，事業システムにおける問題解決の成否を完全には規定しない。

Ⅰ − FW2 − EF：社会制御システムが優れた枠組み条件を設定したとしても，個別の事業システムに関与する諸主体が無能であれば，問題解決の失敗が生ずる。

Ⅰ − FW2 − DS：社会制御システムが欠陥のある枠組み条件を設定したとしても，個別の事業システムに関与する諸主体がきわめて有能であれば，問題解決の成功が可能となる。

なお，以上の基本命題の冒頭のアルファベットの含意は次のようなものである。FW は，framework（枠組み条件）を，E, S, D, F は，それぞれ，excellent（優れた），success（成功），defective（欠陥のある），failure（失敗）を示している。

[2] 経営システムと支配システムの両義性論

制御可能性を把握するために，第二に必要な理論枠組みは，「経営システムと支配システムの両義性論」（舩橋，2010：第二章）である。

さまざまな制御システムを，経営システムとして把握するということは，それらの制御システムが，自己の存続のために達成し続けることが必要な経営課題群を，有限の資源を使って充足するにあたり，どのような構成原理や作動原理にもとづいているのかという視点から，それらにかかわる諸現象を捉えることである。他方，さまざまな制御システムを支配システムとして把握するということは，それらが，意志決定権の分配と正負の財の分配についてどのような不平等な構造を有しているのか，これらの点に関して，どのような構成原理や作動原理を持っているのかという視点から，それらにかかわる諸現象を捉えることである。意志決定権の分配にかかわるのが「政治システム」であり，正負の財の不平等な構造が「閉鎖的受益圏の階層構造」である。それぞれの観点から有意味な側面を現実から抽象することによって，経営システムと支配システムとが論定される。経営システムと支配システムとは，どのような社会や組織を取り上げてみても，見いだすことのできる二つの契機なのであり，特定のある対象が経営システムであり，他の対象が支配システムであるというような実体的な区分ではない（舩橋，2010：第二章）。

このような「経営システムと支配システムの両義性」という視点に立つと，社会制御過程において解決されなければならない問題群を，複眼的に，かつ，明確に定義することが可能である。経営システムの側面で，社会問題を把握するにあたっては，「経営問題」の解決ということが鍵になる。経営問題とは，なんらかの経営システムにおいて，さまざまな制約条件や困難に抗しつつ，有限な資源を使って，いかにして最適な経営方法を発見し，すべての経営課題群をより高度に充足し，経営システムの存続と発展を実現するかという問題である。四つの水準の制御システムのいずれにおいても，この意味での経営問題は存在する。

他方，支配システムの文脈においては，まず「秩序維持問題」を解決する必要がある。ここで「秩序維持」とは，各主体の欲求充足や利害追求のための行為が定型的なパターンの中におさまり，紛争が顕在化していないことである。同時に，さらに，社会的な諸問題としての「被格差問題」と「被排除問題」およびそれらを基盤に発生する「被支配問題」とを解決する必要がある。ここで，「被格差問題」とは，なんらかの閉鎖的受益圏の外部にいる主体が，財入手に関して受益圏内部の主体に比べてより少ない機会しか持たず，より低い欲求充足しかできない状態が当事者によって問題視されたものである。「被排除問題」とは，なんらかの閉鎖的受益圏が存在する状況で，その閉鎖的受益圏の内部の主体が外部に排除されたり（例，解雇），外部の主体の内部への参入意向が拒否される場合に，当事者によって排除や参入拒否が不当であると問題視されたものである。「被支配問題」とは，このような被格差問題の特質に，さらに受苦性，階層間の相剋性，受動性という3つの規定が付加することによって定義される。公害の被害，職業病，労働災害，冤罪，土地の強制収用等は，このような意味での被支配問題の典型である。ここで注意するべきは，「秩序維持問題」の解決の方法には，大きな振幅があり，一方で，人々の合意に基づいて強制力の発動なしに「平和的な秩序維持」が実現する場合がある。他方の極には，人々の間に正当性についての合意がなく，さまざまな交換力の発動によって，究極的には物理的強制力の発動によって「強権的な秩序維持」が出現する場合がある。後者の場合は，秩序維持という課題は達成されるが，同時に，先鋭な被支配問題を伴うことになる。

先に見た四つの制御システムは，いずれも，このような意味での「経営システムと支配システムの両義性」を有するのである。

このような把握に基づけば，「制御」の含意には「経営」と「秩序維持」と「要求提出と異議申し立て」とがある。経営問題の解決という点では，制御は直接的には経営を意味し，そして，その暗黙の前提として「秩序維持」を含意している。被格差・被排除・被支配問題の解決という文脈では，それらの解決のための有効な制御のためには，「要求提出と異議申し立て」が必要である。ここで，異議申し立てとは，単なる要求提出だけではなくて，正当性の問い直し，すなわち，価値判断や価値基準の問い直しを伴う問題提起を含意している。社会制御の過程には，制御を支える「共有された価値」の再定義ということも含まれるのである。

このような両義性論の理論的視点に立脚した時，現代社会における制御の困難性を照らし出す言葉として，「逆連動」を提示することができる。「逆連動」とは，経営システムにおける経営問題解決努力と支配システムにおける被格差・被排除・被支配問題解決努力とが，対立して両立しないような状態

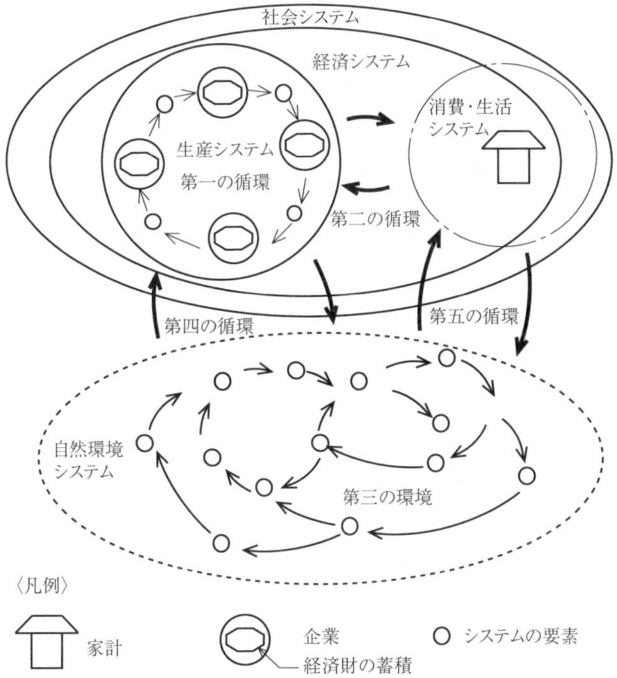

図１ 諸システム内部および諸システム間の五つの循環

であり，一方の解決努力が他方の解決努力を困難化するような状況を言う。逆連動の反対概念は「正連動」であるが，その意味は，上述の2つの解決努力の間に，相互促進的な関係があることである。

現代社会における持続可能性と制御可能性の確保に対して，原子力発電所が典型的に示すように，さまざまな場所で，逆連動状態がその障壁となっていることに注意するべきである。

（３）持続可能性の成立条件

次に，持続可能性の成立のためには，どういう条件が必要なのか考えてみよう。

［1］循環と持続可能性

持続可能性の概念の含意を明確にするためには，まず，自然と人間社会の間での物質・エネルギー循環に注目し，その文脈で，持続可能性の含意を明確にしなければならない。

図1は，社会と自然との間に，見られる五つの循環と三つの再生産の相互関係を示したものである。

持続可能性の第一の含意は，家族を基盤とする「消費・生活システム」において，「健康で文化的な生活」の再生産が維持されることである。

第2に，生活と家族の再生産のためには，生産システムにおける各種の財とサービスが生産され，経済システムと「消費・生活システム」との間に，交換と循環が形成されなければならない。

では，これらと自然環境システムとのあいだには，どのような関係が必要であろうか。生産システムと消費・生活システムは，同時に，自然環境システムとの間で物質とエネルギーを授受しているのであるが，両者は，資源消費と廃棄物の排出という点で，環境負荷を自然環境システムに対して与え続けているのである。このような相互作用が持続可能であるためには，原理的には，自然環境システムが有する環境容量の範囲内に，環境負荷が抑制されなければならない。

ここで，環境容量には，資源の産出・提供能力と汚染の浄化能力の二つの側面があり，それぞれ，フローの側面とストックの側面がある。

フローの側面に注目するならば，持続可能な社会とは，環境負荷と環境容量の関係について2つの条件を充たさなければならない。第1に，社会の消費する資源が，自然環境システムの有する資源再生能力の範囲に収まっていること，第2に，社会の排出する廃棄物が，自然環境システムの有する浄化能力の範囲に収まっていることである。この二つの条件が満たされるのであれば，社会は恒久的に持続可能である。だが，この二つの条件は，非常に厳しい制約条件を社会に課すものである。現代社会はこのような厳密な意味での持続可能性を実現しているわけではない。にもかかわらず，現代社会が存続しているのは，ストックの側面に依拠することによってである。すなわち，現代社会は，一方で，自然環境システムの有する再生能力によって提供され

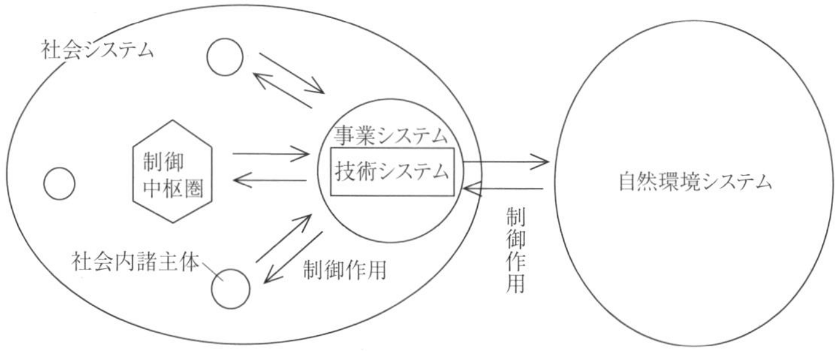

図２　技術をめぐる制御の２つの文脈

る資源に加えて，蓄積されている資源(資源ストック)を消費することによって，年々の資源を確保しているのであり，他方で，自然環境システムの有する浄化能力に加えて，廃棄物を自然環境システムの中に（なるべく被害を及ぼさない形で）蓄積すること(廃棄物ストック)によって，廃棄物を処理しているのである。

このストックの側面で見る限り，資源ストックの消費は，長期的には資源の枯渇を生むであろうし，廃棄物の蓄積は，長期的には「安全な蓄積」の不可能性という帰結を生むであろう。自然環境システムのストック能力に依存する生産と消費は，「資源枯渇」や「廃棄物が安全な蓄積能力を超えるゆえの汚染」という形での破綻が生じない限りでの「暫定的な持続可能性」を実現しているに過ぎない。

長期的で厳密な意味での持続可能性は，フローの側面での環境容量の内部に環境負荷を抑制するものでなければならない。そして，それは，自然環境システムの物質・エネルギー循環と多様な種の再生産の能力の範囲と調和する形で，人間社会の生み出す環境負荷を抑制することを意味する。

[2] 持続可能性のための制御可能性が必要とされる技術をめぐる２つの文脈

持続可能性と制御可能性とを同時に実現する道を探る場合に，社会システムと自然環境システムの間を媒介する技術の性格，および，技術を担う組織の性格について，検討する必要がある。

社会システムと自然環境システムの相互作用の中に，技術と技術を担う事業システムを位置づけて見れば，図2のような相互作用を見出すことが出来る。

制御可能性と持続可能性については，一方で，技術を内部化している事業システムが自然環境システムとどういう関係に立っているのか，そして他方で，技術を内部化している事業システムと社会全体とがどういう関係に立っているのかという二つの文脈に即して，検討が必要である。

すなわち，制御可能性と持続可能性は，社会全体－事業システム（技術）－自然，という三項関係における2つの相互作用の文脈に即して考察されるべきである。

一般に，技術を内部化した事業システムは，自然環境システムを利用し，そこからさまざまな財やエネルギーを取り出すことによって，自らの受益を拡大しようとしている。そのような自然環境システムの利用がいかなる帰結をもたらすのかということを分析するために，ここで，技術と自然環境システムとの関係について，「逆連動型技術」と「正連動型技術」とを区別することにしよう。逆連動型技術とは，経営システムにおける経営問題をより高度な達成水準において，解決しようと努力するほど，支配システムにおける被格差・被排除・被支配問題を悪化させ，先鋭化させるような技術である。例えば，原子力発電所や火力発電所は，逆連動型技術である。これに対して，正連動型技術とは，経営システムにおける経営問題をより高度な達成水準において解決するほど，格差と受苦を減らすことによって，被格差・被排除・被支配問題の改善あるいは解決を促進するような技術である。太陽光発電はその一例である。実際には，一つの技術にこの両側面が備わっている場合がある。そのような場合を，「両連動型技術」と言うことにしよう。例えば，風力発電はそのような両側面の特徴を有している。

持続可能性の実現のためには，逆連動型技術や両連動型技術を採用したときに，「負の帰結」を防止あるいは解消することが必要である。石油火力発電所に排煙脱硫装置をつけて大気汚染公害を防止するとか，風力発電所の立地に際して騒音公害や緑地破壊をしないように工夫するというのは，その例である。もしそのような受苦の発生が回避できるのであれば，逆連動型技術や両連動型技術は，「中立化」される。

そのような「中立化」が，可能かどうかは，全体としての社会システムと，技術を内部化した事業システムとの相互作用のあり方に依存する。この文脈で，社会システム側が，逆連動型技術を内部化した事業システムに対して，どのような働きかけができるかどうかが，重要な問題となる。

[3] 持続可能な社会の実現条件は何か

逆連動型技術を内部化した逆連動型事業システムではなく，正連動型の事業システムや，逆連動を中立化した事業システムを実現するためには，どのようにしたらよいのであろうか。このことを環境社会学における一つの基礎理論である「環境制御システム論」に立脚して検討してみよう。

環境制御システムとは，環境負荷の累積により現在生じている，あるいは将来生じるであろう「構造的緊張」を「解決圧力」に転換し，「実効的な解決努力」を生み出すような社会制御システムであり，環境問題の解決に第一義的関心を払う環境運動ならびに環境行政部局をその制御主体とし，これらの主体の働きかけを受ける社会内の他の主体を被制御主体とするような社会制御システムである（舩橋，1998）。環境政策や環境運動の努力により，社会が持続可能性を有する状態に向かって変革されていく諸段階は，環境制御システムの経済システムに対する「介入の深化」の諸段階として，すなわち，「環境破壊の放置」「制約条件の付与」「環境配慮の副次的経営課題としての内部化」「環境配慮の中枢的経営課題としての内部化」として把握することができる（舩橋，2004）。

持続可能な社会の形成の条件，すなわち，逆連動型の事業システムを改善して中立化したり，正連動型の事業システムを実現するための基本条件は，環境制御システムが形成され，それが経済システムに対して介入し，「環境配慮の中枢的経営課題としての内部化」の段階にまで，介入を深化させることである（舩橋，2004）。

本節の論点をまとめるならば，持続可能性の実現のためには，循環，環境負荷の環境容量内部への抑制，制御可能性の実現，逆連動型技術の中立化あるいは正連動化，環境制御システムの介入の深化による「環境配慮の中枢的経営課題群としての内部化」といった諸条件が必要である。

2　現代のエネルギー政策における持続可能性と制御可能性の欠如

以上のような持続可能性の成立条件を確認した上で，今日の社会で，どのような社会的メカニズムを通して，それが危機に陥っているのかを，エネルギー問題を主要な参照事例としつつ，検討してみたい。

（1）化石燃料の問題点

[1] 化石燃料に見られる負の創発的効果

現代の世界のエネルギー供給において，最も比重の大きいのは，石油，石炭，天然ガスなどの化石燃料である。化石燃料の技術的利用は，経済システムの中で，さまざまな受益を提供しており，化石燃料の利用なしには現代文明は成り立たないが，環境問題と持続可能性という点で，化石燃料は大きな難点を抱えている。

短期的・直接的効果という文脈では，化石燃料は大気汚染問題を生み出すものであり，その意味で逆連動型技術である。長期的・累積的効果という文脈で見ると，化石燃料は資源枯渇問題と，温暖化問題の促進という難点を有するものである。これらの難点は，いずれも，現代社会における「負の創発的効果」という特質を示しており，それが，持続不能性と制御困難性を生み出す社会的メカニズムの核心に見出される。

現代社会における制御困難性は，個々の主体の行為に合理性が不足しているから生み出されているというわけではない。個人や組織という個別の主体を見るならば，むしろ，自分の利害関心をより効果的，効率的に追求しようという意味で合理的な行為が至るところに見られる。その意味での合理性の追求が徹底しているという点においては，現代社会は他に比類がない。しかし，個々の主体にとっての個別的，直接的合理性の追求の集積の中から，社会的に見た混乱や制御困難性・不能性が，立ち現れて来ているのである。「負の創発的効果」とは，個別の主体の合理的行為が社会的・時間的に累積することによって，社会的に見た時に困った事態（負の帰結）を生み出すことである。

化石燃料の利用に起因する「負の創発的効果」は，内容的に見ると，「社会的ジレンマのメカニズムによる環境悪化」と「環境負荷の外部転嫁による環境悪化の促進」という2つの要因が絡み合う形で具体化している。

[2] 環境破壊のメカニズムとしての社会的ジレンマ

環境社会学の一つの理論としての「社会的ジレンマ論」によれば，集合財としての環境が破壊されていく社会的メカニズムの中には，広範に社会的ジレンマという状況が見出される。社会的ジレンマとは，「複数の行為主体が，相互規制なく自分の利益を追求できるという関係のなかで，私的に合理的に行為しており，彼らの行為の集積結果が環境にかかわる集合財の悪化を引き起こし，各当該行為主体あるいは他の主体にとって，望ましくない帰結を生み出すとき，そのような構造を持つ状況」（舩橋，1998）を指す。

社会的ジレンマの古典的モデルは，G．ハーディンの描いた「共有地の悲劇」であるが，その特徴は，共有地を使用している牧夫たちが，家畜の過剰放牧により，共有地の荒廃と彼らの家畜の共倒れを帰結するというものである（Hardin, 1968）。このモデルは，自分たち自身の受益追求が自らに打撃をもたらすという意味での「自損型の社会的ジレンマ」を表しているが，現代の化石燃料の使用に見られる社会的ジレンマの特徴を把握するために，さらに，「環境負荷の外部転嫁」と「市場競争による加速」という視点を付け加えることが必要である。

[3] 環境負荷の外部転嫁

「環境負荷の外部転嫁」とは，一定の主体や社会が生み出す環境負荷が，当該の主体や社会以外の他の主体や社会に押しつけられ負担が転嫁されることを言う。環境負荷の外部転嫁には，空間的な外部転嫁と，時間的な外部転嫁とがあり，それぞれ受益圏と受苦圏の分立を生みだす。例えば，日本の化石燃料の使用が，輸入によって支えられるのは，海外に存在する資源を減少させていくという形での空間的な「環境負荷の外部転嫁」を意味しており，石油火力や石炭火力発電所が大気汚染を生み出し工場の外部の地域住民に被害を与えるのも同様である。また，現在の人類社会が化石燃料の消費に伴って二酸化炭素を増大させ将来世代にとっての気候変動を引き起こすのは，時間的な「環境負荷の外部転嫁」である。

環境負荷の外部転嫁は，負の創発的効果として，環境負荷の増大を帰結する。その理由は，環境負荷を内部化する場合と異なって，負の帰結が自己回帰せず，自己抑制作用が発揮されることが無いからである。環境負荷の外部転嫁によって，受益圏と受苦圏が分立した場合，「加害型の社会的ジレンマ」が立ち現れる。この解決は，「自損型（あるいは自己回帰型）」の社会的ジレンマより，はるかに解決が困難である（舩橋，1998）。

さらに，市場メカニズムは，生産者に競争圧力をもたらしているから，化石燃料の使用を通して利益を追求する諸企業にとって，公害防止投資のような環境負荷の軽減のための投資を切り下げる誘因を与える。そのことは，社会的ジレンマを通しての環境破壊を加速させることになるのである。

このように，化石燃料の利用は，逆連動型の技術であるが，全体社会が事業システムに対して効果的な制御を行えば，負の帰結を抑制することができる。大気汚染防止を義務づけるような社会的規範を，社会から事業システムに対して課すことができれば，それは，社会的ジレンマ状況を克服することを可能にする。すなわち，厳しい規制のもとでは，事業システムにとって，公害防止技術の開発と公害防止投資を積極化することが合理的な利益追求になるのであり，そのことは，逆連動を中立化して，「負の創発効果」としての社会的ジレンマを解消することを意味する。同様に，気候変動についても，環境負荷の削減が，個別の事業システムにとって合理的な行為となるような社会的規範（例えば，炭素税，排出権取引）を，全体社会から事業システムに課すことによって，逆連動技術としての化石燃料使用が生み出す，負の効果を削減することができる。

（2）原子力固有の問題点

次に，現代世界で，大きな影響力を占める原子力技術については，持続可能性／不能性，制御可能性／不能性の問題は，どのように立ち現れているのかを検討してみよう。

[1] 原子力は絶対的な逆連動型の技術として，持続可能性を持たない

第1に，原子力発電所は，被曝労働を含む定常的汚染，放射性廃棄物，事故による汚染の危険性という三つの側面において，逆連動型技術であり，しかも，これらの負の効果が，原理的に解消不能であるという点で，絶対的な逆連動型技術であり，持続可能性と正面から対立するものである。原発は定常的な操業状態においても，内部的には被曝労働を伴い，外部的にも放射性物質を排出し，また放射性廃棄物を生み出す。これらの負の効果は，自然環境システムによっても人為的努力によっても無毒化することはできず，持続可能性の基本条件である「環境の浄化能力内部の汚染物質の排出」という条件を，原理的に満たすことができない。

第二に，事故が発生した場合，チェルノブイリ原発事故や福島原発事故に見られるように，原発の生み出す受苦は飛躍的に拡大する。技術論的に言えば，原子力発電所は，事故についての「本質的安全性」を持たない。本質的安全性とは，一定の技術の利用に際して，人為的な操作努力が停止したり無効になったりしても，安全な安定状態に至るような技術である（現代技術史研究会,2010,)。ところが，核分裂の発電への利用は，いくつもの装置が，的確に作動している間に，ようやく可能になるのであって，それらの装置に部分的な不具合が生じ，人為的な制御が不可能になった場合は，原発全体の危険性が昂進する方向への変化が進行してしまうのである。例えば，原発に，その運転のための電源が供給され続けることは，水の循環を保障し安定的操業を実現する前提である。しかし，全電源喪失というかたちで人為的介入ができなくなった場合，原発は，炉心の臨界状態の停止だけでは安定せず，その発熱量の帰結として冷却水が失われることになり，メルトダウンや爆発へ

と向かってしまう。

すなわち，原発は，部分的な不具合や不適切な操作によって，巨大な事故を起こしてしまう危険性を内包している。原子力発電所の安全確保のためのあらゆる努力にもかかわらず，4000炉年に一回の割合で大きな事故が起こりうることを，アメリカのオークリッジ国立研究所が，事故の実績データに基づいた帰納的研究によって，1983年に発表している（高木,2011：74－76)。この研究は，重大事故の発生確率を推定したものであった。世界的には，1970年ごろより，原発が本格的に普及拡大してきたこと，その経過の中で，1979年のスリーマイル島原発事故，1986年のチェルノブイリ原発事故，2011年の福島原発事故（三つの原子炉のメルトダウン）をカウントするならば，約40年間で五回，すなわち，約8年間に一回の重大事故が生じていることになる。この期間の全世界の稼働中の原発は，最大でも400基前後なので，4000炉年に一回の重大事故発生というこの研究の推定は，きわめて正確なものであるとともに，現実の重大事故発生の確率は，もう少し高かったと考えることができる。

[2] 原子力複合体は原子力技術を制御出来ず，社会は原子力複合体を制御出来なかった

ところが，原子力発電の推進者は，このような難点を有する原子力技術を，持続可能性と矛盾しないものであり，かつ，危険性を制御できると考えてきた(山名，2008)。

原子力発電の推進についての利害関心を共有し，原子力発電を実施する事業システムの直接的，間接的な担い手となっている電力業界，原子力産業界，官界，政界，学界，メディア業界に属する諸主体の総体を「原子力複合体」と言うことにしよう。日本の原子力複合体は，その閉鎖性と内部の文化風土の前近代性に注目するならば，「原子力ムラ」と呼ぶこともできる。ただし本稿では，それが日本以外の諸国にも存在することと，産軍複合体と同様に，技術力と経済力と政治力の相互促進的増殖という特質を有するところから，原子力複合体という表現を優先する(Funabashi，2012)。

原子力複合体を構成する諸主体は，絶対的逆連動型技術としての原発の難点，すなわち事故の生み出す深刻な帰結や，いったん事故が生じた場合の制御不能性という難点を，直視してこなかった。特に日本においては，苛酷事故に対する真剣な警戒心が欠如していた。そして，福島原発事故においては，大事故の防止という点でも，事故発生後の被害拡大の防止という点でも，原子力複合体の有する制御能力の欠如が露呈した。「技術的多重防護」と称されてきた安全性のための防壁は，簡単に崩壊してしまった。そして，技術的多重防護の崩壊の背景には，社会的多重防護の破綻があると言うべきである。日本において，全体としての社会は，原発事故防止のために，原子力複合体に対して，的確かつ効果的に介入することができなかった。すなわち，全体としての社会は，逆連動型技術を推進することによって社会の中に大事故の危険性を増殖させてきた巨大な事業システムとしての原子力複合体を，制御出来なかったのである（桜井，2011）。

ここには，原子力複合体における技術的制御能力の欠如と，原子力複合体に対する社会的制御能力の欠如という二重の意味での制御能力の欠如が見出されるのである。

[3] 社会が原子力複合体を制御できなかったメカニズム

全体としての社会は，なぜ，原子力複合体を制御出来なかったのであろうか。そこには，社会的ジレンマのメカニズムに加えて，「自存化傾向の諸弊害」を生み出す別のタイプの「負の創発効果」が見出される。

まず確認すべきことは，原子力発電を担う事業システムも，化石燃料による発電を担う事業システムと同様に，社会的ジレンマを通しての環境破壊というメカニズムの中に，身をおいていることである。原子力発電を担う事業システムが，自らの直接的，短期的利益を追求することが，その集積効果としては，集合財としての環境に汚染と危険という負の財を押しつけるという帰結をもたらす。しかも原発を担う電力会社は，さまざまな回路で，コスト削減への圧力にさらされていることから，安全対策は，さまざまな形で切り詰められてきた（蓮池，2011）。

同時に，原子力複合体は「自存化傾向の諸弊害」ともいうべきものを生み出してきた。「自存化傾向」とは，社会の中で一定の社会的必要を充足するという役割を担っている組織が，巨大化し，強力になったときに，社会的使命の達成よりも，その組織自体の存続や利益追求自体が自己目的化してしまい，社会内の他の諸主体によっては統御できなくなる傾向を指す。

このような自存化傾向は，行政組織においては，例えば，浪費的な公共事業の実施という形で，典型的に見出されるものである。自存化傾向の生み出すさまざまな弊害として，支配システムの文脈では，独走化，独裁化，過剰介入，財の党派的分配，腐敗などがあり，経営システムの文脈では，セクショナリズム，肥大化，硬直性，非効率性といったものがある（舩橋，2001,）。

総体としての原子力複合体は，このような意味での自存化傾向の諸弊害を示している。それは特に安全対策について，原子力複合体の外部からの介入を拒絶し，原子力複合体内部の利害関心が，安全対策の程度を左右するという帰結を招いた。

全電源の喪失というような苛酷事故に対処するためには，巨額な安全化対策経費が必要になるが，経費削減を求める利害関心は，安全対策をほどほどにしておこうという態度を生み，それとの整合化の帰結として，予想される事故や天災の規模を控えめに，楽観的に想定するという選択を生み出した。「想定外」という言葉の背後には，深刻な災害や苛酷事故に対応するための経費を惜しむという利害関心が存在し，想定される事故のスケールを小さく設定しておくという本末転倒の態度が存在していたのである。

原子力複合体が自存化傾向の諸弊害を生み出している過程の根底には，それを構成する要素的諸主体のミクロ的な利害関心の追求がある。それに対する外部からの適正な制約条件の設定が欠如している場合，ミクロ的な利害関心の追求努力の集積を通して，自存化傾向の諸弊害が生み出される。その意味で，自存化傾向の諸弊害は「負の創発的効果」の一つのメカニズムを表すものである。

（3）「負の創発効果」としてのメタ制御能力の低下

社会が，原子力複合体の自存化傾向の諸弊害を制御できなかったということの含意は，「直接的制御能力」と「メタ制御能力」の区別を導入することによって，より明確になる。

ここで，「直接的制御能力」すなわち狭義の「制御能力」とは，一定の制度構造や組織構造の存在を前提した上で，さまざまな水準の制御システムが，当面する経営問題や被格差・被排除・被支配問題を解決するために有する能力を意味する。

これに対して，「メタ制御能力」とは，一定の組織や社会が有する制御能力をより高度化させるような制御能力，すなわち，制御能力をより高度化させるために，制度構造や組織構造自体を変革したり，制御過程に関与するより高度な制御能力を有する主体を形成するような能力のことである。

あらゆる組織はこの両方の能力をなんらかの程度において有しているけれども，両者は正比例するわけではない。例えば，軍事組織は，特定の目的の遂行という点での制御能力は高いとしても，一般に上意下達型の組織構造を持ち，組織内外からの批判に対して閉鎖的であり，しばしば高度の硬直性を示し，自己変革ができないという意味で，低いメタ制御能力しか備えていないという事態が見られる。

狭義の制御能力とメタ制御能力の区別を導入するならば，広義の「制御能力の不足」には二つの意味があることがわかる。すなわち，現代社会の制御能力の不足とは，第1に，現代社会を支える既存の制度構造と主体の布置連関の下で露呈している問題解決能力の不足（狭い意味での制御能力の不足）を意味し，さらに第2に，そのような制度構造や主体の布置連関を変革する能力の不足（メタ制御能力の不足）を意味している。

では，原子力複合体をめぐるメタ制御能力はどのような特徴を有するだろうか。日本の原子力複合体は，直接的制御能力を支える堅固な制度構造，組織構造を有し，巨大な資源動員力を持っていた。その骨格は，地域独占，発送電の統合，電源三法交付金，総括原価方式による電力販売価格決定方式，等である。しかし，原子力複合体は高度に硬直的であり，原発の有する難点を解消するようにとの外部からの批判に対して，拒絶的であった。原子力複合体は，その内部からの自己変革能力も低く，同時に，外部からの働きかけによる変革もできなかった。全体として，原子力複合体自身も，日本社会も，エネルギー政策について，きわめて低いメタ制御能力しか保持していなかった。

注目するべき事は，原子力複合体としての，また，社会全体としてのメタ制御能力の低さが，他ならぬ原子力複合体の有する直接的制御能力の強化によって，促進されていたことである。原子力複合体を支える制度的基盤のもとで，組織や制度の有する「成型効果」[2)]を通して，その維持に利害関心を有する個人主体や組織主体が大量に形成され，それらの主体は，既得権を削減するような変革に頑強に抵抗し，原発批判の立場からエネルギー政策の転換を求める陣営の政治的・社会的影響力を低下させるために，さまざまな情報操作や経済力の操作を行ったのである（Funabashi, 2012）。

科学技術の高度化も，このような帰結を変えるわけではない。これらの事例を観察する限り，科学技術は，局部的な手段的合理性を洗練するという意味で，制御能力の高度化には積極的な役割を果たしているが，メタ制御能力の高度化には，ただちに，直結するわけではない。メタ制御能力の高度化のためには，道理性に基づいた問題解決を促進するように，制度構造を変革する能力を高める必要があるが，科学技術によって，そのような能力の高度化が自然に実現するわけではない。

以上のように，福島原発災害を生み出してしまった社会的過程には，「社会的ジレンマを通しての汚染と危険の産出と累積」，「環境負荷の外部転嫁による二重基準の連鎖構造の生成」，「自存化傾向の諸弊害」，「直接的制御能力の高度化によるメタ制御能力の低下」といったさまざまな形の「負の創発的効果」が作用し，累積していたのである。

3　エネルギー政策における持続可能性と制御可能性の確立の道

（1）エネルギー政策の転換と規範的原則

原子力複合体が自存化傾向の諸弊害を生み出し，制御の失敗とメタ制御能力の低下を生み出している状況で，持続可能性と制御可能性を備えた社会を実現する方向でのエネルギー政策の転換は，どのようにして可能になるであろうか。

そのためのエネルギー政策は，内容的には，省エネルギー，脱原発，化石燃料への依存度の漸減，再生可能エネルギーの拡大という四つの柱が必要である。そのような内容を有する政策を「エネルギー戦略シフト」と言うが，それこそが持続可能性と制御可能性を実現しうる政策である。

なぜなら，再生可能エネルギーの導入とは，環境制御システムの経済システムへの介入が「環境配慮の中枢的経営課題への内部化」という段階まで深化すること，そして，循環を実現することを意味するからである。

では，そのような形で，持続可能性と制御可能性を確立するためには，どういう条件が必要であり，いかなる変革の道が存在するであろうか。

（2）社会的意志決定のあり方の変革

日本において，原子力複合体の中の制御アリーナが，原発の苛酷事故の可能性を軽視し，エネルギー政策選択が，道理性と合理性を失っていたということは，制御アリーナの特色から見るならば，「影響や帰結についての情報の「総合的取り集め」にもとづいて，道理性と合理性の視点から「総合的な評価」を行い，社会的意志決定を行うアリーナが欠如していたこと」を意味する。

[1] 考慮範囲，影響範囲，帰結範囲

ここで，社会的意志決定過程の適切性の有無を分析するために，考慮範囲，影響範囲，帰結範囲の諸概念を導入しよう。「考慮範囲」とは，意志決定に携わる主体や制御アリーナが，利害関心の対象や制約条件や事実認識として，関心をよせ，決定を行う際に主観的に意識している範囲のことである。「影響範囲」とは，意志決定の結果，直接的に生み出される影響の総体である。「帰結範囲」とは，ある主体や制御アリーナの意志決定の影響を受けて，

他の主体や制御アリーナが反応的に意志決定や行為を行い，その結果として，間接的に生み出される帰結の総体である。ある社会的意志決定が，道理性や合理性を実現するための条件は，理想的には，制御アリーナにおける考慮範囲が，影響範囲と帰結範囲をカバーしていることであり，それに基づいて「総合的評価」をしていることである。そして，社会的意志決定が，道理性や合理性に接近するための最低限の条件は，考慮範囲が影響範囲をカバーしていることである。

原子力発電をめぐる意志決定過程の特色は，第1に，エネルギー供給制御システムの中枢的制御アリーナにおいて，考慮範囲が，影響範囲と帰結範囲を十分にカバーしていなかったことである。例えば，放射性廃棄物という深刻な影響や，大事故という帰結が十分に考慮範囲に入っていなかった。これまでの制度的手続きでは，影響範囲や帰結範囲を，中枢的制御アリーナにおける考慮範囲がカバーしないままに，意志決定ができるような構造になっていた。第2に，原発の立地を受け入れる地元においては，立地に伴う付随的受益という影響範囲は考慮範囲に入っているが，事業システムの欠陥や能力不足によって生ずる事故の発生という帰結が，必ずしも十分に考慮範囲に入っていなかった。

ではどのような条件があれば，中枢的制御アリーナにおける考慮範囲が，影響範囲や帰結範囲をカバーし，総合的評価に基づいた道理性と合理性の探究が促進され，可能となるであろうか。

[2] 公共圏の豊富化

ここで大切なことは「公共圏の豊富化」である。公共圏を通しての民衆の要求と意見の提出が，制御中枢圏における考慮範囲と「影響範囲・帰結範囲」の一致を促進し，さらに，公共圏における議論の深化が，民衆の意志を反映した「道理性と合理性」の定義を可能にする。それに基づいた「総合的判断」が，制御中枢圏の意志決定に反映することが大切である。

ここで公共圏の豊富化とは「公論形成の場」がさまざまな形で形成され，政策的課題についての議論が広範に行われることである。そして，そのよう

表１ 政治システムの利害調整アリーナにおける社会関係と社会的意志決定の類型

	鍵になる要因の差異	変化を表す言葉
勢力関係モデル	①暴力的な勢力関係 （植民地，強制収容所などの暴力的支配）	↓非暴力化
	②（非暴力的な）交換力に基づく勢力関係 （スト，示威行進，座込み，金銭の与奪）	↓言論闘争化
	③多数派形成型の言論闘争に基づく勢力関係 （選挙，住民投票）［言論闘争型公論形成アリーナ］	↓論争的理性化
	④理性的な論争に基づく勢力関係 （法廷，公益調査制度）［論争型公論形成アリーナ］	
理性的 制御モデル	理性的な対話の関係（道理性と合理性に即しての説得性） ［対話型公論形成アリーナ］	↓対話的理性化

（出所：舩橋，2012：34）

な議論の積み重ねの中から，特定の政策的課題に関連して何が道理性と合理性を備えた解決であるのかということについて，そのつど民衆の意志を反映する形で，判断を積み重ねて行く必要がある。「道理性と合理性の定義」とは，そのつど具体的状況の中で，概念解釈を積み重ねることを意味する。

[3] 勢力関係モデルの理性化－言論の力の対抗力への転化

ただし，ここで，「公共圏の豊富化」という課題の含意が，「理性的制御モデル」に一元的に偏って解釈されるべきではない。理性的制御モデルとは，人々の討論の積み重ねによって，道理性と合理性についての概念解釈についての合意をそのつど作りだし，それらについての合意に基づいて社会が運営され，個々の政策的課題についての意志決定がなされるような社会過程を含意する。

理性的制御モデルが実現することは，一つの理想的な姿であるが，現実にはそれは理念型である。現実の社会制御過程を把握するためには，理性的制御とは異なる要因，すなわち，勢力関係や利害闘争に注目した意志決定過程の把握が必要である。そこで，必要となるのが「勢力関係モデル」である。

勢力関係モデルとは，討論による合意形成ではなく，正負の財の与奪によって規定される勢力関係に基づいて，社会的意志決定がなされ制御過程が進行するようなモデルである。

ここで大切なことは，表1に示されるように，勢力関係モデルには，さまざまな下位類型があること，理性的制御モデルを一方の極としながらも，それとの近接性において，勢力関係モデルの下位類型を連続的に配列することができ，それらが相互に移行しうることである。ここで，勢力関係モデルの下位類型の間で，表1の上部から下部に向かって移行が進むことを「勢力関係モデルの理性化」と言おう。

社会的な制御能力の確立の鍵は，このような意味での「勢力関係モデルの理性化」にある。そして，それを促進するのは，意志決定制度の改善である。選挙制度や住民投票制度は，勢力関係の「言論闘争化」を促進する制度的仕組みであり，公益調査制度（船橋ほか，2001：第11章）や裁判制度は，勢力関係の「論争的理性化」を推進する効果を発揮する。

[4] エネルギー戦略シフトへの抵抗をどのように克服するか

日本における原子力複合体は，「交換力に基づく勢力関係」あるいは「言論闘争に基づく勢力関係」という政治システムの状態のもとで，その有する経済力や政治力を駆使して，エネルギー政策を大きく左右してきた。すでに見たように，これまでの全体としての日本社会は，そのような原子力複合体の決定と行為を，安全性の確保という点で，制御することができなかった。

今後，日本のエネルギー政策に必要なのは，再生可能エネルギーの比重を増やしつつ，原子力への依存度を低下させていくことである。全体としての社会が，そのような方向で，原子力複合体のあり方を制御していくためには，支配システムにおける変革と経営システムにおける変革という，二重の課題を果たさなければならない。

支配システムにおける変革で決定的なのは，国家体制制御システムの制御中枢圏において，エネルギー戦略シフトの方向での政策転換の意志決定をすることである。しかし，原子力複合体は，国家体制制御システムの制御中枢圏に対して，これまで，大きな影響力をふるってきたし，その影響力は，福島原発事故後においても，依然大きなものがある。そのことに規定されて，日本政府は，震災後1年を経過した時点で，エネルギー戦略シフトの方向での政策転換を明確に打ち出せないでいる。

では，エネルギー戦略シフトの実現のために，他の回路はないのであろうか。エネルギー戦略シフトの本質的な特徴は，逆連動型技術への依存度を減らし，正連動型技術をコアにした事業システムを増やしていくことである。そのような変革を，各地域レベルの経営システムの文脈で，積極的に導入し，その積み上げの中から，支配システムにおける勢力関係を変革していく可能性を追求するという道もあるように思われる。そのような経営システム先行型の変革の可能性を，ドイツの経験を参照事例にして探ってみよう。

ドイツにおいては，「小さな変革実践」の共鳴的波及によるメタ制御能力の高度化ともいうべき変革過程が見出されるのである。

（3）ドイツにおける地域社会からの変革のイニシアチブ

ドイツにおけるエネルギー政策の転換に果たした「地域からのイニシアチブ」の役割はきわめて示唆的である。地域からのイニシアチブが，どのようにドイツ全体の政策転換に転化していったかについて，示唆的な2つの動きを簡単に見ておこう。

[1] アーヘン市におけるアーヘンモデルの導入

太陽光発電に対する実効的な促進政策について，突破口を切り開いたのは，ドイツ中央部西端にあるアーヘン市における1995年3月からの「アーヘンモデル」の導入であった。アーヘンモデルの要点はつぎの二点にまとめられる。第一に，アーヘン市の公営企業であるアーヘン市市電・エネルギー供給株式会社とアーヘン市エネルギー・水道供給会社は，太陽光発電については，1kWhあたり2マルクで20年間，風力発電については，1kWhあたり0.25マルクで15年間買取ることとし，設備所有者の必要経費が売電でまかなえるようにした。第二に，上記の買取のための財源は，電気料金を1％だけ値上げして，消費者である市民全体でまかなうこととした（当時の1マルクは55円）。

このアーヘン市の制度的枠組み条件の特徴は，再生可能エネルギーの積極的導入という政策理念を前提にして，発電技術の差異に応じて買取価格を変化させることであった。具体的には，当時の電気料金約0.2マルク／kWhと比較して，太陽光発電は約10倍，風力発電は約1.25倍の買取価格であった。

このアーヘンモデルは，アーヘン市における太陽光発電設備容量の急速な拡大（2年間で10倍以上）をもたらすとともに，その後，ボン市など全国40以上の自治体に拡がっていった（和田,2008：19）。

[2] シェーナウ村におけるシェーナウ電力の設立 (Janzig, 2008)

ドイツ南西部のフライブルク近郊にシェーナウ村は位置している。1986年のチェルノブイリ原発事故後，この地域の住民の中に，「原子力から自由な未来のための親たち」(EfaZ) という組織が設立された（1987年5月）。EfaZは節電運動を繰り広げ，「節電コンクール」を地域で行うとともに，チェルノブイリ事故で被災したキエフの子供達を夏季休暇の間に三週間招待するという取り組みも行った（1993年）。1990年代に入っては，地域送電網の買い取りと再生可能エネルギーの供給に取り組むことになる。1996年5月10日の住民投票によって，住民達の設立した企業（Elektrizitatswerke Schönau, EWS）が，それまで地域電力網を所有し原発を使用しているKWR社から，それを買い取る権利を獲得した。1997年7月にシェーナウ電力は送電網を買い取り，グリーン電力の供給を担うようになる。2012年1月時点で，全ドイツの125000の顧客に100％のグリーン電力を供給しており，発電設備の中心は水力である（2012.1.13 Ursula SLADEK氏からの聞き取り）。福島原発震災後の一年間で，顧客が25％急増した。

[3] 2つの事例の示唆

アーヘンモデルの普及の過程でも，シェーナウ電力の発展の過程でも，経営システムの文脈で「正連動型技術」に依拠した事業システムを形成するという「小さな実績の積み重ね」を基盤にした社会変革が進行した。ドイツにおいては，2000年に制定され，2004年に改正された「再生可能エネルギー法」によって，急速にソーラー発電が普及し，国政レベルでの制御中枢圏による法制度改正がいかに大きな効果を発揮するかの例証を提供している。注目するべきは，「再生可能エネルギー法」は，アーヘンモデルによって導入された技術的特性に応じた固定価格買取り制度を採用していることである。国政レベルでの法律の変革がいきなり開始されたのではなく，自治体レベルでの「小さな実績の積み重ね」が，公共圏における公論形成を支え，自治体レベルでの法制度変革を実現し，ついには，最初の段階では不可能であったような国政レベルでの「大きな変革」を実現したのである。

すなわち，政府レベルの制御中枢圏の意志決定が制御能力とメタ制御能力を回復することを促進する一つの基本的な回路は，地域社会レベルでの「優れた問題解決の実践の積み重ね」である。

結び

本章では，現代社会における持続可能性と制御可能性の欠如が，どのようなメカニズムにおいて出現しているのかを，エネルギー政策領域における原子力複合体に注目することによって，とりわけ，福島原発災害に注目することによって，検討してきた。そして，「逆連動型技術」の問題性や，「負の創発的効果」としての「社会的ジレンマによる環境悪化」や「原子力複合体の自存化の弊害」について，解明してきた。また，原子力複合体の有する制御能力の高度化が，メタ制御能力の低下をもたらしているという問題点を指摘した。逆連動の克服や，負の創発的効果の克服，メタ制御能力の向上のためには，適正な社会的規範，すなわち，道理性と合理性を実現するような社会的規範の発見と採用が必要である。そのためには，そのような社会的規範を発見し，それを制御中枢圏に採用させるように働きかける公共圏の作用が大切になる。そして，公共圏の社会変革に果たす作用を把握するために，理性的制御モデルと勢力関係モデルの２つの基本的類型を提示し，制御能力とメタ制御能力の改善を図るための方向づけとして「勢力関係モデルの理性化」という考え方を提示した。

公共圏の豊富化を通しての変革の実現については，持続可能性の実現に必要な規範的原則を体現しているような小さな実践の積み重ねが，公共圏における公論形成を支え，ついには，国政レベルでの大きな意志決定による社会変革を生み出しうるという示唆をドイツの事例からくみ取った。最後にこのような「草の根からの変革」を支える個人主体と集団主体の性質について，考えてみよう。

一つの組織の改革において，定常的課題を遂行するための制御アリーナと同時に，変革課題に取り組む制御アリーナ，すなわちメタ制御能力を有する制御アリーナを形成することが，非常に大きな意義を持つということは，さまざまな組織の改革の成功事例からくみとることができる。地域社会や全体社会においても同様であろう。

各地域社会において，メタ制御能力を有するような制御アリーナを形成し，再生可能エネルギーを担う事業システムを創設し増殖させていったところに，ドイツの変革力の源泉があった。そのような制御アリーナの実質は，継続的に市民が政策立案・提言のための集会や会合を組織化し，集団的主体形成を成し遂げたことである。そのような集団主体や変革を議論する制御アリーナに参加し，それを運営していくような各個人の主体性が，非常に重要であることがわかるのである。

●注

1）ここでⅠという記号は，事業システムと社会制御システムとの関係にかかわる水準であることを示す。社会制御システムと国家体制制御システムの関係にかかわる水準についてはⅡを，後者と国際社会制御システムの関係にかかわる水準についてはⅢを使用して，同様の命題群を提示できる。

2）「成型効果」とは，組織成員に共有されている特定の社会意識を内面化し，役割遂行に適合的な資質と能力を形成するように，組織と成員集団が個人に及ぼす作用の総体である（舩橋，2000：141－142）。

●参考文献

環境と開発に関する世界委員会，1987，『地球の未来を守るために』福武書店。

現代技術史研究会，2010，『徹底検証 21世紀の全技術』藤原書店。

桜井淳，2011，『福島第一原発事故を検証する――人災はどのようにしておきたか』日本評論社。

高木仁三郎，2011，『チェルノブイリ原発事故（新装版）』七つ森書館。

蓮池　透，2011，『私が愛した東京電力－福島第一原発の保守管理者として』かもがわ出版。

舩橋晴俊，1998,「環境問題の未来と社会変動－社会の自己破壊性と自己組織性」舩橋晴俊・飯島伸子編『講座社会学12　環境』東京大学出版会：191 － 224。

舩橋晴俊，2000,「熊本水俣病の発生拡大過程における行政組織の無責任性のメカニズム」相関社会科学有志編『ヴェーバー・デュルケム・日本社会――社会学の古典と現代』ハーベスト社：129 － 211。

舩橋晴俊，2004,「環境制御システム論の基本視点」『環境社会学研究』第10号：59 － 74頁。

舩橋晴俊，2010,『組織の存立構造論と両義性論－社会学理論の重層的探究』東信堂。

舩橋晴俊，2012,「社会制御過程における道理性と合理性の探究」，舩橋晴俊・壽福眞美編『規範理論の探究と公共圏の可能性』法政大学出版局，第1章。

舩橋晴俊・角一典・湯浅陽一・水澤弘光，2001,『「政府の失敗」の社会学――整備新幹線建設と旧国鉄長期債務問題』ハーベスト社。

山名元，2008，『間違いだらけの原子力・再処理問題』ワック株式会社。

和田武，2008,『飛躍するドイツの再生可能エネルギー』世界思想社。

Funabashi, Harutoshi, 2012, “Why the Fukushima Nuclear Disaster is a Man-made Calamity”, *International Journal of Japanese Sociology*, No,21:65-75.

Hardin, G., 1968, “The Tragedy of the Commomns”, *Science* 162：1243-1248.

Janzing, Bernward, 2008, *Storfall mit Charme: Die Schönauer Stromrebellen im Widerstand gegen die Atomkraft*, doldverlag.

第３章　制度的なリスク制御の破綻

——原発事故の制度問題——

長谷部俊治

災害や事故は，システムの危機現象である。システムの安定が損われ不都合な事象が現れるのであるが，その事象によって生じる危険や損失を防止・抑制するべく，システムのリスクを制御するための制度が整えられている。

ところが，福島第一原子力発電所事故においては，そのリスク制御制度が機能しなかった。制度が破綻したのはなぜなのか，制御機能を確保するためには何が必要かを考えてみたい。

1　リスクの制御とその社会的な受容

原子炉の設置・運転に伴うリスクを制御するための制度は，大きく二つの考え方に基づいて組み立てられている。そして，その制度は，効率性基準と正義性基準を満たさなければならないが，これらの基準を満たす際に重要となるのは，リスクの社会的な受容である。

1.1　リスク制御のためのしくみ

原子炉の安全性を確保する方法として，行為規制と防災計画がある。

i）行為規制

原子力発電所の事故を防止するための方策は，行為の規制を中心として組み立てられている。核原料物質，核燃料物質及び原子炉の規制に関する法律（以下，「原子炉等規制法」と略称する）は，原子炉の設置等の行為をなすに当たっては，安全性などに関して経済産業大臣等による審査や検査を受けなければならず，審査等をパスしない限りその行為を実施してはならないとする。

行為規制は，まず原子力事業を燃料の加工，原子炉の設置，廃棄などに分類し，さらに，それぞれの事業実施に必要な行為を段階的に区分して，各行為について審査等の基準に照らしてその妥当性を判断するという方法によって行われる。たとえば，原子炉の設置については許可が必要とされるが，その許可基準は，①原子炉が平和の目的以外に利用されるおそれがないこと，②設置許可によって原子力の開発及び利用の計画的な遂行に支障を及ぼすおそれがないこと，③設置者に原子炉を設置するために必要な技術的能力及び経理的基礎があり，かつ，原子炉の運転を的確に遂行するに足りる技術的能力があること，④原子炉施設の位置，構造及び設備が核燃料物質，核燃料物質によって汚染された物又は原子炉による災害の防止上支障がないものであること，の4つである（原子炉等規制法第24条）。このうち，④が安全審査基準である。

このような規制に当たって問題となるのは，判断基準の的確さと行政的な裁量の適切さである。たとえば，「災害の防止上支障がない」（安全である）とはどのような状態をいうのかを明確に定義することは難しく，現実に照らしつつ具体的に判断していかなければならない。そして，不確実さが大きいほど，判断基準は抽象的にならざるを得ず，専門技術的な知見が必要となり，裁量に委ねられる範囲が広がることになる。

ii）防災計画

リスク制御のためのもう一つの方法は，事故が起きたときの被災を回避・軽減することである。そのための手法として採用されているのが防災計画で，あらかじめ目標を明示して，その達成のための諸行動を総合化・体系化することによって危機情況を一定の秩序のもとに置こうとする方策である。

防災計画の考え方で大事なのは，最悪を想定し，その場合の最善を追求すること（マキシミン戦略）である。そのためには，相手の選択肢を知っていること（あるいは，未知であることを知っていること），こちらの選択肢と利得とが明確であること，冷静に合理的に意思決定できることなど，いくつかの要件を必要とする。しかも災害の場合には，選択を取り巻く状況そのものも刻々と変わっていき，利得や選択肢が変化するから，適時適切な判断が求められる。

原発事故についての防災計画として重要なのは，原子力災害対策特別措置法による原子力事業者防災業務計画の作成，原子力災害対策本部の設置等である。たとえば，原子力事業所は，それぞれ原子力事業者防災業務計画を作成し，原子力防災組織の編成，防災教育の実施，防災資機材の設置・保守点検，事故発生時の通報などについて定めなければならない。あるいは，原子力緊急事態（原子炉の運転等により放射性物質又は放射線が異常な水準で当該原子力事業者の原子力事業所外へ放出された事態）が起きたときには，その旨公示して原子力災害対策本部を設置し，避難の勧告・指示などの緊急事態応急対策に当たるとされている。

しかしながら，原発の設置等に当たっては，防災計画との連携が顧慮されていない。原子力安全委員会報告『安全審査指針の体系化について』は，両者の関係について次のように記述している。

「立地で規定している「非居住区域」・「低人口地帯」の範囲は，わが国の原子力発電所のほとんど全ての場合，原子炉施設の敷地内に包含されている。従って，実質的に，設置許可上必要な原子炉の安全性は，原子炉施設の敷地内で確保されている。」

「一方，防災計画は，原子炉施設が万一の事故により大量の放射性物質の放出が発生したと想定した場合であっても，災害を未然に防止し，あるいは，放射線による影響を実行可能な限り低減させるべく有効な臨機の措置を国，地方公共団体等がとることを目的として念のために定められているものである。即ち，防災対策は，原子炉施設の安全性確保のための措置の外側に位置し，「原子炉等規制法」に基づく安全規制とは独立に準備されている行政的措置である。」（原子力安全委員会，2003 p.10）

つまり，防災措置は行政的措置であるとして，安全審査の対象から除外しているのである。しかし，原子炉の安全とは，原子炉の設置が周辺住民にとって安全であるかどうかであり，対応に当たっては適時適切な判断が必須である。行為規制と防災計画との分離・不連携は，原発の安全確保のあり方を考えるうえで見逃せない考え方であるし，福島第一原発事故の対応を検証する際にも吟味すべき問題である。

1.2　リスクの社会的な受容

原子力発電所の設置・運転がリスクを伴うとしても，リスクを制御することによって災害を回避・軽減できるならば社会的に容認される。このとき重要となるのが，社会はどの程度のリスクを受容するかということである。

その判断基準は二つあろう。一つは効率的な配分で，社会にある財を「無駄なく」配分して効用（被災は負の効用となる）を最大にするかどうか，もう一つは正義への適合で，誰に何を与え，何を奪うかを「納得できるように」決定しているかどうか，である。

i）効率的な配分

配分が効率的であるかどうかは，

災害原因事象の起きる確率×被災によって生じる損害＜リスクを受容することによって得ることのできる便益

を満たすかどうかによって判断される。対策のためにより多くの費用を投入すれば被災によって生じる損害は減少するが，同時にその費用負担によって，リスクを受容することによって得ることのできる便益も減少するから，事故防止対策が効率的な配分にどのような効果をもたらすかは，一概に判断できない。

この場合に大きな課題となるのが，確率や損害を的確に予測することである。原発事故の発生確率については諸説あるし，事故による損害は巨額なものとなるであろう。あるいは，人命や居住地の喪失を金額で見積もることは困難であるかもしれない。便益算定に当たって核廃棄物処理費用を控除する必要もある。

さらに見逃せないのは，人間のリスク評価特性を考慮する必要があることである。人間のリスクを評価するときの特性として，次のような事実が明らかとなっている（中西，1995 p.106-115）。

まず，Chauncey Starr によれば，人々がリスクを受け入れる際の許容度について，許容されるリスクの大きさは，ベネフィットの大きさの3乗に比例する。自発的な行動においては，強制的な行動に較べてリスクが千倍許容される，という（Starr,1969）。行動の目的や動機がリスクの受容に反映されるのである。このことは，自然災害と原発事故被災とのリスク評価に違いを生じることになるであろう。

また，Paul Slovic によれば，専門家によるリスク認識は，ほぼ年間死亡率（リスク期待値）によって判断されているが，普通の人々は，破滅的なこととなる危険性や未来の世代に対する恐怖を重く見て判断するという。そしてその恐怖を分析すると，普通の人々がリスクを認識する際の主要な要素には二つの種類があり，第一は破滅因子（dread risk），つまり，制御できない，恐ろしい，致死的な，不公平な，次世代に対してより高い影響があるなどの性質を持つものであり，第二は未知因子（unknown risk），つまり，観察できない，知ることができない，遅発性の効果がある，新しいなどの性質を持つものである。客観的な期待値だけでなく，これら主観的な要素の強さがリスクの許容度を左右するのである（Slovic,1987）。

Slovic は，様々な事象について人々が破滅因子と未知因子をどのように評価しているかを調査したが，その結果によると，原子力については破滅因子による恐怖が，遺伝子技術については未知因子による恐怖が，それぞれ大きいなど，事象に応じて評価が異なることが分かっている（Slovic,1987）。

従って，人為的な行動に伴う事象や破滅因子・未知因子を帯びる事象に伴う損害については，より厳しい吟味が要求されることとなる。つまり，原発事故によるリスクの社会的な受容水準は，自然災害等と比較して，相対的に高くなるのである。

ii）正義への適合という基準

正義にかなうかどうかの判断は難しい。「納得できる決定」であるかどうかを左右するのは受益負担関係が公平であるかどうかであるが，公平さを判断するための基準が明確ではないからである。従って，リスク制御がもたらす受益負担関係が正義に適合するかどうかを一律に判断する基準は見当たらない。ただ，二つのことが重要である。

第一に，社会の統合維持のための負担は受け入れられ易いことである。「お互いさま」の関係にあること，リスクに晒された者を保護・支援することは公共的な責務であると考えられていること，リスク制御のためには相互協力が不可欠な場合が多いことなどがその理由である。

そして，自然災害は社会を統合維持するうえでの危機であると認識され，リスク制御に伴う受益負担関係の公平さについて厳しく問われることは少ない。一方，事業に伴う事故については，そのように認識されていないことから，事業者の負担を明確にすることが求められる。つまり，原発事故においては事業者による相応で明確な負担が必要となる。

第二に，事象を制御する責任が強く問われることである。他人に損害を与えた場合にはそれに対して賠償しなければならないのだが，一般に，賠償責任を負うのは行為に当たって故意や過失を伴うときに限られている。ところが，事業などに伴う特定の損害については，因果関係を把握することができず，損害の発生を予測できない場合にも，賠償責任を負わなければならないという考え方（無過失責任）が採用されている。

その根拠として，社会に対して危険を作り出している者は，危険を防止する能力を有していることなどから，それによって生じる損害に対して重い責任を負わなければならないという考え方（危険責任）と，利益をあげる過程で損害を与えた者は，利益あるところに損失も帰すべきだから，利益から賠償しなければならないという考え方（報償責任）の二つがある。これらの考え方は，いずれもリスク制御における事業者の責任を厳格に問うことを要請している。原発事故について事業者が無過失責任を負わなければならないとされているのはそれゆえであるが，原子力発電がエネルギー政策の一環として推進されてきたことに鑑みると，政府の責任や負担についても吟味しなければならない。

2　不確実性を制御するという課題

リスク制御のための制度が整えられていたにもかかわらず，福島第一原発事故では，原子炉内で起きている事象を制御する働きが失われ，深刻で広範な災害をもたらした。スリーマイル島原発事故（1979年3月28日，アメリカ）やチェルノブイリ原発事故（1986年4月26日，旧ソ連）の経験があったにもかかわらず，なぜ異常事象の発生を防止できなかったか，そして事故時の対応が適切であったかを問わなければならない。

これはいずれも詳細な検証を待たなければならない問題である。リスク制御のための制度との関連で言えば，たとえば事象制御の喪失については行為規制が機能しなかった結果であるし，事故発生時の対応については，制度運用の問題とともに，行為規制と防災計画との連携不備が事態の悪化を招いたと考える。

しかし，もっと根本的にさかのぼって考えなければならないのは，整えられた制度そのものが，原子力技術に伴うリスクを制御する役割を果たすに十分なものであったかどうかということである。

2.1　不確実さという問題

有益と思われた知識や技術が社会に不安を呼び起こし，人権侵害の危惧を抱かせる事例は原子力技術だけではない。たとえば，遺伝子操作（特異な遺伝子による生命秩序の撹乱，遺伝子組み換え食品の人体への影響等），化学物質の製造（化学作用による生命機能への侵害，新物質による生態系の変異等），医療技術の適用（生命倫理の混乱，隠れていた副作用の発現等）などに共通する問題である。また，特定の技術によって引き起こされる事象ではないが，気候変動，食品汚染，生物多様性の喪失などについても，同様の問題に直面する。

このような現象は何に起因するのだろうか。知の断片化[1)]，リスク感覚の鋭敏化，社会的信頼の希薄化など様々な要因が考えられるが，共通する特徴は，大きな不確実性を抱えたままで判断を迫られることである。

意思決定に当たっては，判断に必要な事実を明確にすることができ，また，判断結果の帰趨を予測できることが前提となる。ところが，ここで問題となっている事象については，その前提を確保することができないのである。

このような，予測不可能性を抱えたままで重大な意思決定をしなければならないという事態は，知識や技術が不確実性を産み出し，それに対応するためにまた新たな知識や技術を必要とするという構造，いわば不確実性が再帰しつつ複雑化するという社会のあり方に根ざしていると考えることができる。

制度もまた，そのような事態のもとで有効性を確保しなければならない。原理的に不確実さを伴う大きなリスクを的確にコントロールするしくみの構築が必要となるのである。

2.2　意思決定責任——不法行為論の有効性——

リスクを法的にコントロールするうえで大きな役割を果たしてきたのが不法行為責任である。ある行為によって他人に損害が発生したとき，行為者は，原則として，その損害について賠償する責任を負わなければならない。従って，リスクを伴う行為を行おうとする場合には，他人に損害が生じないよう十分に注意し，行為の過程を適切にコントロールしなければならないこととなる。このような法理によって，社会的なリスクコントロール機能を維持することができるのである。

この場合に，賠償責任を負うのは原則として行為に当たって故意や過失を伴うときであるとされている。通常の理性と判断力を備えた人であれば回避できるはずの損害を自らの不注意によって生じた場合（過失があるとき）には，行為者がその損害を回復する責任を負うのは当然であるとされるのだが，逆に，通常の理性と判断力を持った人が因果関係を把握することができず，その発生を予測できない損害については，行為者にその責任を帰すことはできず，損害は被害者が引き受けざるを得ないと考えられているからである。

しかしながら，一般原則は過失責任であるとしても，一定の場合には無過失責任の考えが適用される。社会に対して危険を作り出している者は，危険を防止する能力があるから生じる損害に対して重い責任を負わなければならない（危険責任），利益をあげる過程で損害を与えた者は，利益あるところに損失も帰すべきだから利益から賠償しなければならない（報償責任）と考えられているからである。

さて，中山龍一は，このような過失責任のありかたに着目して，近代後期にリスクコントロールのあり方が変化したという（中山，2004 p.261-265）。産業化とともに被害者が過失を立証するのが難しい損害が増えるだけでなく，加害者の注意深さによる行為のコントロール，つまり，理性によって因果関係を把握し，自由意志によってリスクを制御することが困難な事象が出現・拡大した。そのような状況のもと，リスクの発生確率と事業による利益を比較衡量したうえで，事業者がリスク防止と損害賠償責任を負うという責任分担関係が採用されるに至った。そしてその場合のリスクコントロール手法として発達したのが保険制度であるという。しかも，人々にふりかかる不運は社会が存続するうえで不可避なリスクであるとして，保険が政府によって運営され，あるいは統制されるようになった。つまり，リスクコントロールの手法が，個人が過失責任を負うという手法から，集合的なリスク概念によって帰責と損害を配分する手法へと転換されたと考えられるという。そして，リスクコントロールにおいて専門家の役割が重要になったのも，労災，交通事故，薬害，公害，製造物責任等のような事故について無過失責任が採用されたのも，その結果であるとする。

この中山の見解，つまり，リスクに対する認識の変化が，リスクコントロールの手法やそれを支える法制度のあり方の転換を促したという主張は，事実によるさらなる裏付けを必要とするが，説得力がある。人に求められるのが「注意深さ」から「防止努力」へ，行為に当たっての力点が「因果関係の把握と自由意志による行為制御」から「集合的なリスクの計算とリスク・ヘッジ」へ，それぞれ転換したのである。

では，不確実性や予測不能性を強く帯びるリスクのコントロールに当たって，「防止努力」や「集合的なリスクの計算とリスク・ヘッジ」を求めることは有効に機能するのだろうか。原発事故による損害はリスク・ヘッジの域を超えている。福島第一原発事故の損害だけでなく，チェルノブイリ原発事故の損害さえ25年経過したいまでもその全容は明確とは言い難い。また，遺伝子組み換え食品や化学物質が孕むリスクも同様の性質を持つかも知れないし，気候変動や生物多様性の喪失に伴うリスクは，回復不能でしかも制御不能に陥るような性質を帯びている恐れさえある（もっとも，そのようなリスクを否定する見解もある）。しかもこれらの不確実性は，理論的な帰結であって，科学の発達によって解消するとは限らないのである。

不確実性が発生する理由は様々であるが，特に重要なのは事象が複雑系であることに伴う不確実性である。複雑系とは，相互に関連する複数の要因が合わさって全体としてひとつの振る舞いをなす系であって，しかもその全体としての挙動は個々の要因や部分からは明らかでないという性質を持つものをいう。そして複雑系では，原因→結果という力学系の枠組み，つまり因果的な説明方式によっては理解できない挙動が起きるし，初期条件，境界条件が系の挙動を決定的に左右してしまうことが多い。さらには，外からの制御を受けずに自ら秩序を生み出すことができるという性質を持つ(自己組織化)。つまり，複雑系のシステムは，機械のような力学によって律されるしくみとは異なるから，その安全性制御に当たっても力学系に対する場合とは異なるアプローチが要求されるのである。いまのところ，漸進的なアプローチ（条件を少しずつ変えながら挙動の変化を観測・評価する手法）が採用されているが，それが安全性確保のうえで信頼するに足るものであるかどうかは明確ではない。

この場合に特に重要なのは，複雑系の状態は，安定した姿が一つではなく，何かのきっかけで別の安定状態に遷移する可能性があることである。遷移は，一旦それが生じるとその過程を制御することができず，遷移前に復元することはほぼ不可能である。原子核の反応が連鎖的に進行する現象（核爆弾や原子炉での核反応）もまた，一方的な遷移（しかも，原料がより危険な物質に変化する遷移）を伴う。また，そのような現象を制御するためのシステム自体が複雑系の様相を呈することも見逃せない。

現在のリスクコントロールのための法制度（不法行為論）は，リスク期待値（発生頻度×被害の大きさ）の評価が可能であって，それと獲得が期待される利益とを比較して行為をなすかどうか意思決定する，というモデルに立脚して組み立てられている。一方で，科学技術的な知見が拡大しその応用が進むにつれて，不確実性を帯びる事象が社会のなかに幅広く拡散した。その結果，法制度が前提とするリスクコントロールモデルに関して，その有効性の吟味を迫られ，あるいは，モデルが無効となる事象が次々と出現し，法制度の限界が顕在化しているのである。

2.3　原子力技術の不確実性の諸相

原子力技術を制御するうえでの根本的な問題は，それが大きな不確実性を孕むことである。では，いったいどのような不確実性がどのように存在しているのかを考えていく。

このとき注意が必要なのは，リスクと不確実性との関係である。一般に，ある事象のリスクを評価する場合には，それが起きたときの危害の内容や程度と，起きる確率が問題となる。両者が明確に知られている必要は無いが，少なくともその予測・推定が可能でない限りリスクを確認・評価することはできない。だから，リスク論においては認識可能性を確保することが重要な課題となる。

一方，不確実性はもっと広い概念である。リスクの予測・推定が困難な場合だけでなく，そもそもどのような危害が起きるか不明な場合（無知），複雑系であるため振る舞いが原理的に予測できない場合（複雑さ）などがあるほか，議論の枠組みが定まらない場合（曖昧）も不確実な状態に陥る。

従って，不確実性を伴う問題について判断するときに重要となるのは，不確実性の性質や要因を見極めることである。

i）リスクの予測・推定問題

原子力施設の安全基準が適切かどうかは，リスクの予測・推定問題である。地震，火災，津波，運転操作ミス，材質劣化，設備の不具合，外部からの攻撃等々を想定し，それによって生じる危害の内容・程度を予測し，それを防止・抑制する措置を明確にすることが求められる。このときに，想定の不適切さ，予測の誤りや困難さ，防止・抑制策の的確さの欠如などを伴う恐れがあり，その恐れが不確実性を生むこととなる。しかし，このような不確実性は，HAZOP，FTA，FMEAなどの危険事象解析技法[2]を用いることによって一定の範囲に収めることができると考えられている。

また，ストレステストの実施や，多重防護（運転時の異常発生の防止，異常の拡大と事故への発展の防止，放射性物質の異常な放出の抑制の3段階で構成される事故防止方策）の採用は，いずれもリスクの予測・推定における不確実性に対応するための措置である。

この種類の認知可能な不確実性については，最新の科学技術的知見を取り入れながら，リスクを適切に評価して注意深く対応すれば，危険を一定範囲内で制御することができるであろう。ただし，制御に当たっては，そのために必要な費用が制約要因となる。費用負担能力の確保や，負担を伴う意思決定を的確に行う体制が不可欠で，技術水準とともに経営能力が問題となる。

通常，原子力利用の安全性を吟味するときに考慮されるのは，このような不確実性である。

ii）システムの複雑さ

原子力発電所は，巨大で複雑なシステムのもとで稼働している。そして，巨大で複雑なシステムの挙動は，複雑系としての特徴を免れることができない。

複雑系の意味は2.2で述べたところであるが，そこにおいては，ほんの些細なことが連鎖的な影響を引き起こして，大きな変動に至る可能性があり，しかも原理的にそれを排除できないと考えられている。従って，どのような事象がどのような結果を生むかをあらかじめ予測することができない。

実は複雑系は特殊なシステムではなく，生態系，神経系，社会関係，金融ネットワークなど，ありふれた存在である。それらは，自律的に安定を確保するためのしくみ（抑制的に働くフィードバック機構，ホメオスタシス機能など）を備えているため，大きな破綻に至る例は多くないが，些細なきっかけで破綻することもよく知られているとおりである[3)]。

原子力システムについても，システムの不調が連鎖しないように自律的安定化機能を備える（たとえば，フェイルセーフ機構の導入，代替機能の確保など）のは当然であるが，そのような対応に限界があることを受け入れなければならない。そもそも複雑系では，フェイルセーフ機構や代替機能の追加が思いがけない影響を与える可能性さえある。原子力発電所が複雑系である限り，事故は必ず起きるのであり（実際，大事故は少ないが小さな事故は数多く起きている），その際の対処を周到に整えておかなければならない。

システムの複雑さによる不確実性は，原理的に，制御することに限界があるのである。

iii）危険に対する無知

原子力技術は，危険について無知である事象を二つ抱えている。ひとつが，高レベル放射性廃棄物（特に，半減期の長い長寿命核種）の最終処分である。処分方法として，地層処分（地下深く埋設して人間界から隔絶する）や核種変換（半減期の短い物質に変える）が考えられているが，その技術が未だに確立されていないだけでなく，それらの処理が新たな危険を引き起こす恐れもある。最終処分の方途が定まらず，危険を制御する目処が無いなかで，放射性廃棄物が増加しているのだが，これは安全性確保のうえで極めて大きな不確実性である。

もう一つの無知は，放射線の人体に対する影響である。特に，低レベルの放射線被曝の影響については，無知の状態である。国際放射線防護委員会（ICRP）は被曝する放射線の限度を勧告しているが，その値は，閾値（影響がなくなる値）はないと仮定して，その影響を「合理的に達成できる限り制限する」との方針に基づく値である。つまり，人体に対する安全性評価は相対的なものであって確実とは言い難く，社会的な不安を生む。放射能汚染を恐れる風評が途絶えることがないのはそれ故である。放射線被曝の安全性について無知であるということは，原子力利用の安全性を制御するための基本的認識そのものが不確実性を帯びているということである。

もっとも，無知である状況は世の中にたくさんあるから，無知であることが即座に危険であるとは言えない。原子力技術が抱える危険への無知が重大なのは，慎重に制御しないと大事故につながる危険性があるにもかかわらず，制御のために必須の事象について無知だからである。本来は無知であってはならないことについて無知である状態のまま，当面の利便を享受することが先行したことに伴う不確実性である。

iv）不可逆的な危険性

原子力を利用するには核分裂を連鎖的に起こさなければならない。そして，核分裂によって多種類の放射性原子が生まれ，長期間にわたって放射線を放出し続ける。つまり，核分裂の前後を比べると，あとの状態のほうがより危険性が増すことになる。核分裂の連鎖は危険の増幅過程なのである。しかも，その過程は不可逆であり，一旦制御不能に陥れば危険は増すばかりで，決して安定状態に戻ることは無い。そして，このような性質の危険性を帯びる事象は，原子炉と原子爆弾のほかには，つまり，人間が造りださない限り地球上に存在しないのである[4)]。

原子炉を安全に保つには，原子炉内での核反応を制御するだけでなく，そこからエネルギーを取り出すインタフェースやマン・マシン・システムを適切に機能させることが不可欠であるが，核分裂の連鎖を制御するモデルは自然界には見当たらない。人間の制御能力に全面的に依存せざるを得ないのであるが，そのインタフェースやマン・マシン・システムが機能不全に陥れば，核分裂の加速的な連鎖を止める術は無きに等しい。だが，人間は必ず間違いを起こすし，一旦制御を失った場合の被害は甚大，深刻なものとなる。

より危険な状態に不可逆的に接近しなければならないことは，原子力技術のみが宿命的に抱える不確実性として深く認識しておかなければならない。

v）「危険」の曖昧さ

「危険」とはどのような状態を言うのかについて曖昧である。科学的に決定できるものなのか，社会的な認知問題であるとすればそれはどのように形成されるのか，多義化した定義をどのように使い分けるのか（たとえば，安心安全をおびやかす危険と，文明の危機を招く危険とでは，危険の意味が違うであろう），さらには，科学的合理性と社会的合理性の違いをいかに考えるか等々，議論すべき問題がたくさんある。従って，安全であるかどうかの判断もまた曖昧にならざるを得ない。

特に原子力利用については，核兵器開発と密接な関係があること，利用の可否について社会的な対立が先鋭化していること，エネルギー政策や地球環境政策など政策的意思決定と不可分な関係にあること，強力なアクターが存在することなどの事情を抱えていて，その危険性について合意を得ることは非常に難しい。科学者倫理，社会体制，市民意識，人々の価値観などに踏み込んだ議論が必要である。

このことは，原子力安全の判断基準そのものが不確実性を帯びていることを意味する。議論の枠組みが定まらないことによる不確実性の典型的な現れでもある。

3　不確実性制御のための規範

現在整えられている原子力技術を制御するための制度は，その技術が孕む不確実性を制御するうえで限界があることが明らかとなった。しかも不確実性を制御するための理論的な基盤は未だ固まっていない[5)]。では制度をどのように整えるべきであろうか。

具体的に制度を構築するためには，まず，制度を支える規範そのものを見直さなければならないと考える。そこで，整備すべき規範について考えてみたい。ここで述べる規範のあり方は，原子力技術だけでなく，地球環境問題を始めとして大きな不確実性を孕み，あるいはそれに起因する諸課題に取り組むうえで有効であると考える。ただし体系的でも網羅的でもないことをあらかじめお断りしておく。

i）司法審査ルールの転換

行政処分等によって権利が侵害され，あるいは損害される恐れがある場合には，裁判所に，その処分等の取消，無効確認，差し止めなどを求めることができる。原子炉の設置許可等に関しても，処分の取消などを求める訴訟が相当数提起されてきたが，そのすべてについて訴えが認められなかった。結果的に，裁判所は，原発事故による権利侵害を防ぐことができなかったのである。

その反省のうえに立って，原子炉周辺の居住する住民に対する人権侵害を防止するために，司法審査の枠組みを支えるルールを転換する必要がある。

判決を精査すると[6)]，原子炉の設置許可等の妥当性について審査するときの枠組みのいくつかが，不確実性を孕む行為を的確に制御するという要請に応えるうえで問題点を抱えているのではないかという疑問が浮かび上がる（長谷部，2011 p.27-34）。

裁判所による審査の枠組みのうち，検討を要する事項を整理すると，次のようになる。

a）審査の対象に関して

原子炉設置の許可処分について処分庁に専門技術的裁量を認めるほか，原子炉等規制法が採用する段階的規制方式に即して，審査の対象を基本設計ないし基本的設計方針の安全性に関わる事項のみに限定する。

b）審査方法に関して

安全性の審理・判断は，審査基準や処分に至る過程でなされる調査審議や判断に焦点を当ててその合理性を審理する方法（判断過程統制方式）を採用する。つまり，原子炉が安全であるかどうかを積極的に審理する方法（実体的判断代置方式）は採用しない。

c）判断基準に関して

原子炉の安全性は，危険の程度と科学技術の利用によって得られる利益の大きさとの比較衡量によって判断する。この場合の危険の程度は，危険性が社会通念上容認できる水準以下であるかどうか，そしてその危険性を管理できるかどうかによって評価する。つまり，安全性は絶対的なものではなく，社会的な許容という相対的な尺度によって評価される。

しかしながら，これら事項については，それぞれ次のような問題がある。そしてその対応のためには，従来の司法審査枠組みを変更する必要がある。

まずa)については，

- 知の断片化（注1参照）が起きていて専門技術的な知見に限界があるとともに，安全性の判断に関してはリスクに対する社会的な認識に立脚する必要があることから，専門家の認知が優越するとは限らないこと
- 安全性を判断するためには，基本設計のみならず原子炉への核燃料の搬入計画，原子炉の運転システム（特に，マン・マシーン・インタフェイス），使用済み核燃料の最終処理計画，廃炉計画，防災計画などの全体を審査しなければならないこと

から，審査範囲を狭く限定しすぎている。審理・判断において，幅広い知のリソースが活用されたかどうか吟味するとともに，審査の総合性を確保しなければならない。

次に，b）については，上で述べた問題点への対応を含めて，原子炉の周辺に居住する住民に対する人権侵害を防止するという課題に応えるために，裁判所が安全性について積極的に審査しなければならず，審査方法を判断過程統制方式から実体的判断代置方式に転換しなければならない。

最後にc）に関連して，社会的な許容を判断するためには，専門技術的な知見だけでなく社会的なリスク認識を反映する必要がある。そして，専門家と社会との間でリスク認識にギャップがあるのだから，裁判においては，そのギャップを調整し適切な基準を発見することを含めた審理が要請される。つまり，判断の基準は絶対的なものではないし，社会経済の状況に依存した判断にならざるを得ない。司法による社会規範の発見や，裁判過程における合意形成機能の発揮が期待されるのである。

以上の議論をまとめれば，司法審査のルールを次の4点について転換しなければならないと考える。

A）審理・判断における総合性を確保すること。段階化・分断化された行政処分の枠組みにとらわれず，それが権利保護機能を満たしているかどうかを含めて，人権保護のために必要な手続きとその適切な実施を総合的に確保する。

B）専門技術的裁量の適切さを実体的に審査すること。手続きだけでなく判断内容に踏み込んだ審理によって，専門技術的知見の限界に制約されない司法審査を確保する。

C）知のリソースの活用に着目した審査を行うこと。処分に当たって，専門技術的見地だけでなく，人権保護のために必要な知的リソースを十分に活用するべく最善を尽くしたか否かを審査することによって，知の断片化に伴う問題の発生を最小限に抑える。

D）社会的なリスク受容水準の発見に向けて，法廷内での合意形成を目指すこと。これは，裁判所を規範形成の場として機能させることであり，訴訟法上の困難な問題に直面することとなるが，訴訟指揮によって一定の成果が期待できる。

深刻な人権侵害を防ぐには，早い段階からの権利保護を図らなければならない。より積極的な司法審査の枠組みの構築が求められているのである。

ii）precautionary principle（事前警戒原則）の適用

不確実性制御のための考え方として，Precautionary Principle（事前警戒原則）がある。これを危険の恐れがある行為に対する規制制度に組み込むことによって，不確実性の制御機能を向上させることができるのではないかと考える。

事前警戒原則は，たとえば次のように定義される。

「深刻な，あるいは不可逆的な被害の恐れがある場合には，完全な科学的確実性の欠如を理由に，環境悪化を防止するための費用対効果の大きな対策を延期してはならない」（環境と開発に関する宣言（リオ宣言，1992年）第15

原則）。

ただしこの定義が広く共有されているわけではない。この宣言では,「費用対効果の大きな対策を延期してはならない」というように原則の適用を制限している。しかしそのような適用条件を付すことなく,「具体的な被害が発生しておらず，また，科学的な不確実性がある段階で，予防的な措置を取って影響や被害の発生を未然に防止すべきである」とし,「活動を行う者が損害を生じないことの証明責任を負う」ということを含めて定義すべきであるという意見も有力である。前者の理解を「弱い原則」，後者の理解を「強い原則」という（Sunstein, 2005 p.18-20）。そして，弱い原則については異議がない一方，強い原則については見解の対立がある。このように，事前警戒原則の理解については幅があることに注意しなければならない。

明確な定義がなされないまま，しかしこのような考え方は，ドイツを中心に発達し，化学物質，気候変動，食品安全分野，生物多様性，遺伝子操作などを対象にその導入が図られている。これらの適用事例をみると，国際的に取り組まざるを得ない問題が中心であること，事案の性質や原則を適用する局面の違いに応じてそのあり方に相当の差があることがわかる。これは，事前警戒原則が国際的な議論の枠組みとして確立していることを示している一方，その適用が状況依存的であることが浮かび上がる。状況依存的にならざるを得ないのは，原則理解の対立（弱い原則 vs. 強い原則）のほか，不確実性のなかでの判断を社会的な許容度に転換するという事前警戒原則の性質に起因するところが大きいと考える。

従って，アメリカを中心として，事前警戒原則は首尾一貫しておらず，危険を制御する機能は期待できないという意見も根強いことには注意が必要である。

事前警戒原則を取り入れた制度を導入するためには，危険を招く恐れのある行動（潜在的リスク）に対処するためのしくみを備えていなければならない。そのための課題は次の７つに集約できるであろう。

ア）社会的許容基準の設定

最も悪い方向に進行しても，社会が許容できる水準内にリスクを収めることができるよう目標と対策を決める。この場合に問題となるのは，具体的な基準設定の方法と設定主体である。専門技術的知見のみによって設定することは適切ではないから，その作業には，社会的な合意を得るという大きな困難を伴うであろう。

イ）立証責任の転換

危険を招く恐れのある行動を行おうとする者に，リスクがないことを証明する責任を負わせる。これは，通常，危険性に関する情報を持つ者が証明責任を負うことになるから，危険の責任分担として合理性があると考えられる。しかしながら，リスクをゼロにすることを要求するなどの場合には，事業活動を困難とし，新たな技術開発等を阻害する恐れもある。

ウ）法的責任根拠の明確化

不確実性のある事象についての法的責任の根拠を明らかにしなければならない。たとえば認識能力の限界を超えることから生じる不確実性な危険（その存在が不確実で明確に認識できない状態にある危険）を理由に，行為の禁止などのような権利を大きく制約する重い負担を求めるには，相応の根拠が必要である。その根拠は，破滅の回避と未知への慎重という人間の本性に根ざした性向であろうが，そのような倫理観は未だ明確に形成されているとは言い難い。

エ）差し止め要件の緩和

壊滅的損害の可能性，特に不可逆な危険に対応するために，訴訟による行為の差止め請求の要件を緩和して，その選択を拡大しなければならない。判例では，人格権（身体，自由，名誉等の人格的な利益）に対する侵害については差止めを認める判断がなされているが，それを，壊滅的損害発生の潜在的な可能性の回避や，不可逆的な危険に接近する恐れの防止についても適用するのである。

これについては，営業の自由を侵害する，新たな技術的挑戦を抑圧するなどを理由として，強い反対意見があろう。行為が，破滅性を帯びているかどうか，不可逆的であるかどうかに照らして差止めの可否を判断する基準が必要となるが，リスク評価が可能な事象については，リスクアセスメントを適切に実施し，社会的な受容に照らした審査を行うことによって一定の基準に達することができると考える。

オ）費用対効果分析の限界

費用対効果分析の限界を受け入れなければならない。事象の不確実性が大きければ大きいほど，危険の評価について合意を得るのが難しくなる。それを克服する手段として，複数の仮定を置いたうえで費用対効果分析を実施して合意を形成するアプローチが採用されている。しかしこのアプローチは，不確実性の本質に向き合うこと無く，合理的基準によって対立を収束する手段でしかない。大事なのは社会的なリスク認識の幅の広がりや，合理性によっては判断できない事象の存在，つまり費用対効果による評価に還元できない事態を受け入れて，別のアプローチを覚悟する必要がある。

費用対効果分析は，市場経済に親和的で，人々の理解を得るうえで有効なアプローチであるが，事前警戒原則の本質である「不確実性がある段階で，予防的な措置を取る」に照らすと，その活用について慎重でなければならないのである。

カ）意思決定関与者の拡大

意思決定に関与する者を拡大しなければならない。事前警戒原則を機能させるためには，専門技術的知見だけでなく，様々な知的リソースを総合化する必要がある。判断基準を社会的に形成しなければならず，また，知が断片化しているからでもある。

しかし，参加者が多くなればなるほど合意形成は一層困難になる。情況や局面に応じて意思決定のシステムを適切に選択しなければならない。そして，その基盤として，参加者が自律的な市民として行動することが求められる。これは，政治のあり方と密接に関係する課題である。

キ）情報開示と開かれた討議

情報の開示・共有と開かれた討議を確保しなければならない。これは，事前警戒原則の理解について幅があるなかで，その実効を確保するために不可欠な条件である。

情報開示については，企業秘密やプライバシーの保護に留意すればそれほど難しい問題はないであろう。しかしながら，開かれた討議を確保するには，それが成り立つための条件を整えなければならない。

危険の認知や判断については，倫理的価値観が深く関係する。たとえば，危険性の社会的許容基準や差止め判断の是非をめぐる討議が成り立つためには，リスクに関する規範について一定の共通理解が必要となる。破滅的であること，未知であることなどの要素をどの程度重視するか，地球大の危険と身近な危険の違いをいかに考えるかなどについて討議する必要があるのだが，その際に，宗教倫理や職業倫理の問い直しが必要になるかも知れない。そのような価値観の対立を伴う恐れのある討議が成立するための基盤は何であろうか。寛容の精神などがそれに当たるのだろうが，それを整えることができるのだろうか。このような課題に応えることができるかどうかについては，楽観視できないと考える。

このように，その導入に当たってはいくつかの困難があるが，原子力技術の利用に対して事前警戒原則を適用することは，リスク制御のための有力な手法となり得る。

問うべきは，そうであるにもかかわらずなぜその導入が進まないかである。

その理由として，原子力技術が軍事技術としての性質を帯びていること（軍事技術は，不確実性が高く安全を度外視して開発したものほど優越さに優れ価値がある），エネルギー政策上の重要な課題として強力に推進が図られてきたこと，不確実性が高いため事前警戒原則を適用すれば技術の利用が大幅に制限される恐れが大きいことなどが考えられる。これについてはより踏み込んだ分析・検討が必要であるが，今後の課題としたい。

iii）技術者の行動規範の確立

危険の恐れが大きく，強い不確実性を伴う行為を支えるのは，技術である。

技術の発現行為に対して，一定の倫理的な行動規範を形成し，それを徹底することによって，不確実性を制御するための実効ある枠組みを整えることができるかも知れない。

ロバート・マートンは，科学者共同体の行動習慣（エートス）は表1に示す4つの原則によって構成されているとした（マートン，1961 p506-513）。それが，マートンのCUDOSコード（表1）である。

表1　マートンのCUDOSコード

1）コミュナリズム（Communalism，公有性） 研究成果は，秘密にせず，共有する
2）ユニバーサリズム（Universalism，普遍性） 業績は，人種，性別，国籍などを問わず，普遍的，客観的に評価される
3）ディスインタレステッドネス（Disinterestedness，無私性） 自己の利害を超越して行動する
4）オーガナイズド・スケプティミズム（Organized Skepticism，系統的懐疑主義） 研究成果は，厳格に，系統的に精査される

つまり，科学は，科学者が抱く興味に駆動されて（このような態度をcuriosity drivenという）発達する。それを裏打ちしているのは，「真理に忠実である」という科学者の倫理であろう。

ところが，技術者が大事にする行動原則はこれとは異なる。ジョン・ザイマンは，技術者の行動は，成果は特許として財産化しなければならない，「いまここで」の必要に応えることのできる知識で十分である，忠誠を誓うのは技術力を期待している委託者に対してである，与えられた使命を達成することが目標であって成果の評価はその範囲でなされる，と指摘した（ザイマン，1995 p.230-232）。技術の発展は社会やクライアントのニーズに応えたいという使命感によって牽引されていて（このような態度をmission orientedという），技術者は科学者と異なり，社会からの評価を強く意識して行動しているし，クライアントの存在が技術の発達を促しているのである。

では，このような技術者の行動原則を裏打ちしている倫理はどのようなものであろうか。「真理に忠実である」とは言い難い一方，技術者の行動が社会に大きな影響を与えることに照らすと，一般の人々と同様の倫理規範のもとで行動するだけでは，社会的な責任を全うすることは難しいと考える。専門技術的知見に限界があるとき，このことはより重要である。

実は，技術者が社会に対する責任を全うするために，技術者の共同体が独自の行動規範を制定して，技術者として認められるためにはその規範の遵守を誓わなければならないという慣習などが見られる。古い例では，医業に関する「ヒポクラテスの誓い」があるし，学会や同業者団体が定める行動規範が，部分社会[7]を律するルールとして機能している例も多い。

不確実性を法的に制御するための一般的な規範を確立することは容易ではない。なぜならば，不確実性そのものの性質や要因が多様であること，危険に対する認知，受容，倫理的態度等について社会内で違いが大きいこと，不確実性をめぐる倫理的な価値観の対立を招きやすいこと，さらには，不確実な危険性を理由に行為を断念するには自己犠牲的な態度が要求されることなどの事情があるからである。むしろ，潜在的に危険が予想される行為に関わる技術者集団に対して，その危険性を制御するに足る行動規範を定めて，自律的に技術を管理する体制を整えることを要求するほうが，より実効ある制御が期待できると考える。

この場合には，技術者は独立した個人として行動規範に従う責任を負うこと（つまり，雇用主に従属しないで行動する），技術者集団の行動規範の形成やその徹底に関して第三者が関与すること（つまり，社会的な監視機能を確保して専門家集団の閉鎖的運営を防ぐ，すなわち「村化」の防止），行動規範に反する行為について内部的な制裁を加えるしくみを整備すること（つまり，自律的な秩序維持機能を備える），行動規範に対して一定の法的効果を認めること（つまり，司法の関与による機能支援），などの条件を整備することが必要である。

このようなしくみが実現すれば，自律的にインフォーマルな社会規範が形成され，技術制御システムがローカル組織のネットワークとして機能すると考える。

iv）世代継承責任の普遍化

原子力技術を始めとする科学技術は，自然の秩序に対する永久的な損害や，将来世代の生存条件を強く左右する影響を及ぼす恐れがある。そのような行為については，世代間の衡平を確保するべく，現在の世代は将来の世代に対してその選択の幅を狭めること無く環境を継承する責任を負っているという考え方がある。これが「世代継承責任」である。

しかしこの責任は，現在の責任概念とは質的な違いがある。現在の責任は，共時的に，関係の直接性のもとに，相互に負うものである。だからこそ，権利義務関係のもとで律することができる。ところが，世代継承責任は，このいずれの性質も帯びていない。通時的であり，未だ存在しないものとの関係であり，一方的な関係である。

ハンス・ヨナスは，科学技術文明が要請する新たな倫理を厳しく考察するなかで，その基礎的な問題として「未来倫理」を提示した（ヨナス，2000）。そしてそのなかで彼は，我々は未来に対する義務を負っていて，ｉ）相互性は要請されず，原理的な責任と義務として自発的に承認する，ⅱ）子孫に対する義務と同様に，将来の人類について「生存に対する義務」と「あり方に対する義務」を負うことである，ⅲ）この義務は，存在の理念に基づく無条件の命令（定言命法）である，という特徴・性質を持つとする（ヨナス，2000 p.69-77）。世代継承責任は，このヨナスの言う「未来に対する義務」と同型であり，軌を一つにする。

だが，これを具体化することは大きな挑戦となる。人間は結局のところ現在的な存在で，「いま」の必要を最優先する傾向が強い。しかも将来は不確実さに満ちている。さらには，相互性の無い負担に対して抵抗する心性は歴史的に築き上げられたもので，その転換もまた歴史的な挑戦とならざるを得ない。倫理的な基盤づくりから始めなければならないのである。

従って，世代継承責任を全うするためのしくみは，いまのところ未知のままである。その理念を，普遍的な価値があるものとして現実世界に埋め込んでいかなければならない。

ただ，それにつながって行くであろうと思われる試みがいくつかある。その一つが拡大生産者責任（Extended Producer Responsibility：EPR）の導入である。拡大生産者責任は，「製品に対する生産者の責任を，製品のライフサイクルにおける消費後の段階まで拡大するという政策的アプローチ」(OECD, 2001 p.17) であり，製造品のリサイクル責任をその生産者に課すことなどを求める考え方である。そして，その導入に当たっては，製品のライフサイクル全体がもたらす汚染を最小化するには，環境適合的な製品の製造能力・情報を持つ者が責任を負うのが合理的，効率的であるという考え方が採用された。法的な見地から負担を求めるのではないが，手段合理性に基づく措置である。

この考え方は，世代継承責任に拡大することができる。将来世代への継承責任を負うのはすべての現代世代であるが，責任は行動を制御する能力のある者が引き受けるのが合理的である。また，そのような能力を持つ者は大きな環境影響を与える者であることが多いから，原因者負担原則とも整合する。そして，原子力技術などの利用についても同様の考え方を適用することができる。

たとえば，バルディーズ原則(1989年，環境保護団体CERESが制定，1992年4月に修正され名称もセリーズ (CERES) 原則と改称されている)は，企業は環境に影響を及ぼす立場にあり，現在及び未来の環境に重大な責任を負っているという自覚のもとで行動を律しなければならないとして，10か条の原則を定めている。この原則が提案されたのは，1989年3月，アラスカ湾沖でエクソン社タンカー「バルディーズ号」(Exxon Valdez)が座礁し，原油が流出する事故が起きたのがきっかけである。そして，この原則（改正前）の冒頭には，企業は環境問題についての主要な責任者であると宣言し，「利潤追求は，それが地球の健康状態と保全を損なわない限度において行われるべき」「企業は，次世代が生存に必要なものを手に入れる権利を侵害するようなことは，決してしてはならない」という記述が添えられている。

この原則は二つの点で注目に価する。まず，定められた法令を遵守すべし，というアプローチを採用していないことだ。政府が定めた規制に従うのではなく，企業自らが目標を定めて取り組むことを求めている（原則には，「自発的に法律の要件を超えて進むことを誓約する」ということわり書きが添えられている)。さらにいえば，社会的な基準やルールはそのような取り組みから形成されるのであって，逆ではない。企業に対する期待が込められた原則であると考える。

もう一つは，原則のなかに，情報提供，経営陣の参加，評価と年次監査の3つの要請を取り入れ，企業行動についての責任を明確にするしくみを大変に重視していることである。企業が存続するためには，投資家や市民（消費者でもある）に対して，どのように拡大生産者責任を果たしているかを知らせなければならず，環境影響や世代継承に関する責任のような必ずしも利益に直結しない事柄については，それに一層留意して行動するためのインセンティヴを組み込まなければならない。

このように，世代継承責任を普遍化する試みは，不確実性に対応するための規範の形成を促す。いま求められているのは，そのような取り組みであると考える。ルールを定めることよりも，それを生成する過程こそが重要なのである。

本稿は，長谷部俊治（2011）「原子力技術の法的制御――不確実性のコントロールに向けた法政策の課題――」『社会志林』Vo.58 No.3（法政大学社会学部学会）を大幅に改稿したものである。

●注

1）知の断片化とは，複数の科学を特定の目的に即して断片的に応用することによって起きる現象で，科学の総合性が失われる結果，知の真理性も断片化されて普遍性を失うことをいう。専門技術的見地はそのような性質を帯び易いとされる。そしてそのような知は，いわば内輪の科学理によって支えられることとなり，普遍的な科学技術理論の裏付けを欠く恐れがある。このような現象は，専門分野が細分化されるとともに広く見られるようになっていて，たとえばニクラス・ルーマンは，『近代の観察』（法政大学出版局）の第5章「非知のエコロジー」において，現代においては「知」を提示し権威を以てそれを伝える社会的ポジションが失われているとしている（ルーマン，2002 p.132）。

2）HAZOP（Hazard and Operability Studies），FTA（Fault Tree Analysis），FMEA（Failure Mode and Effects Analysis）は，いずれも危険事象を解析し，さらにその原因から危険事象に進展するのを防護する機能を評価し，対策を検討するための手法で，プラントの設計においてその安全性を確保するために用いられている。なお，各手法の違いは，主としてリスクに対するアプローチ方法の違いによる。

3）些細なことが大きな変動の発端となる例としては，生態系における一匹の外来種の侵入，神経系における微量の人工化学物質の摂取，社会関係におけるある日のデモ行進，金融ネットワークにおける不安を告げる一言などがある。これらがそれぞれ，在来種の激減，内分泌異常と身体障害，暴動や政変，金融危機を招いたことはよく知られている。不確実性に起因するシステムの破綻は，決して例外的な事件ではないのである。

4）もっとも，およそ20億年前に，地球上で自律的な核分裂反応が起きたとされる。ガボンにあるオクロ鉱床がそれで,「天然原子炉」と呼ばれている。(Meshik, A. P. (2005). "The Workings of an Ancient Nuclear Reactor" Scientific American October 2005)

5）不確実性の制御に向けた制度の構築のために有益な理論には，リスク評価アプローチ（不確実性を評価して，その制御方策を探るもの），行動論的アプローチ（不確実性のなかで，人間が取るべき行動を適切に選択するための考え方や方法を研究するもの），社会的アプローチ（社会関係を律する要素として不確実性を捉え，その意味や作用を明らかにするもの）があるが，いずれも限界を抱えている（長谷部，2011 p.41-43）。

6）主として，伊方原発訴訟上告審判決（最一判4.10.29），福島第二原発訴訟上告審判決（最一判4.10.29），もんじゅ行政訴訟差戻後控訴審判決（名古屋高金沢支判15.1.27）（『判例時報』No.1818及び1441所収）について検討した。なお詳細は，阿部・淡路・交告・小早川・高橋（1993）「伊方・福島第二原発訴訟最高裁判決をめぐって」（『ジュリスト』1993年2月15日号，No.1251，有斐閣）を参照。また司法審査の枠組み分析は，長谷部俊治（2011）「原子力技術の法的制御――不確実性のコントロールに向けた法政策の課題――」（『社会志林』Vo.58No.3）による。

7）部分社会とは，自律的に運営される社会や団体をいう。その内部で起きる紛争については，部分社会のルールによって解決すべきであって，司法権は及ばないとされる。ただし，紛争が一般市民の法秩序に関わる場合や人権保護の必要がある場合には，司法審査の対象となる。このような考えに対して，一般的な法理としてではなく，部分社会の目的や性格等に照らして，自律的な活動を認める必要性がある場合に限って司法審査の対象外とすべきであるとの有力な意見がある。

●参考文献

阿部・淡路・交告・小早川・高橋（1993）「伊方・福島第二原発訴訟最高裁判決をめぐって」（『ジュリスト』1993年2月15日号，No.1017，有斐閣）

科学技術振興機構『失敗知識データベース』（http://www.sozogaku.com/fkd/，2012/2/15現在）

原子力安全委員会（2003）『安全審査指針の体系化について』（http://www.nsc.go.jp/shinsashishin/pdf/3/ho3004.pdf，2012/3/1現在）

ザイマン，ジョン（1995）『縛られたプロメテウス：動的定常状態における科学』（シュプリンガー・フェアラーク東京）

中西準子（1995）『環境リスク論』（岩波書店）

中山龍一（2004）「リスク社会における法と自己決定」（田中成明編『現代法の展望　自己決定の諸相』（有斐閣））

長谷部俊治（2011）「原子力技術の法的制御――不確実性のコントロールに向けた法政策の課題――」（『社会志林』Vol.58 No.3（法政大学社会学部学会））
マートン，ロバート（1961）『社会理論と社会構造』（みすず書房）
ヨナス，ハンス（2000）『責任という原理――科学技術文明のための倫理学の試み――』（東信社）
ルーマン，ニクラス（2002）『近代の観察』（法政大学出版局）
Commission of the European Communities（2000）“Communication from the Commission on the Precautionary Principle”（http://ec.europa.eu/dgs/health_consumer/library/pub/pub07_en.pdf, 2012/3/1現在）
Meshik, A. P.（2005）.“The Workings of an Ancient Nuclear Reactor” Scientific American, November 2005
OECD（2001）“Extended Producer Responsibility: A Guidance Manual for Governments”（OECD Publication Service）
Slovic, Paul（1987）‘Perception of Risk’（“Science”, Vol.236, No.4799 p.280-285）
Starr, Chauncey（1969）‘Social Benefit versus Technological Risk’（“Science” Vol.165, No.899 p.1232-1238）
Sunstein, Cass R.（2005）“Laws of Fear -Beyond the Precautionary Principle”（Cambridge University Press）

〈被災地から見えるもの〉

第4章　被災地支援から見る地域の持続可能性と課題
——被災住民のエンパワメント形成による地域再生に向けて

宮城　孝

はじめに——陸前高田市広田町長洞集落における震災対応——

岩手県陸前高田市の東に位置する広田半島の東側沿岸にある長洞集落は，小さな入り江を囲む約60世帯の集落である。この小集落は，未曾有の被害をもたらした東日本大震災において，震災発生の直後から被災しなかった住民が，住宅を被災した住民を助け，集落としてまとまって避難活動から復旧・復興活動に取り組んでいる[1)]。

地震発生後の約30分後に，10ｍを超す津波の襲来に自力で避難できない高齢者などを近隣の住民が手助けして避難。当時市役所に勤務していた一人を除いて全員が無事。28戸が津波により全壊したが，部落会会長宅を拠点として，被災しなかった集落の民家宅に分宿し，米などの食料の拠出を依頼し，女性会が炊き出しを始める。被災当日帰れなかった住民が徐々に帰ってきた3日目に全戸集会を開催する。半島の付け根の小友地区に半島の両側の海から津波が襲来し，交通やライフラインが遮断された中，集落の住民は，自主的に幹線道路のがれきを取り除き，道路の復旧にあたった。そして，会長宅前の道路に「緊急避難所」の看板を設置し，いち早く救援物資の受け入れを行った。

長洞集落は，これまで培ってきたソーシャルキャピタル（社会関係資本）をこの緊急時に最大限に活用し，危機を乗り越えている。医療班を組織し，高齢者等が普段飲んでいる薬剤を聴き取って記録化し，まとめて薬などの医薬品を調達した。ガソリンの欠乏を防ぐため，各世帯による車の使用を制限し，物資（買い出し）班が，2台の車で物資の調達に走った。毎日，夕方

5時に会長宅に各世帯の代表が集まり，食料や物資の配給，行政等からの情報を伝えた。また，津波の被害で地域の小・中学校の授業再開の見込みが立たない中，学習の遅れを心配した地域住民が，集落の民家宅を会場に地域の元教育関係者の協力により，1日3時限の授業を行う「長洞元気学校」を開設。1日30人の小・中学生が参加し，児童たちに笑顔が戻り，集落の活気を呼び戻すという見事な組織的な団結によって避難生活の維持を図っている。

その集落単位の自律的・組織的な活動は，その後の応急仮設住宅の建設や仮設住宅自治会活動にも及んでいる。阪神・淡路大震災や中越震災において被災地の復興に向けた支援活動を行ってきた都市計画や建築の研究者・実務家による仮設市街地研究会の支援を受け，独自に地権者と交渉し，民有地の用地を確保した上で，集落の被災住民が入居する仮設住宅の建設を市当局に要望し，実現している。そして，26世帯の被災世帯が入居する仮設住宅自治会を「長洞元気村」と呼び，7月17日に「感謝と復興の誓いの会」として開村式を行っている。以降，土曜市の開催や女性達による手作業などの生活不活発病の予防活動，仮設住宅の玄関周りの庇や押し入れの棚，陽だまりスペースづくり等の生活環境の改善など，厳しい環境の中から住民が知恵を出し合い，生活改善に共同作業で取り組んできている。また，8月末から12月下旬まで計4回の長洞集落復興懇談会を開催し，集落のエリアを，漁業再生ゾーン，新生活活性化ゾーン，居住環境整備ゾーンとする長洞集落復興計画案を作成，これに基づく具体的な要望を，12月17日陸前高田市に長洞集落復興計画（高台移転）要望書として提出している。

この長洞集落の地域再生に向けた具体的な取り組みは，これからが正念場であるが，これまでの地域リーダーのリーダーシップと地域住民の団結による復旧，復興への取り組みは，三陸地方の漁村復興のモデルとなる抜きんでた実践であり，実際，陸前高田市においても他の集落や地区の取り組みに大いに影響を与えている。特に，長洞集落がある広田町の復興マスタープランづくりのためのワークショップが2012年2月26日に，住民56名と我々支援者が集って行われており，長洞集落を含む広田地区における住民主体による地域再生に向けた可能性と課題について活発な議論がなされている。陸前高田市において，特定の地域を設定しての住民主体によるこのようなワークショップの開催は，初めての取り組みである。長洞集落の津波の襲来から今日までの住民主体による対応は，必ずしも偶発的なものではなく，それまでの集落の住民相互の日常的な交流活動や津波の避難訓練などの積み重ねから生まれたものである。この点からも，非常に教訓とすべき点が多いと考えられる。

この長洞集落における対応は，本稿の主題である今回の東日本大震災の被災地において，地域がその持続可能性を高めるためには，被災住民が地域再生，生活再建に向けて自らその課題を話し合い，共同して主体的な取り組みを行うエンパワメントの形成が必要不可欠な条件であることを示唆していると言えよう。

本稿では，先ずこのような基本的な視点に立って，今回の東日本大震災の被災者にとっての地域再生の持つ意味について，被災者を始めとする地域住民による集団的合意の側面からとらえ，東北太平洋沿岸の地域的特性と今回の被災状況を踏まえつつ考察する。そして，外部からの支援者の支援のあり様として，筆者たちが行った陸前高田地域再生支援研究プロジェクトを例として取り上げ，被災住民のエンパワメント形成に焦点をあてた支援の具体的なプロセスとその内容を明らかにする。最後に，被災現場におけるこのような作業を通して得た知見をもとに，政府や自治体の一連の復興における施策と関連させ，被災地における地域再生の課題について私見を加えることとしたい。

1　被災地域における集団的合意として地域再生

ここでは，今回の東日本大震災における被災者にとって，地域を再生するということはどのような意味があるのかについて，筆者なりに考察を加えることとする。

現代における地域やコミュニティの持つ含意については，様々な先行研究があり，ここでその詳細を繰り返すことはしないが，今回の東日本大震災ににおいて地域を捉える際に，従来の地域やコミュニティ論と異なるのは，津波や福島第1原発の放射能汚染事故の被災地では，これまでそれらの被災地域に居住してきた人々にとって，津波の被害や地盤沈下，また放射能汚染によって，地理的空間としての地域そのものを失ってしまった，また失うかもしれないという極めて厳しい現実があるという点である。すでに地区会や自治会を解散した地域も少なからず存在する。また，津波被害にあった広大な被災地においては，今後の津波被害を想定して，かってない規模による防災集団移転事業による高台への集団移転等が行われることが予測されている。このことは，今後これまで居住してきた地理的空間としての地域と異なる地域において，新たなコミュニティを形成していくというプロセスが存在するということを意味している。

金子は，コミュニティを形成する要素のモデルとして，第一に「関係（ヒト)」，第二に，「物財（モノ)」，第三に，「意識（ココロ)」，第四に，「行事（イベント)」をあげ，コミュニティは，これら4つの複合システムとして形成されるとしている[2)]。このコミュニティの捉え方は，住居や公共施設などある限定された地理的空間のなかの施設と「装置」の体系である「物財（モノ)」とソーシャルキャピタル（社会関係資本）としての住民の意識や相互の関係，伝統行事などを含めてとらえており，実践的にも有効な捉え方であると考えられる。特に，今回の被災地である東北の太平洋沿岸地域においては，漁業や農業による地縁を軸とした人間関係の集積による相互扶助が残っている地域であり，また様々な伝承芸能が豊かな地域でもある。特に，三陸沿岸部の各入り江を単位とした集落においては，地勢的にも，また漁場や漁業権の単位にもなっており，その凝集性は非常に高い面が見られる。先の長洞集落は，その典型例と言ってよい。

当初，仮設住宅の入居について，このような地域的凝集性の高さを活かして，集落単位に入居することの重要性が言われたが，被害が甚大であることや公平性，単身高齢者の優先入居などから，自治体によって対応はまちまちとなっている。陸前高田市においても，特に壊滅的な被害を受け，比較的人口規模が多い今泉町や高田町などにおいては，被災した世帯は，相当分散して仮設住宅団地に入居している。この被災住民の分散状態が，地域の復興と再生における住民の協議や共通意思確認にとって，非常に大きな障害の一つとなっている。このような状況下にあっては，ある程度集落単位に入居が可能であった地域と仮設住宅への分散入居が著しい地域での地域の復興や高台移転についての協議の合意プロセスは，被災状況にもよると考えられるが，すでに相当のスピードの差が出てきている。

今後の被災地の地域再生を支援する視点においても，被災前の地域コミュニティの特性や被災住民の仮設住宅への入居状況の実態を視野に入れて，このような集団的合意の形成をいかに図っていくのかについて十分に配慮していくことが求められている。

2　被災住民のエンパワメント形成による地域再生の可能性と課題
――陸前高田地域再生支援研究プロジェクトによるフィールドワーク――

東日本大震災から8ヶ月が経過した2011年11月21日，震災復旧・復興予算11兆7,000億円を含む2011年度第三次補正予算案が可決した。政府による震災や原発への対応が迷走した末，ようやく被災地の本格復興への一歩が刻まれることになった。政府による震災対応の著しい遅れが，被災自治体の復興計画策定のプロセスに多くの課題を発生させている。ここでは，報告者らが関わった岩手県陸前高田市でのフィールドワークのプロセスとその内容をとおして，これらの課題を明らかにしたうえで，被災住民ら自身による地域再生の可能性と課題を示すことを試みたい。

筆者は，1995年1月に発生した阪神・淡路大震災時に神戸に在住しており，東京に赴任が決まっていたので，それまでの約2ヶ月半の間，当時神戸市で最も高齢化率が高かった兵庫区において，地元の福祉事務所や社会福祉協議会と連携して，全国から駆けつけた社会福祉関係者，ＮＧＯ・ＮＰＯ，ボランティアと協働して，災害対策ボランティア・センターの立ちあげと運営を支援してきた。そして，その時の経験を活かそうと，東日本大震災発生当初から被災地支援のあり方を模索してきた。その結果，縁あって岩手県でも被害が甚大である陸前高田市をフィールドとし，今日まで支援活動や調査を行ってきている。

本報告におけるフィールドでの実践の契機となったのは，陸前高田市において2011年5月5日，市民有志による地域再生・復興に取り組むＮＰＯ法人「陸前高田創生ふるさと会議」が結成される集まりが開かれ，そこに参加した大学関係者や都市計画・建築関係の実践家が共同して，陸前高田市の地域再生・復興に向けての支援活動を行うこととなったことによる。その後，法政大学を始めとして，明治大学・東京大学・中央大学の関係者等による「陸前高田地域再生支援研究プロジェクト」として，都市計画・建築や地域福祉，社会学，臨床心理，公共政策学などの領域の研究者や実践家等の有志による共同研究チームが編成された。

また，本プロジェクトは，法政大学サステイナビリティ研究教育機構の震災・原発タスクフォースの一環として位置づけられており，筆者が研究代表者となっている。

このプロジェクトでは，陸前高田市において，被災住民自身が地域の再生，生活再建に向けてその課題を話し合い，主体的な取り組みを行うことを支援しつつ，仮設住宅および被災地域におけるコミュニティの形成のあり方を共に模索しながら，今後の復興における地域再生のモデルづくりに寄与することを目的として，今日まで活動を続けてきた。

(1) 陸前高田市における被災状況

1) 被災状況の概要

まず初めに，東日本大震災により被害を受けた岩手県陸前高田市について概観してみる。陸前高田市は，太平洋に面した三陸海岸の南寄りに位置しており，南は宮城県気仙沼市，北は大船渡市と境をなしており，西の唐桑半島と東の広田半島にはさまれた広田湾の北奥に，気仙川の扇状地として形成した平野部が広がっていた。気仙川が運んだ土砂で形成された砂浜には，被災前には7万本の松があったとされる高田松原が東西に景勝地を築いていた。その高田松原をはじめ，3月11日の震災で発生した大津波は，陸前高田市の

被災後の陸前高田市の状況（2011年5月）

平野部に壊滅的な被害をもたらしている。

以下に，陸前高田市の被災状況について，市および県の発表をもとにまとめる。市内の総世帯数8,068世帯（平成23年1月31日現在）の内，被災世帯数は，全壊3,803世帯，大規模半壊118世帯，半壊116世帯，一部損壊428世帯の計4,465世帯（平成23年6月21日現在）であり，55.3％となっている。人的被害状況については，被災前の24,246人（平成23年3月11日現在の住民基本台帳人口）に対し，平成23年11月21日現在では死亡者数1,656人（市民で身元が判明し死亡届けの出された震災分の人数），225人（病死，事故死），行方不明者数72人（安否確認要請のあった人数），確認調査中が76人となっている。

公共施設等の被害状況は，市役所本庁舎が津波に襲われ全壊となっており，市の職員68名が犠牲となった。その他公民館3ヶ所，図書館，博物館，市民会館，県立病院1ヶ所，診療所1ヶ所，保育所2ヶ所，小学校1ヶ所，中学校3ヶ所が全壊となっている。公営住宅は，158戸が全壊となっている。

避難所は，当初市内の63の地域で最大84ヶ所あり，避難人員は，当初8,915人，最大10,143人であったが，避難所は8月14日に解散している。応急仮設住宅は2,197戸が建設され，入居可能（平成23年8月14日現在）となっている。また，53地区に建設された仮設住宅のうち2ヶ所はグループホーム型の仮設住宅が建てられた。

市の産業への被害も甚大で，水産関係では水産施設や養殖施設，船，漁および海岸施設等の被害総額は約330億円に及び，農業・畜産業・林業を合わせての被害総額は175億円超となった。

2）陸前高田市「健康・生活調査」にみる住民の状況

市役所など行政機関が被害を受けてしまった同市では，震災後の住民の姿を実証的に把握するために，比較的早期の段階で，保健師による住民への聞き取り調査を実施している。陸前高田市および隣接市の大船渡保健所，岩手県内陸部で陸前高田市への後方支援を担った一関市の一関保健所と公衆衛生関係の研究者・専門職が中心となって，4月6日から5月22日までに全市市民を対象として行った悉皆調査の結果を7月に『東日本大震災にかかる陸前高田市「健康・生活調査」結果報告書』として公開している。

本調査によると，5月22日時点で市人口の81.1％の生存が確認されたが，住民の健康状態については震災後に生活している場所によって差が認められ，避難所で生活している住民の中に，健康状態不良者率が高かった。要介護者数は742名で，要介護度の高い高齢者の多くが自宅で介護を受けていることが認められたが，避難所でも要介護度4，5の人が生活を余儀なくされていることが明らかになっている。また，調査チームでは，聞き取りをする中で要フォロー者かどうかの評価もしたが，要フォロー者の中には，医療機関への受診勧奨，介護サービスを必要とする人に次いで，心のケアを必要とする住民が多かったことを指摘している。心のケアを必要とする住民は，地区によって差が認められ，被災による死亡者数が高かった地区で多いことが示されている。

生活への意識に関する項目も聞き取っているが，全市民の約8割が今後も市内に住みたいと考えており，市外に住みたいと答えたのは約4.5%であった。また，市内全ての地区において，「今後も住みたい」と答えた人の割合が一番高かった。震災による地区の被害の大小により多少のばらつきはあったが，最も低い地区でも約7割が，市内に住みたいと考えていた。しかし，各地区で20％前後の人が「今後の居住予定は未定」としており，生活再建への見通しを立てることの困難さも示された。この調査の実施時点では仮設住宅への入居は開始されていなかったが，市内の避難所で生活する住民のうち，今後も市内で生活したいという人は55.8％，「未定である」と答えた人は40.2％にものぼった。

この調査報告書の結論部分では，住民の健康状態の課題への対応として，住民へのアプローチ方法を検討していかなければならないと提言しているが，そこには，東北人特有ともいえる“我慢強さ”ゆえに医療機関への受診や心のケアを受けることへの躊躇や遠慮が生じがちではないかという考察をしている。また，住民の健康・生活の状況は日々変化していくことが考えられるため，今後も同様の調査を継続していくことの必要性も指摘している。住民への長期的なフォローのためには，保健医療のみならず，生活面での支援やコミュニティづくりといった領域での状況把握と支援の継続が求められよう。

（2）陸前高田地域再生支援研究プロジェクトによるフィールドワークのプロセスと内容

1）プロジェクト発足の経緯

震災などの緊急時においては，研究機関などによる調査研究のタイミングとフィールドとのコンタクトの取り方については，微妙な問題が生じる。震災発生直後の現地においては，当然医療や物資などの救援活動や行方不明者の捜索などの緊急的な支援が優先される。調査研究の主体の問題関心による調査が，被災者の心理的なダメージを誘発したり，十分に調整されないまま多くの調査が実施される調査公害をもたらす場合も多い。

筆者においても，当初から現地での調査研究の意図があったわけではなく，自身の阪神・淡路大震災における支援活動の経験を活かすことができないか漠然と考えていただけであった。ともあれ5月の連休中に，3人の同僚と大槌町の瓦礫処理のボランティアを行っており，その際，被災地の惨状を目のあたりにしたが，当時は，具体的な調査研究のイメージがわく余裕もなかった。

筆者らが，陸前高田に関わる契機になったのは，現地の関係者らが中心となって発足したNPO「陸前高田創生ふるさと会議」が5月5日に発足式を行い，その場に参加した本プロジェクトのメンバーでもある本学法学部の教授が，震災前に陸前高田市市議会の議会基本条例の制定に助言者として関与していたこともあり，当時すでに陸前高田に関わっていた明治大学，中央大学，東京大学などの都市計画・建築領域の研究者・実務家とともに，共同で支援活動や調査等を行うことを要請されたことにある。その要請を受け，上記の4大学の関係者で協議を行い，陸前高田地域再生支援プロジェクトとして共同の調査研究チームを編成するとともに，以降今日まで月1回程度の研究会を行い，活動を継続してきている。

右の表1は，本プロジェクトによる被災住民等に対するアンケートやインタビュー調査，ワークショップ，会議の実施などのフィールドワークを時系列に沿って概要を整理したものである。

2）本プロジェクトにおける初期の取り組み

その後，現地の関係者の協力を得て，先ず，本プロジェクトによるプレ調査として，6月5日～6日に陸前高田市内の高田1中，長部小の避難所，仮設住宅の被災者世帯（167世帯）に，今後のまちと暮らしに関する意向調査を実施した。調査内容としては，今後の陸前高田の復興にあたってのまちづくりのイメージと，今後の暮らしに対して不安に思っている内容などとした。結果としては，津波が襲来しない高台への移転希望を多くの人が希望していることが示されるとともに，今後の暮らしにおいては住宅の再建について最も多くの人が不安を抱えており，その他，子どもの教育や家族の介護について不安を持っていることも比較的高い比率が示された。

続いて，6月24日～26日に上記の調査結果の速報版を現地の避難所や仮設住宅団地に届けて配布している。さらに，7月10日には，ＮＰＯ法人「陸前高田創生ふるさと会議」と共同して，「明日の陸前高田を考えるワーク

表1　陸前高田地域再生支援研究プロジェクトのフィールドワークの概要

月　　日	調査等フィールドワークの内容
(2011年)	
4月29日～5月3日	・大槌町にてボランティア，遠野市，陸前高田市等を視察。
5月5日	・陸前高田市において，現地関係者らによるNPO「陸前高田創生ふるさと会議」の発足式。現地にて大学の共同による調査の要請。
5月25日	・法政・明治・東京・中央大学陸前高田地域再生支援研究プロジェクトの第1回会議
6月4日～5日	・市内の高田一中の避難所・仮設住宅，長部小の避難所・仮設住宅において，「今後のまちづくりと暮らしに関する意向調査」の実施。
6月24日～26日	・上記調査結果の速報版を届ける。関係機関等との連絡・調整等
7月10日	・NPO「陸前高田創生ふるさと会議」との共同によるワークショップの開催(35名参加)
8月4日～8日	・市内の応急仮設住宅団地の自治会長等へのインタビュー調査の実施（第1クール）
8月16日～20日	・市内の応急仮設住宅団地の自治会長等へのインタビュー調査の実施（第2クール），青空サロン，防災集団移転事業についての学習会，ワークショップの開催。
9月9日～13日	・上記，調査結果の速報版を直接届ける。
10月14日～16日	・市内5ヶ所にて応急仮設住宅団地自治会役員情報交換会の実施
11月2日～5日	・要谷，福伏，双六集落，広田町地区の防災集団移転事業についての相談支援，NPO「陸前たがだ八起プロジェクト」との協議
12月2日～4日	・要谷，福伏，双六集落，広田町地区の防災集団移転事業についての相談支援，NPO「陸前たがだ八起プロジェクト」との協議，広田地区民生委員協議会長へのインタビュー調査の実施
(2012年)	
2月3日～5日	・NPO「陸前たがだ八起プロジェクト」と模擬スタディツアーについての協議，要谷，福伏，双六集落，広田町地区の防災集団移転事業についての相談支援，広田地区の主任児童委員，民生委員へのインタビュー調査
2月26日	・住民56名が参加して「広田地区復興マスタープラン」作成のためのワークショップを広田町大陽公民館にて開催

＊上記の内容は，法政大学のプロジェクトが関わった主な活動を整理したものである。(2012年3月5日現在)

ショップ」を開催した。本ワークショップには，現地の被災者や関係者，支援者など35名が参加している。上記の調査結果の報告をするとともに，参加者は，「住まいと子ども」と「まちの骨格と産業」の二つの分科会に分かれ，被災住民の暮らしの再建のあり方や陸前高田のまちや産業の再建について，かなり多方面にわたり活発な論議がなされている。本ワークショップを開催した意義として，被災住民自身が，暮らしの再建やまちの復興のあり方について，自ら考え論議する機会となったことであり，また支援側の関係者も，陸前高田の各地域の特性などの様々な背景，被災者の意見や思いを聴取する

「明日の陸前高田を考えるワークショップ」の模様（2011年7月）

ことで，今後の支援や調査活動のあり方を探る貴重な機会になっている。

3）仮設住宅団地におけるコミュニティ形成の取り組みの相違
――陸前高田市における全仮設住宅団地のインタビュー調査から――

6月から7月にかけて陸前高田市においては仮設住宅の建設が加速化し，今後の被災者の暮らしのステージは，徐々に避難所から仮設住宅に移行する段階になっていった。我々のプロジェクトの調査研究も新たな段階へ移行するために模索していた。そのような時に，陸前高田市における仮設住宅団地においては，入居時に仮設住宅の並びごとに班長を決め，その班長の推薦で団地自治会長を決めることが判明した[3)]。行政との調査における調整などの紆余曲折を得て，その後，8月4日から8日，16日から20日の2期に分けて，各大学の学生を含め述べ66名が参加し，陸前高田市内の53の仮設住宅団地を訪問し，自治会長などの協力を得て，仮設住宅の立地条件や生活環境，自治会や居住者の状況，団地運営で工夫している点，問題点などについてインタビュー調査を実施した。

陸前高田市内の仮設住宅団地は，53（2つの仮設住宅団地は，障害者用の仮設グループホーム）あるが，着工開始が3月31日から6月21日にわたり，入居開始も5月から8月と相当の開きがある。また，その規模も，7戸から148戸と相当の違いがある。被災を免れた小学校や中学校の校庭には全て建設され，公有地不足から多くの民有地にも建設されており，市内の各地に分散していることが特徴としてあげられる。

今回の自治会長などへのインタビュー調査によると，団地の規模や，入居した被災住民の元の居住地区，また入居時期などによって，自治会による団地運営や居住者相互のコミュニケーションや支えあいの状況に相当の違いがあることがわかった。これらのタイプは，以下大きく3つのタイプに分かれると考えられた。

第一のタイプは，自治会長達のリーダーシップが十分に発揮され，団地内のコミュニティ形成が進んでいて，地域再生のエネルギーが醸成されつつある団地であり，規模が比較的小さい団地や集落単位で入居している団地に見られ，仮設住宅居住者の団結力が高く，外部のボランティア団体やＮＰＯ等の支援を受けながら，団地の環境の改善や行政との交渉を積極的に進めている。

第二のタイプは，規模が比較的大きい，または厳しい立地条件にありながらも，自治会長達がリーダーシップを発揮し，外部資源を有効に活用しながら，団地の運営を工夫してコミュニティ形成を図ろうとしている団地である。今後，住民相互のコミュニケーションが十分に図れれば，仮設住宅団地が地域再生のバネとして働く場になる可能性を持っているかと考えられる。

第三のタイプは，入居した元の居住地が大きく異なっていたり，自治会長さんが昼間仕事等でリーダーシップを発揮できない状況にあったり，また住民相互のコミュニケーションが不足しているなどの状況にある団地である。このような状況が長く続くと，団地の中で孤立する人が多く出たり，解決すべき課題が潜在化してしまうことが危惧される。自治会長などの負担を軽減するなど外部からの適切な支援が求められる。

仮設住宅団地におけるコミュニティ形成を図る試みの例として，オートキャンプ場のモビリアの仮設住宅団地では，（社）中越防災安全推進機構のチームが縁あって常駐し，地元の運営スタッフとともに協議を重ね，団地の運営を図っていた。例えば，団地内のみで使用できる期間限定の地域通貨を発行し，子どもが朝の体操に参加したら1モビリア，草取りやトイレ掃除で5モビリアを与えて，かき氷やソフトクリームと交換するなど，住民交流の

仮設住宅自治会長へのインタビュー調査
(2011年8月)

仮設住宅団地の片隅で青空サロンを開催
(2011年8月)

ツールとして活用している。

また，竹駒小学校の校庭に建設された団地では，地元だけでなく市内の高田町や気仙町に住んでいた住民も多く，年齢も30代から70代まで幅広かったことから，支援物資の受け渡しを全員参加で行うことで顔なじみを増やしたり，朝の7時にカーテンが開いていない場合には，安否確認をするように住民に呼びかけ，孤独死の防止やコミュニケーションづくりに努めていた。

米崎小学校の校庭に建設された団地では，市内で初期の建設であったため，床下に砂利が敷かれておらず，雨水がたまってボウフラが大量に発生したり，壁と天井のつなぎ目が落ちることが1週間に6件もあったりと建築上の不備が多くあったりと自治会長は苦労が絶えなかったとインタビューに答えてくれた。園芸団体の支援を得て，「土・肥料・野菜の苗・プランター」のセットを全世帯に配布し，居住者が外に出て近所の人と会話するきっかけを作っており，孤独死の防止や住民相互のコミュニケーションを図っていた。集会は，小学校の空き教室を提供されたが，鍵の管理上思うように活用できない状況にあり，そうした中，民有地を無償貸与することができ，ＮＧＯの支援で8月中旬に集会所が開設され，住民交流の拠点として活発に活用されている。

このような仮設住宅におけるコミュニティ形成の先進的な取り組みがある一方，居住人数に比べて間取りが少なく狭いことや，敷き台を置かないと洗

模型を活用しての地域再生に向けてのワークショップ（2011年8月）

応急仮設住宅団地役員情報交換会の開催（2011年10月）

濯物が干せない仮設住宅があるなど，仮設住宅の基本的な設備や生活環境上における深刻な問題点なども相当あげられた。

本プロジェクトでは，上記の仮設住宅団地の調査結果の概要を速報版として編集し，仮設住宅のハード面やソフト面の課題，また団地運営や地域再生に向けた先進的な取り組みの例などを掲載し，9月10日から13日にかけて各団地の自治会長宅を直接訪問し届けている。

4）地域リーダー相互の情報交換と高台移転事業についての相談支援

この速報版を届けた際に自治会長から他の団地の取り組みなどについて，情報交換がしたいとの声があり，10月14日から16日にかけて，市内の5ヶ所の会場において，「応急仮設住宅団地役員情報交換会」を開催した。この情報交換会には，自治会長など地元の関係者らが30名参加し，始めての冬を迎える今後の仮設住宅における寒さ対策や火災対策などの生活環境上の課題や取り組みについての情報交換，市が策定中の復興計画案についての意見などが活発に話し合われている。

また，このような活動の中，長部地区の要谷，福伏，双六集落，広田町地区の仮設住宅団地自治会長などのリーダー達の相談を受け，本プロジェクトの都市計画・建築，地域福祉などのメンバーが助言し，高台に集団移転を希望する被災住民が協議を重ね，各集落・地区に集団移転協議会が組織化された。各協議会では，市に防災集団移転促進事業に関する用地交渉や高齢者など自力で自宅を再建できない被災者が集落を離れないための戸建て復興公営住宅の建設などについて要望書を提出している。

今後，防災集団移転事業を実際に計画化するためには，各世帯の具体的な要望や状況を聴き取り，具体的な区画の設計など被災住民との信頼関係を築き，十分に調整する都市計画や建築家などの専門家が求められている。また，独居高齢者など自力で自宅が再建できない被災者の声を十分に聴き取り，これまでの集落の親密な社会関係を維持できるような地域再生が望まれている。住民に寄り添って十分に被災者の声をくみ取り，地域の再生につなげていく専門家の存在が欠かせないと考えられる。これまで本プロジェクトが関わってきた先にあげた集落・地区では，この専門家の派遣について，市への要望書に，内閣府が2011年度第3次補正予算に盛り込んだ「地域づくり支援事業（専門家派遣事業）」を利用し，本プロジェクトのメンバーを派遣することを具体的にあげている。

5）広田地区における復興マスタープランづくりのためのワークショップ

広田地区においては，本プロジェクトのメンバーが，内閣府の地域づくり支援事業（専門家派遣事業）の広田町のコンサルタントに正式に任命されることとなった。このことを契機として，2月26日，本プロジェクトと広田地区防災集団移転事業協議会の主催によって，広田町大陽公民館において広田町の住民56名が集い，広田町の地域再生に向けて復興マスタープランづくりのためのワークショップが開催された。

そこでは，陸前高田市の復興計画を基に，①防災（避難対策，防災施設，道路ネットワークなど），②住まい（住宅地，利便施設，街並みなど），③生業（港との関係，水産施設，低地の使い方など），④新産業（新たに企業・誘致したい産業，施設配置など），⑤福祉（高齢者の暮らし，子育て環境など）のテーマ別に，活発な意見交換がなされている。今後，具体的な課題や整備・取り組み内容を話し合い，それらを合体させて広田地区の将来の目標像と実現の道筋を整理・共有し，その成果を市へ提案することとしている。

広田地区復興マスタープランづくりワークショップの模様（2012年2月26日）

このことは，本プロジェクトがこれまで取り組んできた被災住民のエンパワメント形成の支援による地域再生に向けての象徴的な出来事であり，このように，地域住民の主体的な意思が反映され，住民相互の協働関係が構築されていくことが，今後の地域再生において力強いバネになることはまちがいないと考えられる。この点から，本プロジェクトが当初掲げた「被災住民自身が地域の再生，生活再建に向けてその課題を話し合い，主体的な取り組みを行うことを支援し，仮設住宅などにおけるコミュニティの形成を支援するとともに，今後の復興における地域再生のモデルづくりに寄与する」との目的に，道半ばではあるが，一つの歩みを進めることができたのではないかと考える。

今後の課題は，このワークショップで示された住民の意見を調整し，直接住宅を被災した住民だけでなく，広く広田町の地域住民の合意を形成し，優先順位を含めそれらをどう具体的に実現していくか，行政を始め，関係機関・団体の理解と協力を得ていくことが重要であると考える。

広田町は，かきやわかめの養殖などによる漁業資源，国立公園内にある黒崎峡などの景観や黒崎峡温泉などの自然資源，伝承芸能や住民の強固な共同性などの地域資源が豊かに存在している。我々のような外部からの支援者の役割は，それらの地域資源の持つストレングス（強み）と潜在的な可能性を評価し，地域住民が自信を持って今後の復興，生活の再建，地域再生へのパワーとなるよう，住民とともに考え，住民が主体的に取り組めるよう支援することが要諦であると考える。

3　復興関連施策における地域再生の課題

最後に，これまでの本プロジェクトの支援活動を振り返りながら，これから相当長期に続くであろう被災地の復興や地域の再生，被災者の生活再建などに向けた課題について，特に政府や自治体の復興に関する施策との関連で私見を加えることとする。

日本弁護士連合会は，2011年10月18日付けで，「東日本大震災における復興に関する提言」を公表している。本提言では，阪神・淡路大震災では，神戸市が震災からわずかな期間で都市計画決定を行ったために被災地住民と対立して混乱が起きたことから，神戸市は都市計画決定に二段階方式を採用し，住民の団体である「まちづくり協議会」への助成や専門家派遣制度によって住民意思の復興計画への反映を図ったことを教訓として，東日本大震災の復興についても，被災地域の市町村は東日本大震災の復興計画の決定については，いわゆる二段階方式を採用し，平成23年度の復興計画の決定を第一段階と位置付け，第二段階の復興計画の決定においては住民の意思を十分反映すべきであるとし，被災地域の市町村は，被災地住民の復興に関するニーズを十分に集約し，「まちづくり協議会」や専門家と連携して，住民のニーズを集約して，これに適合した独自の復興事業を行うべきであり，国はその財源となる復興基金等の費用を拠出するべきであるなどと提言している。

筆者も，この提言の趣旨に賛同するものであり，特に本提言の理由として，「被災者は復興計画についての専門知識がない上に，応急仮設住宅等の住居や収入の確保等目前の課題に対応することで精一杯であり，復興計画まで検討する余裕は十分にない」として，計画策定から都市計画決定までの期間が短期間で，十分な住民意思の反映を期待することは困難であるとしており，この点は，現地の状況からも首肯する点である。

陸前高田市においては，災害復興計画が12月21日に市議会で可決されている。この復興計画が，陸前高田市民の復興に向けた目標となり，生活再建に向けた道標となるかが問われている。市は，各地区の出身者である市の職員を地区の担当者として配置し，住民の意向等を聴き取り，今後の事業の実施に反映させる体制を取っている。このような取り組みを含め，被災した各地区に被災住民の意見や要望をていねいにくみ取る専門家の派遣制度の活用が求められる。

政府は，今回の東日本大震災の被災地の復興にあたって，地域の創意工夫を活かした復興を推進するため，規制・手続き等の特例措置，税・財政・金融上の支援措置をワンストップで講じる復興特区制度を創設するために，復興特別区域法案を国会に上程し，可決されている。この制度は，震災財特法上の特定被災区域等の地方公共団体が，復興特別区域としての計画を作成し，地方公共団体からの新たな支援措置の提案など復興の円滑な推進を図るための場として，国と地方の協議会を設置することとしている。また，被災地の復興地域づくりに必要な事業を，地域が主体となって実施できるよう，ハード事業の幅広い一括化，自由度の高い資金の交付，地方負担の軽減等を内容とする東日本大震災復興交付金を創設した。この復興交付金は，道路整備，土地区画，防災集団移転促進事業など5省40事業からなる基幹事業と，使途の自由度の高い資金によりハード・ソフト事業のニーズに対応する効果促進事業から成っている。

復興元年と称される2012年2月10日には，復興の指令塔とされる復興庁が発足している。そして，復興財源に基づく被災自治体における具体的な復興事業計画が策定され，政府との具体的な予算配分や復興事業について協議が開始されており，総額1兆8,500億円の復興交付金の第1弾として，2,509億円の配分が決まったところである。だが，被災自治体側からは，当初の自由に使える予算の要望とは裏腹に，政府の査定の厳しさに不満が相次いでおり，すでに意思疎通の齟齬が生じている。

その一方，福島県，宮城県，岩手県の被災地では，放射能除染やがれきの処分等一向に復興の具体的なプロセスが見えない状況が続いている。また，津波の被害にあった事業所や工場などの復興が進まず，生活のための安定的な収入を得る雇用の目途がない被災者が相当多く存在している。2012年は，このような被災地の復興と地域再生，被災住民の生活再建の途上に立ちはだかる厳しい現状と課題が浮き彫りにされると考えられる。

政府や自治体には，それらの被災者が置かれた厳しい現実を適切に把握し，被災者や地域のニーズに対応する大胆な規制緩和や支援策を打ち出し，十分に応えていくことが切実に求められている。また，高齢者や障がい者など自力で自宅や生活の再建が困難な社会的に弱い立場の人々の声をくみ取り，これまでの集落などの社会関係を維持できる戸建て復興公営住宅，高齢者・障がい者向け集合住宅の建設や生活支援サービスのあり方など，地域の特性に応じたきめ細かい配慮をしていくべきである。この点では，社会福祉協議会に配置された生活支援相談員による個々の被災者の支援や仮設住宅のコミュニティづくりへの支援の充実も求められる点である。孤立化や生活不活発病の防止，自力で買い物や行政への手続き，通院などの手段を得ることができない独居高齢者や障害者などの被災住民向けの生活支援サービスを開発していくコミュニティを基盤としたソーシャルワーク機能の充実が求められよう。

本プロジェクトの取り組みも新たなステージに入っている。3月14日から17日には，小友町のオートキャンプ場モビリアを拠点としているNPO「陸前たがだ八起プロジェクト」の協力を得て，大学院生などによる広田半島の模擬スタディツアーを行い，このような広田半島の地域資源の再評価，被災住民の震災体験の聴き取りなどを行なう。本年夏からの本格的な「(仮称) 東日本大震災復興応援　陸前高田広田半島スタディツアープログラム」の実施に向けた準備を進めているところであり，本プログラムの実施に当たっては，東京の旅行会社の協力を得て実施する予定である。広田町のワークショップで住民から示された広田半島の新産業として観光が重点産業して期待されており，少しでも寄与できればと考えているところである。

本研究プロジェクトの試みは，東日本大震災において被災した地域の再生から見たらほんの小さな取り組みではある。本プロジェクトの意義として，阪神・淡路大震災等では見られなかった都市計画・建築，地域福祉，社会学，臨床心理，公共政策などの研究者や実務家などによるそれぞれの専門知識や技術を活かした相補的，包括的な地域再生支援の取り組みがなされていることである。今後とも，相互に補完，協力しながら，被災住民のエンパワメントの形成支援を基本的な視点として，被災地の地域再生を図るモデル的な取り組みに寄与できれば幸いである。

●注

1）広田町長洞集落の震災対応については，筆者らによる広田町民生委員協議会会長S氏とご家族へのインタビュー内容と長洞元気村のブログによる。

2）金子勇『地域福祉社会学』pp.118-19, ミネルヴァ書房，1997年

3）陸前高田市においては，仮設住宅に被災世帯が入居する際に，市の担当者の仲介によって班長，自治会長を決めており，大小を問わず全ての団地に自治会を組織化しており，この点は当時の担当者の英断であり，非常に評価できる点である。その後，他の自治体の特に大規模な仮設住宅団地において，自治会の組織化に非常に苦労しており，仮設住宅におけるコミュニティ形成に苦労している場合も少なからずある。

●参考文献等

金子勇『地域福祉社会学』, ミネルヴァ書房，1997年

神戸大学〈震災研究会〉編『阪神大震災研究3　神戸の復興を求めて』神戸新聞総合出版センター，1997年

岩﨑信彦等編『阪神・淡路大震災の社会学第3巻　復興・防災まちづくりの社会学』1999年，昭和堂

陸前高田市ホームページ　http://www.city.rikuzentakata.iwate.jp/shinsai/shinsai-img/hazard1.pdf

岩手県ホームページ　http://www.pref.iwate.jp/view.rbz?of=1&ik=0&cd=31658

陸前高田市・大船渡保健所・一関保健所・公衆衛生ボランティア・陸前 高田市「健康・生活調査」支援チーム，『東日本大震災にかかる陸前高田市「健康・生活調査」結果報告書』2011年

宮城　孝「復興の主体は誰か－陸前高田地域再生支援から見えた課題」自治研中央推進委員会『月刊　自治研12』vol.53 no.627, 2011年12月

日本弁護士連合会「東日本大震災における復興に関する提言」2011年10月18日

宮城　孝・大島隆代「被災住民のエンパワメント形成支援による地域再生の可能性と課題――岩手県陸前高田市におけるフィールドワークをとおして――」法政大学現代福祉学部紀要『現代福祉研究』第12号,2012年3月

コラム1

歴史の記録・記憶をどう守るのか ——公文書レスキュー

金 慶 南

はじめに

「公文書レスキュー事業」立ち上げの背景

被災3カ月後，陸前高田市議会から水損文書レスキューの問い合わせがあった。千年に一度という3・11の大地震と津波が町を襲った後，公文書は海水に濡れたまま放置されていた。09年，陸前高田市が，議会改革のための議会基本条例を制定した際，法政大学（以下，本学）法学部の廣瀬克哉教授がアドバイザーとなっていたことが，この問い合わせのきっかけとなった。

韓国で生まれ育った私は，地震をはじめとする災害をほとんど経験しておらず，当時心の中では恐怖を覚え，ほぼパニック状態にあった。このような状態で要請を受け，「公文書レスキュー事業」実施が可能かどうかについて，私の心の中には二つの疑問があった。第一に，私は当時法政大学環境アーカイブズを運営していたが，特別予算もなく人件費もない状態で，公文書レスキューが可能かどうか。第二に，私はかつて韓国政府の国家記録院に勤務していたが，「公文書レスキューに私立大学が参加することができるのか」。韓国の場合は公的な記録に対しては中央管理体制が敷かれており，地方自治体が記録物のレスキューを国家に要請する場合は国家レベルの対策班を作って，対応するのが一般的なためである。

しかし，被災した文書に生じたカビの問題が深刻化していることを憂慮し，現地調査を行うことにした。2011年6月1日・2日に，陸前高田市・気仙沼市・南三陸町・女川町などの被災状況の調査を群馬県立公文書館とともに行った（総長室ＴＦに報告済，ＨＰ掲載）。現場はすべてガレキの山になっていた。陸前高田市は，市役所が大津波の被害を受けたため，行政文書は水びたしになっており，私が訪れた時は，自衛隊によって文書庫から市役所の廊下へ運び出され，積み重ねられた状態であった（回廊に長さ約25m高さ約1m，書架がたおれて泥だらけの文書庫に長さ約15 m高さ約0.8m）。水損文書は膨大な量にのぼり，カビの発生などを防ぐための応急処置がすぐに必要な状況であった。

壊滅だ。町がなくなった。大勢の人が亡くなった。ともに，歴史の記録も記憶も，なにかもが失われた。その現場を見て，地震後，初めて涙が出た。言葉にならなかった。何かやらないといけない。現場調査の後は，このことばかり考えた。問題は資金，人材，場所，管理体制である。

当時，サステイナビリティ研究教育機構（以下，サス研）は，被災地域の復旧活動として，原発・災難タスク・フォースを始動させた。その一環として，水損文書の救援保存活動を目的とした活動を行うため，タスク・フォース内に新たに「公文書レスキュー班」を設置した。法学部の廣瀬教授・現代福祉学部の宮城孝教授が市議会と協議し，私は実務作業のマネージャーをすることになった。後に現代福祉学部の馬場憲一教授が参加して，保存分野の情報などを共有している。また，釜石市などで，すでに復旧活動をしていたアーカイブズ関係の知人に相談した。女川町の被災文書は群馬県立公文書館が修復することとなった。

公文書レスキュー事業を進める上で一番問題となっていた資金の問題に関しては，大学の理事会から，資金面に問題がなければ，行うことが可能であるとの回答を得ており，JPF（NPO法人ジャパン・プラットフォーム）へ，緊急に書類を作成し，資金支援を求めた。幸いにも，JPFの資金支援を得られ，環境アーカイブの予算も活用し，公文書レスキュー事業に着手した。こうして陸前高田の人々の歴史を守る活動がはじまった。JPFと大学の理事会に，この場を借りてお礼を申し上げる。

このような経緯によって，法政大学と陸前高田市議会は，まず市議会文書だけを対象として，乾燥作業などの復旧作業を行うこととなった。市議会の永久保存文書は背表紙が赤いので，比較的判明しやすい状態であったためである。

公文書レスキュー作業開始の1ヶ月後，日本の公文書専門家の団体である全国歴史資料保存利用機関連絡協議会（以下，全史料協）が陸前高田市文書のレスキュー作業に入り，こちらから少し資金を支援することができた。

この作業には，神奈川県立公文書館や，国立公文書館なども参加している。

このような経緯で「公文書レスキュー事業」は誕生した。本稿では，三陸地域，陸前高田市公文書の被害実態，タスクフォース設置と応急処置，修復作業の緊急性と必要性，文書復元の実態，今後の課題について，検討する。

1　三陸地域，特に，陸前高田市公文書の被害実態とこれまでの経緯・活動

（1）三陸地域，陸前高田市公文書の被害実態

陸前高田市・気仙沼市・南三陸町・女川町などの被災状況は，悲惨そのものであった。震災復旧は，当然ながら人命の救出が優先されるため，文書の修復にまで手をまわすのは難しい状況にあった。文化財については早い段階から国によるレスキュー対策が立てられたが，公文書には国レベルのレスキュー対策は行なわれていない状況であった。国の対策を待とうにも，公文書を侵食しているカビが許さない。

次の写真は，三陸地域に放置されていた文書の被害3ヶ月後の様子である。

陸前高田市，気仙沼市，南三陸町，女川町の被災状況

（2）タスクフォース設置と応急処置

1）進捗状況　（2011年6月1日～2011年10月15日）

先述したように法政大学（総長 増田壽男）は，陸前高田市議会（議長 西條廣（当時））の要請を受けて，サステイナビリティ研究教育機構（以下，サス研）内に，「公文書レスキュー班」を設置した。2011年6月1日から2

日にかけて，津波で襲われた三陸地域（陸前高田市，気仙沼市，南三陸町，女川町）の公文書被害調査を行い，7月より，JPF（NPO法人ジャパン・プラットフォーム）の支援を受けて，陸前高田市議会文書の救済支援活動を行っている。

現場調査と資金・作業人員体制の構築などの準備期間を経て着手された「公文書レスキュー事業」は，大きく2つの時期に分けることができる。第1期は2011年7月4日から，八王子めじろ台事務所での活動である。第2期は同年12月1日から，法大多摩事務所での活動である。

第1期は，文書の救出作業，選別，運搬，乾燥の時期，洗浄・デジタル化作業の準備期にあたる。7月4日から被災文書が山積みになっていた旧・陸前高田市立矢作小学校で文書の救出作業を行い，9月までの間に393簿冊（1簿冊700枚と換算して約27万枚）を救出した。搬出した文書は，本学が当プロジェクトのために設置した事務所（八王子市めじろ台）へ移送し，9月末日までに乾燥作業を完了させた。これらの作業は，サス研環境アーカイブズに所属する20名（PD，DC，RA，アルバイト（内，JPFの資金支援により10人が専属として担当））が担当した。文書救出・選別作業には，全史料協の資料保存専門家数名，陸前高田市の臨時職員10名（緊急雇用対策による雇用）も加わっている。

移送した文書は，簿冊レベルでの目録作成作業，ドライクリーニング，ウェットクリーニング（洗浄，（一部）），スキャン（一部）などの作業を行った。第1期に重要文書のデジタル化を計画したが，乾燥に想定以上の期間を要したためデジタル化作業は準備にとどめ，本格的な洗浄を開始する準備として，カビの状態はどうか，紙の材質はどのようなものか，墨，インク，どのような筆記用具で書かれたものか，などについての調査を行った。この過程で東京文書救援隊の洗浄技術を学び，また韓国の国家記録院の文書修復技術を参考にした。現在は，3回目のドライクリーニングが終わった段階にある。汚れがひどい文書については，本格的な洗浄とデジタル化を行うための簿冊種別分析を行っている。文書の量が膨大なので，作業の優先順位を決めて，作業を行わねばならない。そのための処置である。

さらに，本プロジェクトに対する理解を深めてもらうために，全史料協や神奈川県立公文書館などとの連携，本学ホームページへの掲載などの活動も行ってきた。11月16日，陸前高田市議会議長伊藤明彦が本学を訪問し，修復作業を継続する協定書を締結した。この件については，河北新報・読売新聞・毎日新聞など各紙で報道された。行政機関と私立大学が協定を結んで力を合わせ，災難を乗り越える試みは，初めてのことであり，被災地の復旧に大きく貢献するものとして取りあげられたのである。

また，2012年2月3日には，陸前高田市議会の議員小松眞など7人が作業場を訪れ，汚損文書のドライクリーニングに直接取り組んだ。自ら作成した文書の汚れを落とす議員の姿は，作業に参加しているメンバーにも様々な感銘を与えたようである。

2）残存文書・流失文書の分析

まず本事業が対象とする文書は，地方自治体の意思決定記録として永年保存文書に指定されているものである。しかしながら，これらの文書は，津波による被災とその後の保存状態の劣悪さに起因する汚泥やカビの発生などにより，対策を講じなければ時間の経過に従って内容が失われる恐れが大きかった。乾燥を終えた文書も一度は海水(塩水)に漬かっているため，保存する際のリスクは存在しており，乾燥及びクリーニング終了後は，デジタル化を行うことによって内容を永続的に保存できるようにする必要があった。

第二に，残存文書の中には，当面の行政事務の遂行や，復興計画の策定のために必要な情報が含まれており，それらについてはできるだけ早く再び利用できる状態にする必要があった。

議会の議事録とその関連資料は，永年保存文書となっており，自治体の重要な意思決定に関する体系的な記録であるといえる。幸い，陸前高田市議会の永年保存文書435簿冊（2011年11月現在）はまとまった形で残存しており，その復旧と保全は，現用性と記録性の両面において重要な意味を持つ，緊急性の高い課題なのである。

また，津波による被害を受けた文書の復旧や保全のノウハウを蓄積することは，東日本大震災によって津波被害を受けた他の文書復旧や保全，さ

被災・収拾した陸前高田市議会の公文書目録　(2012 年 1 月現在)

ソート用			文書書誌情報				
所属年次(ソート用)	簿冊種別	臨時 ID	受入番号(旧表示)	受入番号(新表示)			
				月	コンテナ	(コンテナ2)	簿冊
平成 08	会議一件綴	1	7-1-1	7	1		1
平成 15	その他	2	7-1-2	7	1		2
平成 07	市議会議案綴	3	7-1-3	7	1		3

文書書誌情報								
所属年次(原本ママ)	分類番号	タイトル	保存年数	作成機関	赤字表記(背表紙等に表記)	備考 1(目録作成時)	表紙(有・無)	入力担当者
8		会議一件綴	永久	陸前高田市議会				牧野
		議案書謄本		陸前高田市議会		平成 15 年と表紙にあり		牧野
7		市議会会議録別冊　市議会議案その 1	永久	陸前高田市議会				牧野

らには今後同様の被災が生じた場合の文書復旧や保全を行うために必要である。実際に，作業が終了した後には，文書修復の一連のシステムを陸前高田市に移譲し，陸前高田市が自主的に文書管理を行うことができるようにする予定である。本事業は東日本大震災からの復旧を支援する活動の一環として，民・官・NPO が一丸となり被災地の記録を，そして地域の歴史と文化を守っていく貴重な事例であるといえるだろう。

2　文書復元の実態

では，ここで具体的な作業の内容を紹介しよう。本学が採用した公文書レスキューは先述した第 1 期と第 2 期に分けて，次のようにまとめることができる。公文書にはカビが発生していたものの，海水による侵害であったため，淡水による被害ほどは侵食が早くなかった。そのため，応急処理の方法と手順も異なる。これは国文学研究資料館の青木睦先生による釜石市での活動からもたらされた知恵であった。また，全史料協による文書選別，東京文書救援隊による洗浄技術の普及活動も大変参考になった。また韓国の国家記録院の保存専門家にもアドバイスをいただいた。危機を乗り越えるために様々な人々で力を合わせることの大切さが，今回事業で最も深く学んだことかも知れない。

1）第1期（2011年7月～11月）―八王子市めじろ台事務所―

①受け入れ

2011年7月，法政大学が設置しためじろ台事務所に陸前高田市の市議会文書を移送。

移送された文書はコンテナへ移し，コンテナ単位で管理。応急処置として，温湿度の管理（22℃，約55％）と共に，カビの増殖を抑えるため一部アルコールによる消毒を行った。

②目録の作成

乾燥作業と同時進行で簿冊レベルでの目録を行政機構別に作成。行政文書の分類等については，陸前高田市議会や，同様に文書復元を行っていた釜石市議会などの例を参照した（2011年10月に一部が完了，第2期も継続中）。

③簿冊の種別分類

受け入れた陸前高田市議会文書は，背表紙などの表記から，いくつかの種別に分類できる。特に多く含まれる分類（「市議会会議録」等）はおそらく，陸前高田市議会での文書規定に従ったものと目される（簿冊の背表紙に付された赤字数字が，元来の文書規定と推測される）。以上を踏まえて，現在の文書目録では暫定的に以下のように四種に大別して分類した。

ⓐ類似するタイトルが二つ以上あるもの（タイトル別に暫定分類項目を作成）。ⓑ同一タイトルが他に存在しないもの（「その他」に分類）。ⓒタイ

《陸前高田市議会文書　暫定分類》　（2012年4月 現在　合計435簿冊）

タイトル	点数	タイトル	点数
会議一件綴	57点	出席簿	6点
議員共済会関係綴	28点	条例制定請求者署名簿	2点
議会運営委員会　会議記録	9点	［人事関係書類］	2点
議会運営委員会関係（局長用）綴	6点	請願・陳情綴	8点
議決書謄本綴	6点	全員協議会概要記録綴	11点
議事録	3点	全員協議会関係綴（局長用）	8点
［共済関係書類］	2点	その他	13点
決算等特別委員会　会議録	4点	［タイトル不明］	23点
［決算関係書類］	8点	農業委員会総会議事録	2点
混在	3点	本会議　特別委員会　日程綴	4点
市議会会議録	103点	矢作村議会関係文書	2点
市議会議案綴	110点	［予算関係書類］	3点
［視察報告関係］	3点	予算等特別委員会　会議録	9点

トルが不明のもの（「タイトル不明」に分類）。なお，「タイトル不明」に関しては，簿冊の中身（アイテム）をリスト化した上で，内容に即した仮タイトルを付す予定である。ⓓ異なるタイトルのものが混在しているもの（「混在」に分類）。

《「その他」に含まれる簿冊》

・議会申し合わせ等に関する歴年会議記録一覧（昭和36～平成14年），契約書綴（昭和54年），講演「自然環境の保全とその背景」（平成4年），りくぜんたかた　市議会だより（平成4～22年），議案書謄本（平成15年），請求書（平成16年），議会関係綴（平成19年），市議会関係例規集（平成19年3月），［陸前高田市罫紙一枚のみ］，議案番號簿（昭和39～59年），特別委員会次第書（平成10年），議会活動状況（平成11～20年），［例月出納検査の結果について・市議会会議録について等］（昭和39年）

④乾燥・ドライクリーニング

　キッチンペーパーを挟み，水分を除去しながら文書を開いていくことで，文書の乾燥を促す（文書が完全に乾き，開くようになるまで数度に渡り実施)。

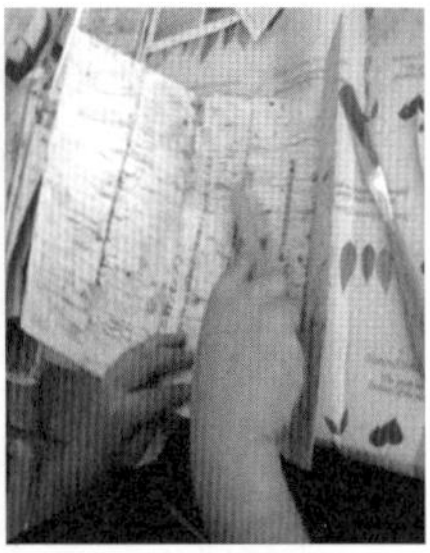

乾燥完了後，ブラシや掃除機などを使い汚泥を除去。カビがひどい文書には，殺菌のために，アルコール（濃度78％）による消毒を行った。

2）　第2期（2011年12月～2012年10月）―法政大学多摩キャンパス―

⑤洗浄作業

カビや汚れ・臭いが酷い文書については，洗浄作業を行う必要があった。第1期に，文書保存の専門家である東京文書救援隊からアドバイスをいただき，第2期より，読み取ることができる重要な文書を中心に洗浄作業を行った。（2011年12月開始）

⑥デジタル化・製本

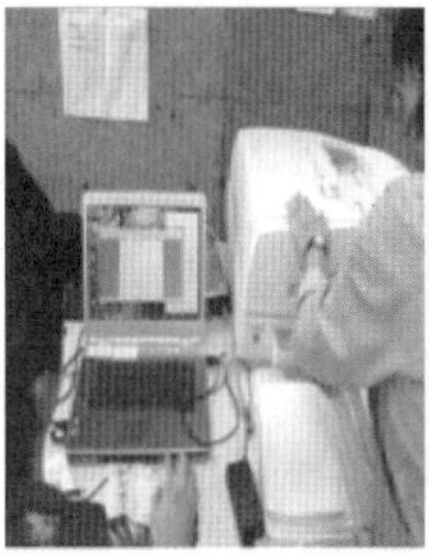
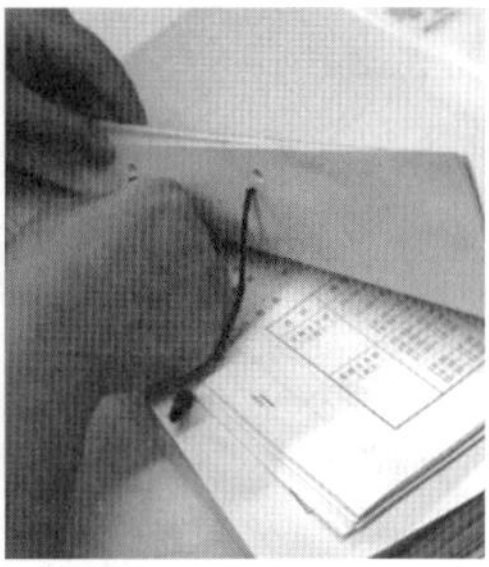

第2期は，スキャナを用いて読み取ることができる文書で，利用価値が高い文書や長期の保存が難しいと思われる文書を対象として，デジタル化作業を行っている。文書の選定にあたっては，市議会の要望を優先順位としている。

最後に製本を行い，陸前高田市へ返却する予定である。

⑦文書の洗浄作業前と作業後

汚泥だらけの文書・簿冊が，乾燥・洗浄を丁寧に行うと，最終的には

―作業前―

―作業後（製本後）―

右のようになる。このように修復・保全された文書が陸前高田市へ返却される。

○陸前高田市議会と共に

本プロジェクトの中では，陸前高田市の市議会の方々にも作業の様子を確認していただいている。文書の修復には我々が作業に尽力するだけでなく，陸前高田市のみなさんの協力が不可欠なのである。

①2011年11月16日　陸前高田市市議会議長（伊藤明彦）と事務局長（千葉徳次）が視察

②2012年2月2日　陸前高田市市議会議員団（団長 小松眞）が視察

③2012年5月9日　陸前高田市議会議長と事務局長が文書保全の方法について協議

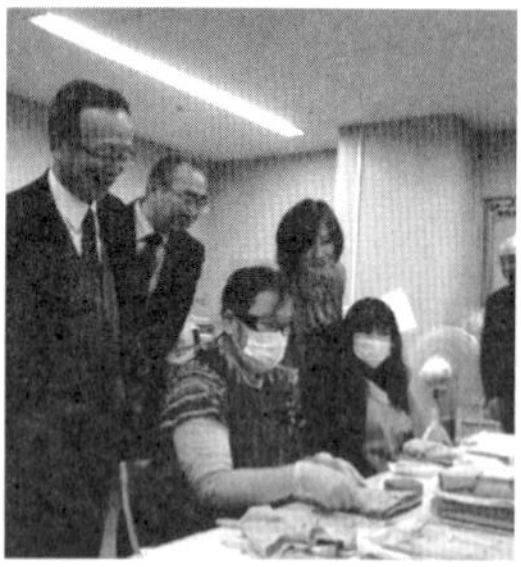

視察に来ていただいた議員の方々には，実際に文書修復作業を手伝っていただいた。

3　今後私たちは何をするべきか

――自治体被災記録に対する日本の公文書管理法への今後の期待

以上のように，三陸地域，特に陸前高田市議会文書を中心に公文書レスキュー作業を立ちあげてきた経緯を述べた。このような津波による水損文書の修復活動に直接参加したのは初めてであり，実態を知るために特に現地での調査や修復に関する研究活動を積極的に行わなければならなかった。

現在も日本の各分野における保存専門家のアドバイスや，韓国の様々な分野の専門知識を勉強しながら，レスキュー作業を続けている。そのおかげでか，公文書のレスキューだけでなく，震災の記憶そのものを乗り越えることもできるのだと少しずつ信じられるようになった。

この活動によって，今後以下の四点の可能性が開かれるだろう。

第一に，陸前高田市議会の永年保存文書の復旧（流失文書調査含む）と現物の保全やデジタル化による保存を行い，さらには，そのシステムを構築することができる。そして，自治体の歴史資料の骨格である公文書が，津波被害とその後発生したカビ等による毀損から回復することで，利用可能な状態で次世代へ継承されていく。過去の記録を市民が共有できる形で継承していくことには，生まれ育った街での暮らしの蓄積が失われた被災地域において，地域の文化や思いを支える基盤を保全するという意義がある。

第二に，陸前高田市役所や同市内のNPOなどの関係者のあいだで，コミュニティの記憶としての行政記録を共有することができる。そして，復興計画の立案等の基礎情報として活用することで，直接的に復旧に寄与するとともに，あらためて「地域の絆」を認識することができると考えている。

第三に，民・官・NPOが一体となった被災文書レスキュー作業のノウハウを発信していくことで，他の地域や幅広い学問領域の記録類保全のモデルを構築することができる。

第四に，インドネシアのアチェで行われた津波被害文書の復旧は，アーカイブズ学の領域で世界的に注目されている。これと同様に，東日本大震災被災文書についてもアーカイブズ学の研究領域において貴重な価値を持つ事例となることが期待されており，グローバルなレベルでのノウハウの蓄積に貢献できる。

日本は自然災害の多い国であると同時に，多くの原発を有する国である。いずれは大規模な自然災害が起こると市民は覚悟し，備えていると思う。しかし，人々の暮らしや街の歴史の記憶を保存している公文書の救済については，さまざまな支援グループがいるが国レベルの対策がいちじるしく遅れているのではないだろうか。地方自治体の被災した記録に対しては，文化財レスキュー体制と同じ水準かそれ以上での国レベルの対策が必要であると，今回の公文書レスキューから学んだ。今後は，国レベルでのレスキューシステム構築を2011年4月1日に施行された日本の公文書管理法に期待したい。

最後に，陸前高田市議会の歴史の記憶を守るこの活動の中では，本当に様々な分野の人々が惜しみなく力を貸してくれた。実際，文書の汚れがひどい作業環境で働いている環境アーカイブズの作業チームに心から感謝する。また，資金・人件費・場所などいろいろ配慮してくれたＪＰＦ・本学のみなさん，ボランティアで参加した全史料協・群馬県立公文書館・国立公文書館・国会図書館に所属するみなさん，および本事業に協力してくれた東京文書救援隊・国文学研究資料館・日本アーカイブズ学会のみなさん・個人で協力してくれたみなさん・韓国の国家記録院，八王子市，八王子市議会，八王子市社会福祉協議会，法政大学ボランティアセンターなどにも，この場を借りてお礼を申し上げる。

●参考文献

増田勝彦，「水害を受けた図書・文書の真空凍結乾燥――和紙を綴じた図書」，『保存科学31号』，1992年

松下正和・河野未央編『水損史料を救う――風水害からの歴史資料保全』岩田書院，2009年

「被災文化財レスキュー事業　情報共有・研究会　被災文化財救済の初期対応――生物劣化を極力抑え，かつ後の修復に備えるために――」東京文化財研究所，2011年5月10日

「被災した文書の復旧処置システム・マニュアル」東京文書救援隊，2011年7月8日作成（http://toubunq.blogspot.com）

『歴史学研究』884号〈緊急特集　東日本大震災・原発事故と歴史学〉，2011年10月

井口和起・福嶋幸宏「東日本大震災と全史料協の対応」『アーカイブズ』45号，2011年

天野真志「被災資料保全活動の現在――宮城歴史資料保全ネットワークによる水損資料への対応――」『歴史評論』740号，2011年12月

青木睦「激甚災害に対する自治体文書の被災状況と救助・復旧活動から見えてきた問題点」（2012年度第17回東アジア近代史学会研究大会，6月16日）

東日本大震災復興支援，国立公文書館（http://www.archives.go.jp）

Betty Walsh，「Salvage operations for water damaged Archival collections」（Canadian Council of Archives, 2003）

『Safeguarding a Nations Identity』（Council of State Archives, 2007）

国家記録院，『記録物保存復元』2009年2号，2010年3号（原文は韓国語）

第5章　震災津波：地理的環境から，三陸の漁村集落のあり方を見つめ直す

――小さな集落の復興・再生に向けて――

岡本哲志

はじめに

2011年3月11日に起きた三陸沿岸の大規模な地震津波被害から，これまで報道されてきた「農地漁港集約」（2011年4月17日付朝日新聞朝刊）化は，現代の経済原理からすれば末端に位置付けられる集落の消滅を暗に示唆したことに他ならない。震災からほぼ9ヶ月を経て，「宮城60漁港を優先復旧　加工流通機能を集約化」（2011年12月9日付朝日新聞朝刊）の記事が掲載された。消滅したくなければ自力復興せよと突き放しているかにも思える内容だった。

しかしながら，従来型の政治・経済手法で，文化を生みだせる，持続可能な東日本被災地の漁村集落の復興・再生が可能なのだろうか。そのような疑問が浮かぶ。それを明らかにする上でも，三陸における集落のあり方をしっかりと見つめ直す必要がある。量をかざした紋切り型の判断ではなく，持続可能な三陸地域の生活空間の再生と経済活性化に結びつく手法を見つけだすためには，三陸の環境と空間，いとなみの場の歴史を一体のものとして知ることが基本である。

本論では，特に切り捨てられようとしている，漁村集落に焦点をあて，地理的環境の上に空間といとなみの歴史を重ね，その生活文化の積み重ねの上に経済展開を試みてきた集落の空間システムを検証したい。巨大都市・東京からの一方向的視点だけではなく，三陸の漁村集落からの強い眼差しで，国や県，市町村の従来型の施策とは異なる新たな方向性の芽を紡ぎだすベースになればと考えている。とりわけ注目しておきたいことは，3月11日の巨大

地震津波が，私たちに突き付けた一つとして，消滅の危機に瀕していると言われた三陸の漁村集落が文化を生みだす社会空間システムを今日持続し続けてきた現実である。ただこの眼指しは，近代の疲弊を問うことであって，近世以前の過去に立ち返ることへの示唆ではない。現実の生きた都市と漁村集落に目を向け，その意味を問い直すことが現代の先を照らすからだ。

また論点の拡散を避け，本稿は3つのテーマ，「三陸地域の復興・再生に向けた問題意識」，「三陸沿岸の地形と都市・集落（海側のかたちと陸側のかたち）」，「3つの層から漁村集落の復興・再生を考える」に絞って論ずる。「三陸地域の復興・再生に向けた問題意識」では，被災し，更地になった場を建物で埋め尽くすことで，地域の復興・再生がなされるべきではないという立場で論じる。その基本的な立ち位置を明らかにした上で，意味のある場の形成がなし得るための問題意識を展開する。地域の復興・再生に向けて，歴史に学ぶ意味の一端を感じてもらえればと思う。「三陸沿岸の地形と都市・集落（海側のかたちと陸側のかたち）」では，被災した都市・集落が置かれていた地理的環境を海側と陸側の両面から分析し，類型化する。そこから，三陸沿岸の都市・集落の営み空間の特色があぶり出されてくるはずである。これら2つの考察を踏まえ，「3つの層から漁村集落の復興・再生を考える」というテーマでは，漁村集落の復興・再生のあり方とその方向性を示していきたい。

1　三陸地域の復興・再生に向けた問題意識

（1）繰り返す三陸の巨大地震（問題意識1）

震源地の緯度

2011年3月11日に起きた巨大地震は，マグニチュード9.0。海からの津波がどのように押し寄せてきたのかが気になった。幸い，インターネットに仙台管区気象台がまとめた資料「宮城県に及ぼした地震・津波被害」が歴史を遡った地震の震源地プロット図を掲載している。これは，最初の問題意識の糸口となる。震源地プロット図から，明治29年は北緯約39.5度，昭和8年は

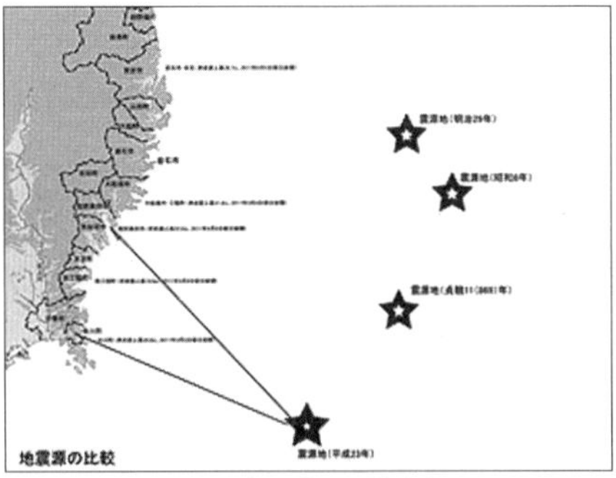

図１　この度と過去の主な震源地

約39.1度だった。近代以降の大規模な地震津波の震源地が，北寄りであったことに注視したい。

千年以上前に起きた貞観11（869）年の大地震の震源地は，約38.5度である。明治29年，昭和8年と比べ，貞観の大地震の時は，震源地の緯度が南に下がる。地質学の専門家が調べた地層からの推定で，石巻にも大きな津波が来襲し，内陸奥深くまで入り込んでいたことがわかった。また，2011年8月22日付朝日新聞には，北海道大学の特任教授・平川一臣氏による三陸の地層調査結果の記事が掲載された。この度と匹敵する巨大津波が6000年の間に6回はあったと推定する。

今回の地震は，震源地をさらに緯度を下げ，約37.8度だった（図1）。しかも震源域は数百キロメートルにも及んだ。津波が点から発したものではなく，帯状に津波が陸に向かった。そのため，震源地が南に下がったとはいえ，三陸の北に位置する津波被害の常習地にはこの度も大きな津波が襲った。同時に，震源地が南に下がったことで，近代だけではなく，近世まで遡っても，大きな津波を受けなかった陸前高田，気仙沼，女川が壊滅的な被害となった。そのことにも注意深く目を向けておきたい。

山口弥一郎著『津浪と村』（1943年発行／石井正巳・川島秀一編，三弥井書店，2011年，p.155）を読んで，気になる点があった。「二　湾形と村の位置」の章の一文である。湾形を分類した第七のところには「湾細長くかつ比較的浅き場合　津波は概して低く，津波高は漸《ようや》く二，三米に達するに過ぎず，被害は軽微である。気仙沼湾などこの類に属し，女川湾などもこれに類似している」と記述されている。女川は，典型的なリアス式湾の一つだが，湾が細長く，水深が比較的浅いことから，明治29年，昭和8年の地震津波では目立った被害が報告されていなかった。ここ数百年来なかった巨大な地震津波が起きたことになる。

写真1　高台にある女川町立病院

そのことは，現在石巻市となっている牡鹿半島西側に点在する漁村集落も同じで，ことごとく大きな被害を受けた。南北に長く延びる牡鹿半島がかつてのように津波の緩衝帯とならず，内湾にも被害を及ぼした。これまで大きな津波被害を受けてこなかった分，低地への市街化が進んでおり，被害をさらに増大させた。マグニチュードによって表わされる地震エネルギー強度の9.0と8.0の違いから，沿岸部に与える被害の違いに意識を巡らす必要があろう。

異なる波高

震源地の緯度とともに，一様ではない波高にも着目しておきたい。マグニチュード9.0の巨大地震だったが，津波の沿岸に到達した波高は様々である。4月の段階だが，石巻港外港だけが5.8mと他の地域に比べて際立って低い(4月10日付朝日新聞朝刊)。ちなみに大船渡が7.7mと次に低い数値を示す。その一方で，女川町立病院が17.6mと高い。平坦地にあった女川町の市街地跡に立つと，みあげるほどの高台に女川町立病院が建つ（写真1）。その高台を乗り越え，1階まで津波が到達した。医療設備機器が塩水に浸かり，使えなくなった。東松島市や仙台市は10m級の津波が来襲し，もうもうと白い波しぶきをあげる津波の帯は，防潮林の松林をなぎ倒して田園地帯や新興住宅地を一挙に飲み込んだ。

それにしても，特段に低い波高を示した石巻湾は，湾形や海底が特別な地形構造なのだろうか。その点が気になる。石巻がこれまでの経験値を越える被害を受けたとは言え，地理的な優位さも見逃せない。石巻は，土砂の堆積で悩まされ続けた河口港町である。だが，それらの土砂が広大な砂州を海岸線につくり，津波の勢いを和らげる緩衝帯として効果があった。これまで無堤防でこられた地の利が石巻にはある。

縄文期後期の高地居住

石巻の津波の歴史に目を通すと，数百年の歴史のスパーンでは低地にも津波被害を受けにくい場所があるとわかる。ただし，そのような好条件の低地は三陸に極めて少ない。河川の堆積で陸地化した低地は，むしろ津波にとって危険な場所であることが多く，大きな地震に弱い。

それでも，堆積土砂の低地を除けば，三陸は固い地盤の上に成立しており，日本全国を見渡しても地震災害に強い地域である。高度な土木技術が発展する以前，三陸沿岸は自然とうまく折り合いをつけて生活する場が見つけられていた。縄文期からの遺跡が数多く三陸沿岸に分布しており，その足跡を読み解くことができる。数十年に一度と言われる地震に伴う津波を避けることができれば，前面の豊かな漁場は持続可能な生活環境をつくりだすことができた。海に近い手ごろな高台があれば，百数十年に一度と言われる地震津波も避けられた。

雄勝半島の立浜には縄文後期の遺跡がある。この遺跡で，海に近い15mほどの高台に生活の場が置かれていた。周辺の集落は家屋がことごとく津波で流され，倒破したが，海が見渡せる15mほど上がった高台は津波に襲われていなかった。しかも，立浜貝塚の遺跡は雄勝町内で一番規模が大きく，持続可能な居住生活が可能であったとわかる。実際に縄文後期の遺跡を訪ねて，高地が津波に有効であると実感した。

文化的遺産と高地移転

長い歴史を経て，集落が低地に移転する。近世，近代における土木技術の向上は，高地での居住から，本来集落形成が難しかった海岸に面した低地立地を可能にさせた。

ここで問題になってくるのが文化財となった縄文・弥生など前史の存在である。2011年8月8日付朝日新聞朝刊に，津波による壊滅的な被災を受けた大船渡市赤崎町蛸ノ浦地区の高地移転に関する記事が掲載された。高地移転

写真2　地盤沈下した埠頭(待浜)

先には1934（昭和9）年に国の史跡に指定された蛸ノ浦貝塚がある。この貝塚は，広さが約5万5千m²もあり，岩手県最大規模である。ただ公有地は5%にも満たず（約2400m²），残りは民間の人が土地を所有する。土地の地権者が高地移転の用地にしたいと大船渡市役所を訪ねた。

これまでは，遺跡が見つかると現在という営みの場から分離し，凍結保存してきた。開発行為によって，過去の歴史的痕跡が失われることを恐れるからだ。それには，過去の乱開発が後遺症となって拒否反応を起こしてきた面も否めない。しかしながら，人間の歴史は場を積み重ねながら，営みの空間を発展成熟させてきてもいる。特に三陸の漁村集落を考えた場合，居住環境の適地は限定される。むしろ不連続の歴史を抱える三陸では，歴史と現在がどのように共存できるかの模索がより重要なテーマとなるのではないか。この度の震災は，文化財のあり方の新たな方法論を見つける点でも，より意義深い生きた歴史文化を再構築するチャンスであり，歴史と生活が密着した厚みのある観光資源となる可能性も生まれてこよう。その時，考古学，歴史学，都市・建築学，観光学などとの有効なコラボレーションが必要となってくる。

（2）地盤沈下と海上交通（第2の問題意識）

震災による四重苦

実際に被災地を訪れると，地盤沈下の激しさに驚く。三陸全体が1m近くも埠頭が沈み込み，常に海水に浸る港を目にする（写真2）。温暖化の影響で，海面がもし1m上がったら低地に多くの人たちが暮らす現代では，甚大な被害が出ると想定されている。それと同じことが，東北沿岸部では先取りするかのように3月11日に瞬時に起きてしまった。つまり，東日本大震災は，地震・津波・原発事故に加えて，地盤沈下という四重苦を三陸にもたらした。

港の地盤沈下は，災害時に海上交通を使えなくなる問題が生じる。たとえば，1923（大正12）年9月に発生した関東大震災の時は，この年にちょうど完成した日の出・芝浦の港が無傷であったことが幸いし，全国から集まる東京への救援物資などの輸送に役立った。阪神淡路大震災の際にも，寸断された陸上の交通網に替わって，海上からの物資輸送が大いに活躍した。ところが，今回の東日本大震災では，津波と地盤沈下の影響で，港湾の機能が麻ひした。港湾には津波で押し流された様々なものが沈み，船の航行が危険であるとの情報が流れた。海上交通を充分に活用できず，陸上交通だけに頼らざるを得ない状況があった。そのことが，三陸沿いの都市や集落の復旧を遅れさせた一因ともなった。

海のネットワークの大切さは，現地に行って，よりはっきりした。沿岸の宿泊施設が軒並み被害を受け，調査地近くで宿泊できず大変苦労したからだ。調査の時は，新幹線沿いにある駅周辺のホテルに宿泊し，そこから現地まで毎日往復する。北上山地を越えなければならず，調査活動できる日中の半分以上を移動の時間に取られた。この地理的な条件もあって，仙台や盛岡などの大都市と三陸沿岸部の都市や集落との間には，距離的な隔たりだけでなく意識的な面も離れている印象があった。つまり，陸上交通の視点だけで三陸の復旧・復興を図るには，そもそも限界がある。

海のネットワーク

震災直後，神奈川県の三崎漁港から海上交通により気仙沼に緊急物資が運ばれたというニュースを知った。その時，日常として成立してきた海のネットワークが地震津波の時にも機能しており，海のネットワークが生きていると実感した。海からの物資輸送が試みられたきっかけは，三陸沖に避難していた宮城県気仙沼港のまぐろ漁船が，「日本かつお・まぐろ漁業協同組合」の呼びかけに応じて三崎港に寄港し，救援物資を運んだことによる。その後，他県のまぐろ漁船もこれに続いた。やはり海のネットワークというのは強いと思った。一方，埠頭の地盤沈下，湾内に沈んだ瓦礫の危険性をあげて，一

図2　昭和8年の田老の計画図

向に海からの救援に踏み出さない政府の態度に，陸からの発想に固執する姿が見えた。もっと注意深く，様々な角度から海からの支援を検討し，実行すべき事項だったのではないか。

これまで，ことあるごとに近代経済システムの中で陸上交通だけにシフトし，他を切り捨ててきたことを問題視してきたが，まさに震災でその課題が露呈した。都市，あるいは地域を考える上で，陸だけでなく，水辺も含めた多様性のある社会のしくみづくりを再構築する必要を改めて感じる。

陸前高田の復旧には，岩手の山間部にある住田町が手を上げた。これは，古くからの海と陸の連携した人とものネットワークが築かれてきた結果である。2011年，世界遺産に登録された平泉も，海上交通と北上川の舟運がなければ，内陸であれほどの繁栄は成し得なかった。これからの東北の復興を広域的に考えていく時，石巻等を中心とした水のネットワークの再構築を手掛けることが大変重要な視点となってくるだろうし，その視点が不可欠である。

（3）人工物による安全神話の崩壊（問題意識3）

防潮堤の安全神話（田老（宮古市））

田老は，直接外洋に面するU字型の湾形の奥に位置する。この漁村集落は，慶長の大津波（1611年）で全滅した記録が残る。「津波太郎（田老）」の異名が付けられ，津波被害の常習地であった。明治29年の地震津波では死者が住民の8割以上，全ての建物が流された。生存者のほとんどは出漁中など集落にいなかった人たちである。昭和8年の地震津波でも，度重なる地震津波にもかかわらず559戸中500戸が流失し，集落人口の3割強の方たちが亡くなった。

三陸沿岸の村々の中で死者数，死亡率ともに最悪であったと言われている。

田老はU字の湾頭にやや広い平坦地があることから，三陸の漁村集落に比べ，低地に規模の大きな集落を形成することができた。しかしながら，後背地には全村を高地移転する敷地確保が難しい地理的環境にもあった。その結果，当時の村長・関口松太郎はじめ，村当局は高地移転ではなく，防潮堤建造を中心にした復興の計画を立てた（図2）。それは，計画初期の段階に難色を示していたとされる国や県の事業にまで拡大する。途中太平洋戦争の中断を経て1958（昭和33）年に工事が終了し，全長1350m，基底部の最大幅25m，地上高7.7m，海面高さ10mという大防潮堤が完成した。その後も増築が行われ，最終的に起工半世紀後の1966（昭和41）年に完成する。総延長2433mのX字型の巨大な防潮堤が城壁のように市街を取り囲む壮大な防潮堤となった。

1960年のチリ沖地震の津波では，三陸海岸の他の地域で犠牲者が出たにもかかわらず，堤防が功を奏した田老は被害が軽微にとどまった。これを機に防潮堤への関心が高まり，海外からも視察団がやってくるなど田老町の防潮堤は国内のみならず，世界の津波研究者の間でも注目される存在になった。

だが2011年3月11日の東日本大震災では，海側の防潮堤が約500メートルにわたって一瞬で倒壊し，市街中心部に進入した津波で大きな被害を蒙った。市街は全滅状態となり，地区の人口4434人のうち200人近い死者・行方不明者を出した。堤防の倍近い津波の高さとともに，立派な堤防への安心感が被害を大きくさせた。田老は，V字型の湾形と比べ津波高さが比較的低いとはいえ，低地を生みだすU字型の自然環境と，利便性から低地に集住する経済的な環境面が加わり，被害を繰り返してきた歴史がある。この度は堤防を頼り過ぎて大惨事となった。

防潮堤が津波に対して全く無意味だと論じているわけではない。戦後日本が辿った，人工構築物だけで安全神話を再構築するには，基本的な立ち位置として無理があると言いたいだけだ。しかも安全神話が崩れると，多くの犠牲者を伴う。加えて，地盤沈下を想定していなかった人工構築物がひ弱だったこともあげておきたい。これには，津波以前の問題があったのではないか

写真3　倒壊した防潮堤のコンクリート断面

と。コンクリートは圧縮には強いが，引っぱりには弱い。そこで鉄筋を入れ，圧縮にも引っぱりにも強い構造にしていくのだが，被災地で崩壊した防潮堤を見ると，鉄筋の量が少な過ぎるように思えた（写真3）。現段階では，少なくとも手抜き工事でなかったことを願いたい。

安心と安全

強大な地震の威力で，防潮堤が崩壊し，巨大な波止が僅かな痕跡を残して海底に沈んでしまった。その現実を目の当たりにすると，物理的に防止する試みを否定するわけではないが，人を安全に避難させるソフトの充実が最優先のように思われてならない。「安心」は「安全」ではない。津波が襲来する時，大槌町の町長以下幹部が町役場前で対策本部を設置し，頑として動かなかった状況があった。そのことは，彼らの行動だけでなく，責任無く安全を吹聴してきた問題が日本社会の根底に流れているように思う。一人一人の責任感に日本人として優れたものを感じるが，三陸津波で言い伝えられているように「まず安全な高台に逃げる」ことが，防潮堤が守ってくれたとしても何よりも守るべき重要な点だ。同時に，都市や集落はそれを基本にまちづくりがなされていなければならない。震源位置など状況によって異なるが，三陸の場合，津波はおおむね20分から30分で押し寄せるという。この時間内に逃げられない場所は居住空間とはならない。

幸いこの度の地震津波は，明治29年，昭和8年の大津波のように深夜ではなく，幼稚園・保育園，小中学校が集団で居合わせた時間帯の幸運が約2万人を僅かだが切る死者・行方不明者に止めたことは理解しておきたい。しかしながら，亡くなられた方の半数以上が人災の可能性があることも深く考えなければならない視点である。

多用なシステムを共有する価値

この度の津波では，土盛りされた高速道路や鉄道が帯状に続いていたこと，あるいは屋敷林などがあることで，津波阻止に効果的であったと言われている。一つの防御では無理でも，直接津波被害防止に関係ないように見える様々な機能が多重に防御の役割を担い，津波の侵入を防御した。だが，江戸時代から舟運で活躍した運河の土手が被害を食い止める役割を果たしたことはあまり語られていない。ここでも近代システムのあり方だけに目が奪われ，近世の優れたシステムについて考えが及ばなかった点を指摘しておきたい。これは，都市・地域の再生に向けた基本姿勢ともかかわる重要な課題である。

危惧する点として，戦後の日本は，一つ良いシステムができると，そればかりに頼り過ぎ，他を切り捨ててきた。それはやはり危険である。防潮堤にしても，軒並み破壊されてしまったが，津波の返し波による影響だけではないと考えられる。今一度，しっかりと検証しておく必要がある。また千年に一度程度起こる災害に，ハード面だけでいくら備えようとしても難しい面がある。ソフト面と有機的に関連づけた仕組みを考えていかなければならない。

今後は，歴史が培ってきた様々な知見として生活空間のシステムをまちづくりに生かしていく必要があろう。すなわち，被災した場の再構築には，近代化する以前の先人が，永々と試みてきた自然環境との対話，文化を生成する永続的で柔軟な場の設定が基本となる。しかも，これからの復興・再生は，経済とリンクさせた都市と集落の将来に向けた青写真が描かれなければならないし，様々な学問的ジャンルを越えた発想の共有と具体的な施策へ向けた復興のランディング可能な議論も必要だ。だが残念ながら，今はそのような組織的な流れがあまり見えていない。

（4）津波被害を経て，改めて文化への眼差し（問題意識4）

歴史都市・陸前高田の壊滅的な被害

都市・地域の歴史的な環境と文化をどのように考えるのか。これは，震災

写真 4　気仙川と津波で消えた今泉地区

復興のまちづくりを進めていく上で重要な問いかけとなる。壊滅的な被害を受けた陸前高田を目の前にして，その思いはより強まった。

陸前高田市の南に位置するあたりに，鉤形道路で町の骨格を構成し，歴史的建造物が建ち並ぶ今泉地区があった。慶長年間（1596～1614年）に行われたこの地の開発は，仙台藩主・伊達政宗に登用され，海上の治安警備や藩主が訪れた時の警護を主な役目とした人たちの手によるものだ。今泉に赴いた人たちは，明治維新までその任務を受け継ぎ，江戸時代の風情を残す歴史的景観を現代まで維持し続けてきた。明治以降の建築が大半を占め，江戸時代に建てられたものは少ないものの，山と川に挟まれた町並みは，まとまりのある宿場風景として魅力的であった。

かつてのイメージを気持ちの中に引きずりながら，3月11日の大震災後の津波襲来から4ヶ月が過ぎた7月に，復旧がなった気仙大橋に立った。そこから気仙川上流側の右岸を望むと，更地となった土地が広がり，瓦礫が幾つかに分かれうずたかく積まれた光景を目にするだけだった（写真4）。

江戸時代，三陸を襲った津波は主なものでも十数回，近代には明治29年と昭和8年の巨大な津波が三陸に押し寄せた。しかしながら陸前高田は，その長い歴史のなかで，今回のような壊滅的な被害を被ることはなかった。

津波の被害は，震源地がどこか，マグニチュードが何れくらいかで，津波の高さや強さが異なる。昭和8年の津波は広田湾入口近くにある只越《ただこし》で10mの高さの津波があり，高田の松原付近で4～5mと減じ，高田の松原が津波をくい止めた。今回の津波は，震源地から島や半島の障害物もなく，真直ぐに陸前高田に線を引ける。衰えることのない，15mの津波が陸前高田に押し寄せた。内陸の都市を守り続けてきた松原も，ただ一本の松を残し，他のすべてがなぎ倒された。国道45号線沿いに建つ鉄筋コンクリート造5階建て建物の最上階床上まで海水が達した。内陸に向かった津波は，海岸線から気仙川を6kmほど遡った。三陸の都市や集落の悲惨さは甚大なものがある。だが，この陸前高田の壊滅的な風景は言葉を失う。この状況とどう向き合うかが今問われている。

陸前高田の復興計画案

陸前高田の場合は，空間としての歴史を重ね，継承し続けた歴史都市だけに，ほぼ更地同然の状況から，今後どのように都市を再生させていくべきなのか，その方向づけには時間がかかる。加えて，今を生きる人たちの合意を得ながら，まちづくりを進めることは大変難しい課題である。しかもその更地となった場所には，歩んできた歴史とは全く異なる選択肢があり，住民の合意が得られれば，新たな選択も自由に選べる環境に今陸前高田が置かれている。注意深くことを進めなければ，重大なあやまちを犯す現状がある。

5月24日付の朝日新聞朝刊に，岩手県が東日本大震災津波復興委員会専門委員会での議論をまとめ，3つのパターンで復興計画の青写真を示した内容の記事が掲載された。その中で「市街地が全壊したパターン」は明らかに陸前高田をイメージされたものだ。断面で3つのゾーンに分けたうち，海に面したエリアは公園とし，公園内に防潮堤を設ける。防潮堤の高さは今回のものではなく，明治29年の百数十年に一度の津波を想定すべきとしている。中央のゾーンは商業地・工業地とし，避難ビル，土盛り形式の国道を整備することで防災対応する。山側のゾーンは，低地部分の一部をかさ上げし住宅地とする考えだ。

河川が持ち運んだ土砂の堆積でできた低地は，液状化する可能性が高く，いままでも数多く論じられてきた。また，盛り土は地滑りを起こすことも，過去の地震の解析で実証されてきた。低地の場合，堆積土砂がつくりあげた歴史によって，液状化する状況も異なる。例えば，何千年もの長い期間に積み重ねられた堆積土砂がつくる微高地は液状化しにくく，近年まで水田耕作をして，宅地転用された土地は液状化する可能性が高い。三陸でも，関東圏でも，そのような土地が液状化し，地下から水が吹き出すケースも見られた。しかも土盛りは，元の土と新しく盛った土との接合部分が馴染んでおらず，ただ盛るだけの土盛りは地滑りを起こす危険性が非常に高い。何年もかけて土を突き固める必要がある。

東京丸の内は，内濠周辺がかつての川の流れであり，軟弱な地盤である。その点を考慮して，三菱は明治27年に第一号館を建設する時から，液状化や土地の流動を避ける細心の地盤に対する見識と最新の技術を駆使することで，地盤を改良し，近代都市空間をつくりあげてきた。丸の内のビジネス街に最初に建てられた三菱第一号館の地下からは，建物を支える杭の他に，周囲を隙間なく埋め尽くした松杭が発見された。土地が液状化し，土地が流動することを避ける目的であった。丸の内は超がつく日本の一等地である。膨大な資金を投入しても，資金回収する目処がある土地でもある。そのような資金投入が陸前高田の広域で実現可能なのだろうか。その検討がなされなければ，危険な土地を増やすだけになってしまう。

問われる文化継承

陸前高田は，今回震源地に近かったこともあり，明治，昭和の津波に耐えた沿岸の松林と町並みが根こそぎやられ，壊滅的な被害を受けた。しかし，だからといって，400年もの間，町を守ってきたシステムを手放してよいのかという考えを強く持つ。

3月11日に被災した三陸の都市や集落を廻ってみて，人の営みや培ってきた文化が塗り込まれた環境を再構築する余地があって，はじめて被災した土地が再生されると実感する。単に津波に強い，防潮堤に守られた都市や集落を再構築するだけではだめだとも。

数十年に一度，百数十年に一度，千数百年に一度と言われる津波災害だが，数十年は建物の建て替えであり，百数十年は都市を再構築するスパーンである。400年の歴史に耐えたものなら，文化継承という意味だけでなく，持続可能な地域空間をこれから再構築していく上でも再現する価値があろう。そこに，不足している視点を補いながら，歴史が培った空間のアイデンティティを，いかにして復興に結び付け，再生していくのかという点で，今後の大きなテーマとなる。まして，千数百年に一度の地震津波となれば，まちづくり，地域の再生という点では未経験の歴史である。都市や集落の復興・再生には，空間の設計とともに，時間の設計が重要な考え方となろう。すなわち，完成したものを受け入れるのではなく，人の営みとともに都市や集落がかたちづくられていくプロセスが意味を持つ。

それには，陸前高田が微高地に400年の歴史を歩んできた自負を捨てない再生であってほしいとの願いが込められている。これは日本人が過去に最も怠ってきたことだが，日本の威信をかけて，風景構造の再現的試みも視野に入れ，江戸の町並みと今日に至るプロセスを再現するくらいの気概を示すべきである。三陸の復興・再生は日本が文化を継承できる国として再生する方向を示す上でも核心となる。

（5）災害で何を守るのか（問題意識5）

老人と子供たちのいる場

3月11日の地震発生は午後2時46分。まだ学校が下校前ということもあり，その後の津波でも多くの小中学生が避難して無事だったという新聞記事をよく目にした。津波で亡くなられた方の半数以上は65歳以上の高齢者である。

この度の津波は，養護老人ホームが海の近くの低地にあり，避難できずに逃げ遅れて亡くなられた方が多い。付き添った看護士など，関係する方も避難誘導時に亡くなっている。施設が山間部の斜面の多い土地では，外出もままならず，周辺の人たちとのコミュニケーションも薄らぐだろう。市街地に養護老人ホームがあるメリットは大きい。ただ三陸であるがゆえに，津波による施設立地，避難誘導のあり方が問われる。養護老人ホームが建てられていく時期は，1960（昭和35）年のチリ沖地震以降であり，養護老人ホームに関する仕組みのノウハウはすべて東京を中心とした大都市からのものである。大都市主導の経済性も優先して，風土にあった選択がなされていなかったように思われる。

一方7～18歳の若年層は，岩手県が2.1%，宮城県が4.3%，福島県が4.0%といずれも低い割合を示す（2011年4月10日付朝日新聞朝刊）。リアス式海

写真5　被災した大川小学校

岸の岩手県が低く，砂浜の海岸線が多い宮城県，福島県が高い。そのことは，海岸線から内陸へ広がる低地に多くの学校が立地しており，逃げる手立てを失った結果であることが考えられる。

それでは，身近に丘陵を持つケースもある宮城県はどうだったのか。北上川沿いを海に向かって車を走らせた時，被災した家屋や水田とともに，ゆったりとした北上川の流れでシジミの漁をする船が数艘見えた。のどかな風景だが，ここをものすごい速度と水量の津波が遡ってきたことを想像すると，身震いがした。石巻では，死者・行方不明者が約4千人にのぼる。そのなかで，石巻市立大川小学校の全児童の7割に近い74人が避難途中津波に飲み込まれ，死亡・行方不明になった痛ましい出来事があった（2011年6月4日付朝日新聞朝刊）。避難場所，避難誘導に問題がなかったのか。大川小学校は津波で飲み込まれたが，裏山に逃げた何人かの児童は助かったという（写真5）。大川小学校と同じような立地環境にあった学校も他にあった。周辺の市街とともに校舎自体も津波で甚大な被害を受けた門脇小学校（石巻市）や越喜来小学校（越喜来村）の児童が一人の犠牲も出さなかったと知るなかで，起きた被災だけに無念さが残る。

防災への薄れ

今回の三陸での大きな津波は，1960年のチリ沖地震から，すでに半世紀が過ぎていた。一般の方が撮影したビデオをインターネットで見ていると，迫力ある津波の映像に驚くとともに，津波が近づくにもかかわらず，意識せず立ち止まる人たち，車が津波の押して来る海側に向かって走る様子が同じ映像に収まっていた。

津波の襲来に備え，常日ごろ避難訓練を怠らない人たちと，無関心な人たちが同居する現実を目の当たりにする。津波に直面した時は，当事者の機転をきかせた優れた判断が意味を持つケースが多いが，同時に国，県，市町村，学校の防災に対する日ごろの姿勢が如実に現れる。しかも，末端にだけ押し付ければすむことではない。それはまちづくりの視点でもあり，近くの高台を日常的に訪れ，憩いの場とし，いざという時に反射的に行動できる仕組みが求められる。死なないまちのあり方が根底にあってこそ，豊かな発想が組み込まれた都市・地域像が描ける。

この度の津波は，人災で亡くなられた方たちがあまりに多過ぎる。いろいろな場面場面を見るにつけ，その思いを強くする。少なくとも，死なない都市や集落を前提に，それぞれの場所に生きてきた歴史を踏まえた復興のあり方を描くべきだと強く感じる。

（6）人々の営みの原風景（問題意識6）

雄勝には，600年以上前に伝えられたという雄勝法印神楽が，雄勝半島，雄勝湾を中心とした浜々にある神社で，毎年，あるいは数年おきに奉納される。雄勝の立浜にある北野神社では，旧暦3月25日（2月21日）の祭りの際に神楽が舞われる。立浜に隣接して，大浜が集落をつくる。その背後にそびえる石峰山山頂には，山岳修験者の霊場として古から守り伝えられてきた石神社がある。社伝によれば，およそ1800年前，神功皇后の時代の創祀とされる。御祭神は交通の安全を守る海の女神である宗像三女神の端津姫命《たぎつひめのみこと》を祀る。海上交通の発展により金華山と共に南三陸の漁場を守護し，漁師や養殖業者が信仰してきた。

歴史史料として定かではないが，このあたりは，縄文後期から地域文化の連続性を紡ぎながら，人々の営みの場を展開してきた。海の民と山岳修験者とが構築した集落空間の構図は，津波を受けながらも持続可能な場を形成する骨子が人々の営みの原風景として横たわっていたと考えられる。寺院に目を向けてみると，大浜と立浜のほぼ境界付近に1559年に天雄寺の末社として開山した龍澤寺がある。この寺院も，丘陵を背景に沢を取り込んだダイナミックな境内環境をつくりだす。その山門入口近くには，立浜の人たちの仮

写真6　立浜の仮設住宅

設住宅が建てられていた（写真6）。地域の歴史文化の関係性を垣間みる思いがした。

風を感じることのない平板な地図の上からイメージされた発想で，豊かな自然と，人々の文化が蓄積された場所を論じ，復興・再生に向けた計画が練られるべきではない。今回の巨大地震津波が現代の私たちに提示してきたことは，流域下水道，集約的エネルギーへの回帰ではない。多様性のなかにあるリスク回避の順応性，その思考がもたらす営みの持続性と文化生成の価値の蓄積である。それらに目を向けた，復興・再生のベースとする理念が必要である。しっかりと，自然環境と人々の営みの歴史を空虚な更地となったかに思える場に描きだす試みが，まずは基本的な出発点となろう。

2　三陸沿岸の地形と都市・集落（海側のかたちと陸側のかたち）

（1）海側の「かたち」

三陸の地理的特色

三陸の地理的特徴として，鋸状の凹凸のあるリアス式の湾がまず思い浮かぶ。内陸側からは北上山地が太平洋にせり出し，海岸線は鋸の歯のようにギザギザに入り組む地形構造をつくりだす。大小数多くある湾の水深は深い。このような地形構造を持つ風景が，北は宮古から南は牡鹿半島までに見られる。鋸状の凹凸があるリアス式の湾は，一つ一つがそれぞれに異なった形状だが，大別すると「V字型」と「U字型」にわけられ，ほとんどをこのかたちが占める。「V字型」の例としては，両石湾，綾里《りょうり》湾，唐丹湾，吉浜湾があげられる。「U字型」は，宮古湾，広田湾などがある。他に，本来水深が深いリアス式の湾にあって，湾の形状が奥に細長く，水深が浅い例もある。気仙沼湾，女川湾がそれにあたる。

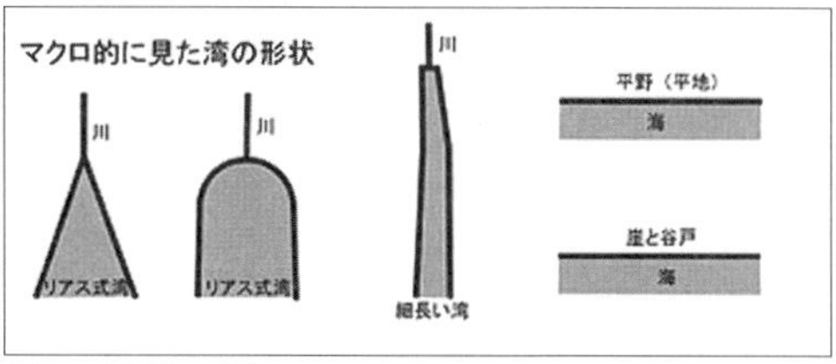

図３　湾形の分類図

一方，凹凸がほとんどなく緩やかな湾形を描く砂浜の海岸線がある。一つは，千葉県の九十九里浜，鳥取県の鳥取砂丘を典型とする砂浜の海岸線である。三陸では南側の仙台平野，石巻平野に面した海岸線に見られる。北では八戸以北にある。いま一つ八戸と宮古の間は，別の地理的環境を示す。三陸海岸の特徴である北上山地が海にせり出すが，リアス式の湾ではなく，海岸線の凹凸が少ない地形である。そのような地形に「直接外洋」に面する小さな湾が幾つもの小さなくぼみをつくる。

以上，おおむね5種類に三陸の湾形が分類できる（図3）。ただ，三陸の湾は複雑で，規模の大小，湾の内にさらに小さな湾があるなど様々で，きれいに分類することは難しい。大きな湾は，先に示した他，山田湾，船越湾，大槌湾，釜石湾，越喜来《おきらい》湾，大船渡湾，大野湾，志津川湾，追波《おっぱ》湾，名振湾，雄勝湾，鮫浦湾などがあげられる。大きな湾と言っても，さらに規模の大小がある。綾里湾や鮫島湾は規模が小さく，規模だけで見ると小さな湾として分類することもできる。しかしながら，その湾内に幾つかの漁村集落があり，小さな湾を持つ。この場合は，湾の地形上の仕組みから，大きな湾に位置付けがなされよう。

比較的大きな都市に目を向けて

これらの地理的環境から見えてきた湾形を頭に入れ，都市や集落を確認すると，比較的大きな都市の多くが，リアス式の大きな湾の湾頭部付近に位置してきたとわかる。近代に起きた三陸の地震津波では，石巻，女川，気仙沼，陸前高田といった比較的規模の大きな都市に被害がほとんどなかった。だが，この度の地震津波では大きな被害を受けてしまった。これが，近代に起きた三陸の地震津波と，この度の巨大地震津波と大きく異なる点である。

これまで三陸に起きた地震津波に関する資料を検証していくと，規模が大

図4　雄勝半島と牡鹿半島

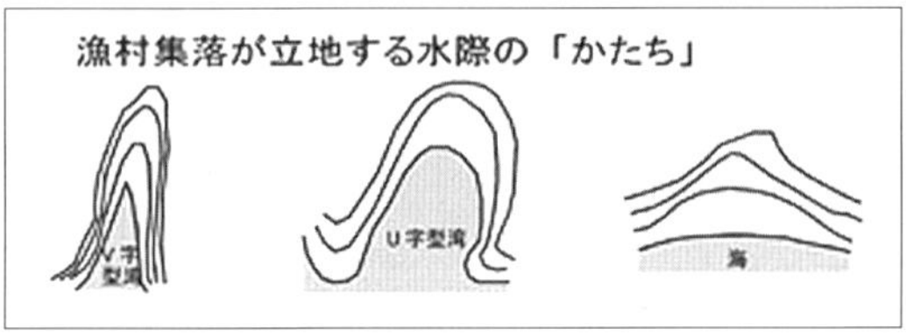

図5　3つの湾形

きく懐が深い湾のかたちは，津波の勢いを減退させ，比較的津波被害の少ない特色があった。むしろ，リアス式の湾で，津波が湾内に入って波高を増長させる現象は小さなV字型湾の特色である。だが，この度の地震津波に関して，規模の大きなリアス式湾では津波の勢いを減退させる機能を示せなかった。小さなV字型の湾で起きていた，湾が狭まることで波高を増長させるのと同じ現象を大きな湾でも大規模なかたちで起きてしまった。マグニチュード9.0の巨大地震が津波を運び込むエネルギー規模の大きさは，明治29年や昭和8年と比べ，桁違いであったとわかる。

（2）集落前面の湾形（雄勝半島，牡鹿半島を中心に）（図4）

湾形の分類

次に漁村集落が立地する小さな湾の形に目を向けると，いま一つ異なる水際のかたちがあると気づく。それらの湾形は，直接外洋に面していても，大湾の内にあっても，大きな差異はなく，おおむね「湾形Ｖ字」，「湾形Ｕ字」，「凹凸がない水際線（海岸）」の3つに大別できる（図5）。ただし，それらの湾形の規模には違いがある。リアス式海岸の特徴を示す湾は，比較的規模が大きいものから小さなものまで多様である。

「湾形Ｖ字」の場合は，外海に直接面しているケースが大船渡の綾里，大湾の内にあるケースが牡鹿半島の荻浜と小積浜である。「湾形Ｕ字」は，外海に直接面しているケースで大船渡の吉浜，大湾の内にあるケースで牡鹿半島の桃浦がそれにあたる。また，「湾形Ｕ字」に入れておきたいが，小さな半島状の自然の波止が両側から囲むようにして小さな湾をつくりだしているケースもある。外海に直接面しているケースでは，雄勝半島の熊沢，羽坂があげられる。大湾の内にあるケースとしては，名振湾内の船越，牡鹿半島にある石巻湾内の月浦，侍浜，狐崎浜，鮫浦湾内の祝浜である。

一方，「凹凸がない水際線（海岸）」は，2種類ある。一つは，海岸線からすぐに台地となるケースで，外海に直接面している。このケースは雄勝半島の大須，牡鹿半島の泊浜があげられる。いま一つは，海岸線が低地となっているケースで，大湾の内にある。このケースとしては，雄勝湾の立浜，大浜，石巻湾の大原浜があり，低地に平坦な土地を得やすいことから，比較的大きな集落を形成してきた。

良港の条件を備えた港

国土地理院がインターネットで無料配信する空中写真をつぶさに検討してみると，漁村集落が立地する地形形状は多種多様であった。このような異なる湾形を一つ一つ調べていて驚いたのだが，被災状況は別にして，一般的に良港と呼ばれる空間の仕組みが多く見られたことだ。毎年襲う台風，台風とは異なる時化《しけ》の恐ろしさもあった。それに加え，三陸では，地震津波が多い。

そのことを視野に入れると，三陸に港をつくる上で，良港の条件を選択することは重要な要件であったように思われる。

良港となる条件は，両側に小さな半島が囲むようにして入江をつくっていること，前面に前島があることなどがあげられる。船越（雄勝半島）は，両側からの小さな半島が波静かな入江（湾）をつくりだした。泊浜（牡鹿半島）と月浦（牡鹿半島）はしっかりと前島に守られている。ただ，泊浜（牡鹿半島）を除けば，他は壊滅的な被害を受けた。日本全体から見ると，三陸の特殊性があるのだろうか。そのあたりも含めて，漁村集落が立地する陸側の地形状況を詳細に分析する意味がでてくる。

（3）陸地部分の地形形状と集落（雄勝半島，牡鹿半島を中心に）

漁村集落が立地する6つの地形形状パターン

被災地を巡って感じたことは，港が置かれる水側の地理的環境に加え，水際から内陸に位置する都市や集落が立地する陸側の地理的環境を同時に把握する必要性である。この視点は，特に今回の震災津波で壊滅的な被害を受けた漁村集落を検証する上で重要となろう。すなわち，ほとんどの集落が壊滅的な状況であったが，それぞれに被災した内容が異なり，より細かな検証が求められるからだ。さらに，全て津波が押し流してしまった現場だけを出発点にすべきではない。自然と葛藤した過去の歴史，自然を享受して営まれた人々の歴史など，それら空間の履歴が読み込まれなければ，持続可能な将来像を描きだすまちづくりへと進展しない。遠回りかもしれないが，一度くぐり抜けなければならないハードルである。

今後は，海側と水際の湾の「かたち」との詳細な突き合わせをしていく必要があるが，まず陸地部分の形状を個別に分類しておきたい。陸地部分の形状は，3つの要素に分類される。1つは，集落を取り巻く地形形状で，「V字型に谷戸状のケース」と「緩やかに湾曲して取り巻くケース」との2つに分けられる。2つは，集落を海から背後の山に向かって断面を切った時の土地の高低差に関してで，「断面形状が低地であるケース」と「海岸線からすぐに台地となるケース」とがある。3つは，河川が流れ込んでいるかの有無である。

ただし，断面形状が海岸線からすぐに台地となるケースは，小さな沢があったとしても，河川が流れ込むケースはない。また，「緩やかに湾曲して取り巻くケース」には「海岸線からすぐに台地となるケース」がない。従って，具体的に想定できるパターンは5つとなる（図6）。

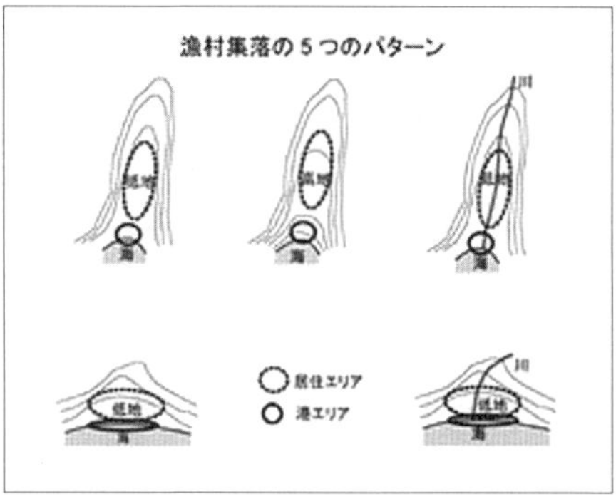

図６　５つのパターン図

1つ目のケースを見ていくと，「緩やかに湾曲して取り巻くケース」はほぼ大湾の内にだけ集落を成立させる特色がある。雄勝半島の名振浜，大浜，立浜，牡鹿半島の大原浜などがあげられる。一方の「V字型に谷戸状のケース」の場合を見ると，V字型に周辺を斜面に囲われた地形形状は，津波だけではなく，台風や波浪に対して，緩やかに湾曲して取り巻くケースに比べ対応しやすい環境をつくりだせる。これは，集落を立地させる基本条件として重要なファクターと言えよう。雄勝半島の船越，荒，桑浜，牡鹿半島の祝浜，竹浜などがあげられる。

2つ目のケースでは，日本の港町・漁村集落における立地形成の歴史的な背景が示されている。水際へ近づくことは，経済効果を高めるメリットと災害を受けやすいディメリットが同居する場である。災害を受けながらも，経済的価値を優先した結果が低地居住となる。土木技術の発展とともに，港町・漁村集落は低地への進行が進む。「断面形状が低地であるケース」は1つ目のケースとして取りあげた「緩やかに湾曲して取り巻くケース」と「V字型に谷戸状のケース」に重なる。「海岸線からすぐに台地となるケース」は，雄勝半島が大須，熊沢，羽坂，牡鹿半島が泊浜，新山浜である。雄勝半島・牡鹿半島では，このケースが1つ目のケースの「V字型に谷戸状のケース」にあてはまる。

3つ目のケースは，河川が運ぶ土砂堆積で，低地を生みだした結果，低地居住の土地が少ない三陸において，特に規模が大きい都市・漁村集落に見られる。陸前高田など，河川があることで，津波が内陸奥深くまで遡上した例が多く見られた。ここで対象とした雄勝半島・牡鹿半島では，雄勝湾の奥にある雄勝，牡鹿半島の鮎川，大原浜，谷川浜があげられる。

居住エリアにほとんど被害がなかった集落

以上3つの要素が組み合わされ，三陸の漁村集落の空間的特性が描きだせる。明治29年や昭和8年の地震津波では被害状況の差異を様々に見せたが，この度のマグニチュード9.0による巨大地震津波では，ほとんどが被災対象となってしまった。しかしながら，港や一部家屋の被害に止まった集落が皆無かと言えばそうではない。高地移転に成功した吉浜（大船渡市），姉吉（宮古市）は港以外の居住する集落に被害がなかった。

また，海側と水際の湾の「かたち」を問わず，陸地側の地形形状が谷戸状か緩やかに湾曲しているかを問うことなく，断面形状が海側からすぐ台地になるケースの被害が極めて少なかった。雄勝半島では，熊沢，大須であり，牡鹿半島で言えば，新山浜，泊浜がそれにあたる。それらの集落を訪れると，震災津波以前と変わらぬ集落風景で出迎えてくれた。ほとんど被災しなかった集落は，高地移転したわけではなく，最初から高地という地理的条件を選んで集落を形成してきた。しかも，最も津波の波高が高いと考えられる直接外洋に面する集落ばかりである。集落が高地にある優位性は明らかであろう。

3　3つの層から漁村集落の復興・再生を考える

（1）漁村集落を層として解析する

集落の復興・再生は，一律に規格化された計画にすべきではない。津波被害の常習地と，過去数百年の間にほとんど津波被害を受けてこなかった場所との違いを理解しておきたい。牡鹿半島で言えば，この度震災津波では，牡鹿半島の「表」（西側）と呼ばれる漁村集落に大きな被害があった。「表」は，これまであまり津波被害を受けてこなかった場所である。しかも，谷川浜，大谷川浜が位置する「裏」（東側）の津波被害の常習地と異なり，津波対応があまりなされてこなかった分，大きな被害をもたらした。

しかしながら，どの集落も標高10m以上のところへの浸水がなかったことは，考慮しておきたい。被災結果だけから，単に高い護岸で固め，ビルド化する復興であってはならないからだ。自然環境の上に，しなやかに営んできた人々の歴史を読み取る必要がある。その視点が重要であり，復興景気に便乗した仕組みづくりの流れは絶対に避けるべきである。

次の視点としては，港やその周辺が被害を受けただけで，多くの建物が無事だった集落の復興・再生のあり方である。被災地を訪れてみて，たびたび報道されてきた壊滅的な景色のすぐ近くの浜に，港以外はあまり被害を受けずに残る集落がいくつか存在する。被災から逃れた場所は，歴史の知恵が存在し続けてきた場所でもある。

一方被災したところでも，マグニチュード9.0と言う巨大地震に見舞われたにもかかわらず，10月に再訪した際には，小さな漁村集落の多くが僅かな水揚げだが元気に復活する兆しを見せていた。もちろん港自体は地盤沈下で効率的に使えないところが多いが，それでも日常の営みを自力で戻していくエネルギーに驚く。近代化によって巨大化した都市に比べ，小さな集落ほど回復が早いという現実を目の当たりにすると，近代がもたらした効率化とは，いったい何だっただろうと思わざるを得ない。

以上の視点を考慮しながら，今一度地理的環境との兼ね合いで成立してきた集落の営み空間を読み解く糸口を見つけることにしたい。ここでは，ベースとなる地形の上に成立した漁村集落における空間システムの復興・再生へ向けた概念形成として，3つのレイヤー「祭りの再評価と集落核としての神社，死なない仕組み」(第1のレイヤー)，「生活の仕組みをつくる方向性，中世以前の集落空間と高地移転」(第2のレイヤー)，「港湾の再興，港の最小限被害の工夫」(第3のレイヤー) に分け，その特性とあり方を検討する。その上で，3つのレイヤー構造の柔軟な関係性の再構築を図る手立てを明らかにし，漁村集落の復興・再生の道筋を示すことにしたい(図7)。

ここで扱う漁村集落の基本地形は，この度の地震津波で甚大な被害を受けた，小さな湾を持ち，地形形状が谷戸状に奥に入り込む，断面形状が低地の

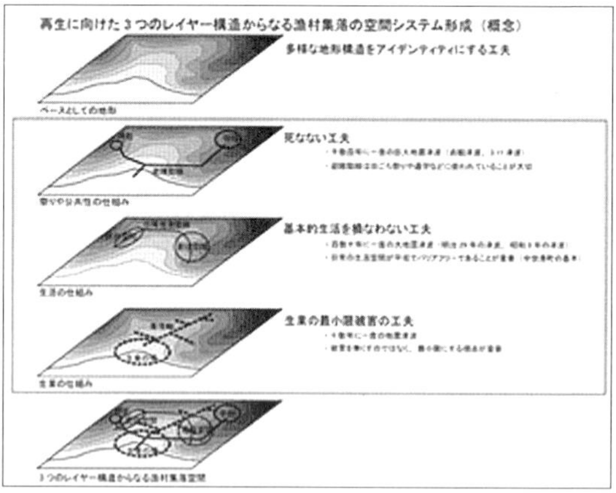

図7　3つのレイヤーの図

ケースを検討対象とする。具体的な事例検証というよりは，基本的な考え方を示すことに力点を置くことにした。今後は，3つのレイヤー構造に照らし，ひとつひとつの漁村集落を丁寧に分析していくことになる。

（2）祭りの再評価と集落核としての神社，死なない仕組み（第1のレイヤー）

被災するまで永々と文化を築きあげ，維持し続けていた三陸の被災地を歩いてみて，経済効率の上に乗った文化は持続可能なものかという疑問がより強くなった。文化を生まない経済がまことしやかに現代を席巻し，これが3月11日の地震以降問われるようになった。

たとえば祭りを見るとよくわかる。地方の大きな祭りは，観光＝経済ベースを抜きにしては語れない現状がある。しかし，それはあくまでも観光に訪れた人に見せる祭りである。もともと場所にあって，地域の人の命を守り，営みを紡ぐ祭りではない。歴史的には，地域の連帯を深める祭りの存在がある。近年，そうした地域の祭りの意義が薄れつつあったが，3月11日の巨大地震によって，それが問い直されようとしている。文化は経済の上に成り立つものではなく，あくまでも場所に根ざした文化があってこその経済である。

先述の雄勝には，600年以上の歴史をもつ神楽が伝わっており，1年を通じて場所と日時を変えながら祭りで神楽が催されてきた。この祭りの基本は人に見せるための祭りではなく，あくまでも地域の人たちのための祭りである。そのことによって地域の絆を深め，文化を生みだす基幹となってきた。

祭りのあり方を歴史的に遡って検証することも，災害で「死なない」仕組みを考える一つである。これからの集落には，その土地ならではの記憶や文化の継承，そして自律性といったものが求められる時代といえるし，それをベースにした集落の「死なない」工夫を現代的なまちの再生に織り込む試みが必要となろう。

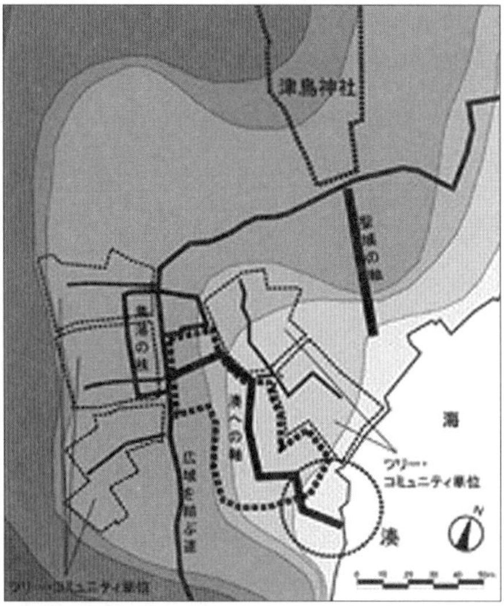

図８　中世真鶴の基本構造

津波が来襲する恐れがある地域でのまちづくりは，少なくとも，20分くらい自力で走って逃げられる安全な高台の存在が重要である。今回も，江戸時代に風や波の様子を確認するための場所だった日和山や高台にある神社に逃げて助かった人が多数いる。ただ時代が進むと，坂を登るのが大変だからと，高台にある神社を低地に下ろしてしまった地域もでてきた。地震津波，あるいは水害に襲われる可能性のある地域では，今一度，高台にある神社の意味を問い直してみる価値が大いにある。

日々坂道を上っていくことはしんどい。だが，少なくとも年に１～２回の祭りのたびに神社を訪れる習慣。つまり，祭りを通じて避難経路を家族全員，近所の人々同士で確認する意味があるからだ。やはり体で覚える仕組みであることが大切である。

（3）生活の仕組みをつくる方向性，中世以前の集落空間と高地移転（第2のレイヤー）

雄勝半島や牡鹿半島で津波被害が比較的少なかった漁村集落をよく見てみると，じつは中世の集落の形を残したまま今日に至る場所が多いことに気づく。港と集落を結ぶ水際線と，そこから奥に延びる坂道を木の根と幹に見立てると，その先に分散する枝に例えられる小さな道は比較的平坦であり，小さな道を取り巻くようにコミュニティ単位を形成する。日常的な移動に関しては平坦である場合が多く，港と個々のコミュニティを結ぶ動線も単純明快である。典型的な例としては，神奈川県の真鶴があり，現在もこの中世的空間システムが脈々と残り続ける（図8）。

東日本の太平洋側沿岸部でも，このような空間システムを基本に成立してきたと思われる漁村集落が見受けられる。雄勝半島の大須や牡鹿半島の泊浜といった集落は，地形的な制約があるが，中世真鶴の基本構造をつくりだしてきた類似性を感じさせる。しかもこれらは，津波被害が比較的少なかった集落の一つである。港町や漁村の空間システムとしての良さは，古代・中世の空間構造を生かしたまま集落が新たに形成された点にある。すなわち，中世以前の空間の記憶が残り続けていることだ。近世以降につくられた町が被害を受けても，その背後に中世以前の町が控え，多層構造によって被害を抑える効果がある。これらの集落は，近代的な港をつくるには不便な場所が多く，近代化から切り捨てられてきたからこその知恵が残り続けたといえる。これからは，被害に遭わなかった集落と，被害にあった集落との比較研究が意味を持ってこよう。

被災した漁村集落の居住部分の復興を考える時，高地移転は重要検討課題であることに間違いはない。しかしながら，歴史的文脈が伴わなければ，風土の解体を同時に意味する。それは，明治29年，昭和8年の地震津波後に試みられた高地移転計画の成功例が少ないことが示している。また高地移転した人たちが不便さのあまり，再び低地居住に戻ってしまった例も多々ある。これは単に経済を優先したと一方的に切り捨ててしまう問題ではない。高地移転のあり方とおおいに絡み合った結果である。

すなわち，高地移転は，地理的環境，経済的優位性だけでなく，津々浦々の歴史が培ってきた文化環境，人々の営みに見いだされる空間の価値にてらし，組み立てられなければならない。従って，ハード面だけの高地移転だけではなく，ソフト面も含めた，総合的な集落空間のあり方を検討するなかに，高地移転の方向性が見えてくる。

（4）港湾の再興，港の最小限被害の工夫（第3のレイヤー）

被災した港をどう考えるべきか。それには，まず数十年に一度起きる地震津波の規模を想定した対応を視野に，生業の仕組みを考えておくことが賢明であろう。巨大な地震津波が来るか，来ないかではない。

被害を無くすのではなく，最小限にする視点が重要である。例えば，福島第一原発の一つの欠落点は，津波より，竜巻を視野に入れたアメリカ合衆国の仕様で，地下に設備の主要な部分が置かれていたことである。津波による海水で，設備機器が不能になった。時代を遡った関東大震災前の丸の内では，日本郵船や丸ビルの建設のために，地震の起きにくいニューヨークの仕様がそのまま採用され，地震で建物が大きなダメージを受けた。これらは，場所に建つという考えが欠落した結果であり，大きな被害となった。

三陸の漁村の港に建つ施設を考えた場合，塩水に浸かるという前提条件が満たされていなければ意味をなさない。漁村集落の港の復興・再生は，場所に合った港機能をいかに設計し得るかである。そのような配慮があれば，設備投資の更新との兼ね合いとも関係づけができる。たとえば，港の設備投資を計画的にずらす広域的な視点も入れられる。それは，一様に被災したとしても，資金的にも地域連携での復興プログラムが描けるからだ。今回の被災で乗り越えなければならない課題は，浜同士の対立的感情が課題となるが，それを薄らげるべき方向にシフトする共有の理解が必要となってこよう。

4　おわりにかえて

東京という首都の眼差しからは，地方の中核都市，数万人程度の都市，あるいは数千人，数百人規模の集落が，人口減少し高齢化の一途をたどる衰退するエリアに映る。表層の経済価値のみで評価した時，首都と地方の格差は歴然としている。だがこの度の東日本大震災で明らかになったことは，エネルギーをはじめ様々な面で東京を支えてきた東北地方の存在である。東京のこれまでの繁栄は数世紀前のヨーロッパが植民地支配から得た繁栄と似た構造にあったと気づかされる。

高度成長以降の経済神話は，「寄らば大樹の蔭」的な意識を植え付けてきた。その結果，莫大なお金が地方に流入した。しかしながら，大都市に流れ込むお金の規模からすれば微々たるもので，代償として失ったことの方が遥かに大きい。また，金の落ち方にも問題点があった。いわば，落下傘的な資本の注入は経済効果として地域への波及性に乏しい。原発が巨大産業であったにもかかわらず，地元への効果はばらまかれたお金以外微々たるものであった。この度の地震津波災害の復興・再生は，小さな漁村集落に立って，考えていくことが最も望まれることであるし，その方向性を見失ってはならない。

●参考文献

朝日新聞記事（2011年3月11日～12月31日）

「宮城県に影響を及ぼした地震・津波の被害」気象庁仙台管区気象台，ホームページhttp://www.jma-net.go.jp/sendai/jishin-kazan/higai.htm

山口弥一郎著『津浪と村』（1943年発行／石井正巳・川島秀一編，三弥井書店，2011年）

「災害を乗り越える都市・大丸有」に向けて――3.11がもたらした教訓から都市の防災・減災を考える〉インタビュー：岡本哲志，インターネット配信「丸の内地球環境新聞」2011年12月13日から配信 http://www.ecozzeria.jp/shimbun/reports/eco-mirai-kaigi/saigai_okamoto_1/1.html

季刊誌「city & life no.101」都市のしくみとくらし研究所，2011年9月

季刊誌「city & life no.102」都市のしくみとくらし研究所，2011年12月

岡本哲志『「丸の内」の歴史　丸の内スタイルの誕生とその変遷』ランダムハウス講談社，2009年9月

報告書「海岸線の形状及び海底の深浅と津浪の加害状況」（震災予防評議会，昭和8年）

岡本哲志『港町のかたち　その形成と変容』（法政大学出版局，2010年2月）

岡本哲志「真鶴の空間変容システムと原風景――港町における構造のサステイナビリティと構成のコミュニケーション――」（建築雑誌総合論文誌第10号『場所性・地域継承空間システムと都市・建築のフロンティア』日本建築学会，2012年1月，p59～62）

雄勝町史編纂委員会『雄勝町史』雄勝町，昭和41年

牡鹿町誌編纂委員会『牡鹿町誌　上巻』牡鹿町長安住重彦，昭和63年

国土交通省都市局『東日本大震災による津波被災現況調査結果』平成23年8月

西村幸夫監修『日本の町並み3　関東・甲信越・東北・北海道』平凡社，2004年

岩村和夫他編著，東日本大震災と，三陸海岸における津波被害履歴の文献調査報告書「津波被害集落の高所移転を巡る歴史的考察」株式会社岩村アトリエ，東京都市大学大学院環境情報学科岩村和夫研究室，平成23年4月15日

「三陸津浪に因る　被害町村の復興計画報告書」内務大臣官房都市計画課，昭和9年3月

第6章　3.11ボランティアの「停滞」問題を再考する

――1995年のパラダイムを超えて

仁平典宏

1　1995と2011――統治の転換と二つの震災

（1）「新しい公共」と阪神淡路大震災

ある年の数字は別の年の記憶と繋がることがある。2011年は何もなければ，「2001年の〈9.11〉から10年」という年になるはずだった。だが〈3.11〉は，予期していなかった年の記憶を呼び戻した。1995年――阪神淡路大震災の年――である。この二つの震災は，決定的な差がいくつもあるにも関わらず，事あるごとに比較された。ボランティアやNPOなど市民セクターの動きもそのテーマの一つである。本章の課題は，1995年に比べ，今回「ボランティアが低調だった」理由として提起されている三つの仮説について検証し，それを通して1995年以降の地域政策及び市民社会政策が社会に与えた影響の一端を考察することである。よって本章は，個々のボランティアやNPOの事例に焦点を当てることなく，全体像を遠写することを試みる。それが，今後の公共性のあり方や東京／東北の関係を問い直す上で有効だと考えるからである。

さて今回の震災では，政府が，既存の政権以上に市民セクターを重視した。ピースボートを設立した辻元清美をボランティア担当の首相補佐官とした上，内閣官房震災ボランティア連携室を新設し，派遣村村長にして反貧困ネットワークを主導してきた湯浅誠を室長に据えた。2011年3月30日には，支援団体のネットワークである「東日本大震災支援全国ネットワーク（JCN）」を民間主導で立ち上げた。2012年1月20日現在で712団体が加入しており，支援団体と関係省庁との協議の場を定期的に設けているほか，様々な情報提供・交換が行われている。

政府が市民セクターの活用を掲げた背景には，民主党が結党当時から市民セクターの活性化を自らの政策的支柱の一つに据えてきたことがある。その中心的な旗印が「新しい公共」であった。鳩山由紀夫元首相がマニフェストや所信表明演説でも掲げ，「市民，ＮＰＯ，企業などが積極的に公共的な財・サービスの提供主体となり，教育や子育て，まちづくり，介護や福祉などの身近な分野において，共助の精神で活動する」(2010年6月新成長戦略)ものとされる。菅政権の下で発表された「新成長戦略」には，2020年までに個人寄付額を10倍に増やすことや，社会参加の割合を2倍にすることなどの具体的な目標が掲げられている。

その「新しい公共」が，自らの原点と位置づけるのが，阪神淡路大震災でのボランティア活動である。この時は，はじめの2ヶ月で100万人を超えるボランティアが被災地で活動し，「ボランティア元年」と呼ばれることになった。ここで重要なのは，それがその後の統治モデルの転換を正当化する象徴的な言説資源となったことである。ボランティアの活躍は，政府や行政の「失敗」と対で語られた。行政は，公平性に拘泥する余り，迅速な物資配布ができないことが問題視された。仮設住宅への入居も「公平」なクジで行い，その結果かつてのコミュニティは分断され，後の孤独死を引き起こしていったことが批判された。ここから「発見」された知見は，次のようなものである。行政は，形式的／手続き主義的平等を重んじるあまり，個別のニーズや承認のニーズを充たすことができず，そのようなニーズを抱えた人々を排除してしまうリスクがある。これに対し，一人一人の固有の思いや生に柔軟・迅速に応えることができるのは，市民の活動でありそれが織りなす関係性／共同性である――。この認識は，阪神淡路大震災支援の経験から生まれた多くの良質のボランティア論に共有されている（柳田・似田貝2006など）。1998年には，そのようなボランティア活動を含めた任意の市民組織が取得できる法人格を新設した「特定非営利活動促進法（NPO法）」が成立した。この法律は，震災前からも一部の政党や関係省庁で検討が始められていたが，「ボランティア元年」を経て審議が加速した。

古いシステムの限界を打破する市民の自由な活動——当時この物語は，震災支援という文脈を超えて欲されていた。戦後に形成された日本の仕組みの転換期だったからだ。それがどのようなものだったのか，そこで市民セクターはいかなる位置価が与えられていたのか，次に見ていきたい。

（2）統治の転換と二つの震災

1995年以前の世界を再訪しよう。

戦後日本の急速な経済成長は，官僚主導の産業政策によって可能になったと指摘され，この政治と経済とが密接に連関する統治モデルは開発主義と呼ばれる。この体制の中で社会保障は後回しにされるが，それを補完したのが私的セクターである。男性正社員に家族賃金と雇用保護を与える企業福祉と，性別役割分業を前提に女性を無償のケアの担い手とする家族福祉とが，低水準の社会保障機能を代替した。これは日本型生活保障システム（大沢2005；宮本2009）と呼ばれる。自民党はこのようなライフスタイルを「標準」としたが（1979年「日本型福祉社会」），その限りにおいて生活上のリスクは抑制された。これに加え，地方には公共事業や地方交付税という形で再分配が行われた。

以上の仕組みは，次の二つの問題を抱えていた。第一に，普遍性の欠如と個別主義の跋扈である。政府に保護される産業とされない産業の間の，あるいは開発の恩恵を受ける地域と受けない地域の間の差異を広げた。それは利益誘導政治への親和性を生み，政治への不審を強める結果にもなった（宮本2009）。さらに日本型生活保障システムは，正規雇用／非正規雇用，被用／自営，男／女などの間で，ライフチャンスの差異や相互不信を生んだ。特に「標準」以外の生活をリスクに満ちたものにしたことは，その後の非正規雇用の問題に繋がる。第二に，人々の自律性や「自由の感覚」を抑圧するものだった。過剰な行政の統制・指導は，福祉機能は「小さい」国家を「大きな」存在と認識させることにもなった。さらに，日本型生活保障システムが「標準的」ライフコースを基盤とすることで，実質的にそれ以外の生き方を抑圧する息苦しい標準回帰圧力（「よい学校入ってよい会社」「女性の幸せは結婚」など）を伴うことになった。

戦後から50年目の1995年は，このような開発主義＝日本型生活保障システムモデルの転換に関する象徴的な年である[1)]。この年に日本経営者団体連盟（日経連）が出した「新時代の『日本型経営』」は，終身雇用や年功賃金制を否定し，雇用の柔軟化・流動化と「標準」的ライフコースの解体を図るものだった。さらに1998年の橋本政権下で開始され，小泉政権下で本格的に進められていくネオリベラリズムによって，開発主義からの決別も図られていく。これは，官僚の過剰統治の解体と行政コストの削減をめざすものだったが，ここで官僚主義に対置されたものは市場であった。ネオリベラリズムは，政府や社会を市場のイメージで再構築することをめざす。この政治思想が，規制緩和・民営化・社会支出の抑制といった政策的選択肢と結びつき，周知のようにゼロ年代の格差や貧困の拡大を生んでいく。

ネオリベラリズム的政策が，地方に与えた影響も大きかった。都市／地方間格差を軽減していた公共事業や地方交付税・国庫補助負担金などは削減され，代わりに市町村合併と「財源なき地方分権」という処方箋が与えられた。ちなみに，それを準備する合併特例法の改正も1995年である。1999年4月から2011年末までに1500を超える市町村が消え，地方公務員も1995年から2008年の間に328万人から290万人に減少した（総務省「平成20年地方公共団体定員管理調査結果」）。国に地方が統治される地方分権は重要な理念だが，再分配の縮小と連動する限り，高齢化が進む地方の衰退に拍車をかけることになる。

このような衰退する地域を活性化するものとして期待されたものこそ，「市民セクター」である。「新しい公共」は民主党の専売特許ではない。自民党の安倍・麻生政権下では「新たな公」が掲げられ，2008年からは国土交通省が「『新たな公』によるコミュニティ創生支援モデル事業」を開始していた。これは国土開発の中心にNPOや住民の活動を位置づけようとするものである。民主党の「新しい公共」はこれらの本歌取りという面もある。鳩山由紀夫は，首相の所信表明演説の中で「市民の皆さんやNPOが活発な活動を始めたときに，それを邪魔するような余分な規制，役所の仕事と予算を増やすためだけの規制を取り払うことだけ」と述べ，内閣府に設置された「新しい公共」推進会議も，ネオリベラリストと市民主義者の混成体という側面がある。両者は，政府の役割を限定・縮小を志向する点で共闘しうる（仁平2011a; 2011b）。公務員の削減を目指す「減税日本」の「市民委員会」のプログラムが，「新しい公共」的な地域自治イメージと重なるのは偶然ではない。

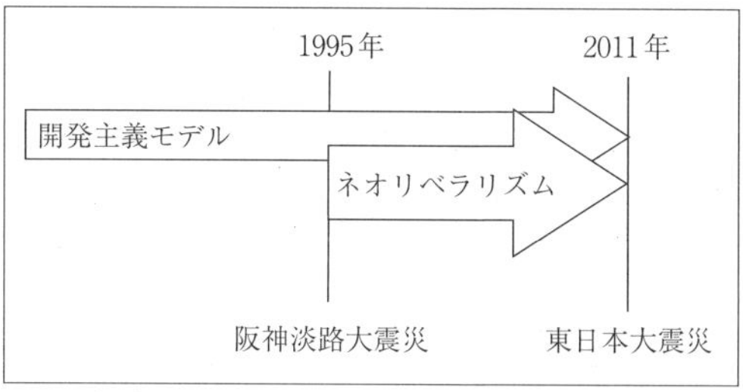

図１　統治モデルの転換

このように振り返ると，1995年の「ボランティア元年」は，開発主義からネオリベラリズムの転換を，象徴的に示しているように思える。それは市民セクターの活性化が時にネオリベラリズム的統治と共振するためだけではない。「活躍する民間（私）と，機能不全に陥る行政（公）」という構図自体が，これを期に広く流布していくのである。阪神淡路大震災は開発主義の果てに生じ，東日本大震災はネオリベラリズムの果てに生じたと言えるだろう（図1参照）。震災における市民セクターの動きを考える上でも，以上の差異を押えておく必要がある。我々は1995年＝阪神淡路大震災のパラダイムの何を引き継ぎ，何から距離を取るべきか――この問いを念頭に置きつつ，「低調なボランティア」という問題を考えていきたい。

2 〈出来事〉への無力感と1995年のパラダイム
――「低調なボランティア」をめぐって

前述のように，阪神淡路大震災のボランティア活動は，「活躍する民間（私）と，機能不全に陥る行政（公）」という図式を定着させた。行政の管理を超えて自由に活動するボランティアのポテンシャルが高く評価された。支援活動に従事した村井雅清（被災地NGO恊働センター代表）はボランティア活動の本質を「何でもありや！」と表現し，草地健一（阪神大震災地元NGO救援連絡会議）は「いわれなくてもするが，いわれてもしない」と表現した（村井2006）。もちろん，ここで言われる「何でもありや！」は無秩序の推奨ではない。個々人が自発的に活動をしても，連携や秩序が成り立つ事への信頼が存在しており，ハイエク的な自生的秩序のイメージに近い。

今回はどうだったろうか。一見，この「1995年のパラダイム」の延長上にあるようにも見える。原発事故対応や復興の遅れを巡り政府に対する不信は最高潮に達する一方，復興特区に代表されるように民間の力に対する期待は極めて大きい。市民セクターの活躍も日々メディアで報じられ，阪神淡路大震災後にNPO法ができたように，今回は早くも，税制優遇される認定NPO法人の設立要件を緩和するNPO法改正や，NPOへの寄付優遇税制の拡大を盛り込んだ税制改正法が成立するなど，市民セクターの制度的強化も図られた（2011年6月）。

しかし，その枠組では捉えられない部分も存在している。

まず始めに，阪神淡路大震災の時とは逆に，今回多くの市民はすぐに動けなかった。発災後すぐの非被災地を思い出してみよう。テレビで繰り返し流れる津波の映像に衝撃を受けつつ，同時に自分たちも放射能や生活物資不足への不安に苛まれていた。同時に何もできなかった。ボランティア活動をするにも，現地に入るすべもなかった。あるいは「現地に入って迷惑かけないこと」こそが，唯一の貢献活動とされた。物資も現地で受け入れ体制が整わなかった。募金については，赤十字や共同募金会の義捐金ならいいが，個別のNPOへの寄付は詐欺かもしれないので控えることすら喧伝された。空間的な分断の中で，東北では寒さに震える無力な被災者と，祈るしかない無力な市民とが配置されていた。誰もが何かしないと思い，しかし何もできなかったあの時の無力感――。

一方で発災当初は，自衛隊，警察，消防職員などが献身的な英雄として描かれた。政府ですら，当時テレビで頻繁に登場した枝野官房長官の人気が上昇するなど[2)]，――今となっては信じがたいが――民主党が息を吹き返すのではないかという誤認が生じるほどだった。

この「活躍する公と無力な私」という阪神淡路大震災とは反対の感覚は，ほどなく消え去っていく。しかし当初の無力感は，どこかで今回の我々の震災経験を規定していないだろうか。その痕跡の一つは，今回ボランティア活動が低調だった記録という形で残っている。発災後一ヶ月間に，社会福祉協議会を通して現地でボランティア活動した数は，阪神淡路大震災の7分の1程度の約10万人だったのである。

この「低調なボランティア」をめぐって，我々の無力感は二つの方向でこじれを見せた。一方で，現地の行政に対して，ボランティアや支援物資を受け入れないことに対する抗議が殺到した。他方で，「ボランティア」に対するシニカルな反応が見られた。「ボランティアは自己満足で被災者の迷惑になるから止めろ」「最後まで責任を負えないのならやるべきじゃない」といった発話が飛び交い，現地で活動してきたボランティアのブログが炎上するようなことも起こった。阪神淡路大震災で語られたボランティア迷惑論が，今回は当初から広く人口に膾炙していた。この二つの現象は，現れ方としては正反対である。だが両方とも〈出来事〉に十全に関われていないという焦りと無力感を共通の根としている。ボランティアバッシングですら，ボランティアが自分と異なり〈出来事〉に参加できている（ように思える）ことに対する奇妙なルサンチマンと境位を接していた。これは，自分も何か役に立ちたいと思う結果ツイッターでデマを拡散させてしまうという類の，行き場のない善意が引き起こした混乱の一つであるように思われる。

〈出来事〉に参加できないのは行政が規制しているからだ――これは我々が1995年に学んだことだ。今回の「ボランティアの低調問題」に対しても，同じ旋律が奏でられる。例えば前述の村井雅清は，阪神淡路大震災のボランティアには「自発性，創造性，独立性」があったが，「最近はVC（引用者注：ボランティアセンター）に行けば何とかなると思っている。あまりにマニュアル化され，システムの中にはまってしまっている」と述べ，ボランティア迷惑論についても，「一度に来て困るのはボランティアを管理しようとするＶＣであり，被災者ではない」として，「「県外お断り」と言われようと，自分で判断して動くボランティアは押しかけて良い」と述べている（朝日新聞

2012年1月13日朝刊)。朝日新聞の社説では,「県外からのボランティアを一時制限したことが,出だしのつまずきにつながった。被災地の社会福祉協議会の受け入れ態勢が一部で整わなかったからだ」と述べ,「公共性を重視する社協の対応は柔軟さに欠けるきらいがある」としている(朝日新聞2012年1月16日)。災害ボランティアセンター(以下,災害VCと略記)は社会福祉協議会(以下,社協と略記)が開設することになっているが,社協は社会福祉法人とはいえ半官的な性格を持つため,行政が孕む欠点を共有すると見なされる。ここにあるのは,民間(ボランティア)が機能しないのは行政が足を引っ張るからという認識であり,これは1995年のパラダイムそのものである。

しかし,2011年を経た今行うべき事は,〈出来事〉の意味を1995年の文脈に回収することなく,むしろその文脈自体も検討の対象にしながら考えることではないだろうか。以下では,「ボランティアの低調」の「原因」としてこれまで語られてきた三つの仮説について検討する[3)]。

第一に,地理的要因が原因とする仮説がある。そこでは,被災地の「遠さ」も含めた交通アクセスの困難さと,原発の「近さ」がボランティアを抑制したと説明される。これは,ボランティアに行く側に照準した説明である。

第二に,先程から取り上げているように,行政や災害VCによる規制や囲い込みがボランティアを抑制したという仮説がある。これはボランティアの受け入れ側に照準している。

第三に,現地でのボランティア活動を支えるNPOが少なかったという仮説がある。ここには多くのNPOの経済的自立できておらず,日本の市民セクターが成熟してないという含意がある。これは,ボランティアを媒介する側の照準したものである。

このうち,第二と第三の仮説は1995年のパラダイムと関連している。第二の仮説は先述の通りだが,第三の仮説は,日本のNPOが行政に依存しがちなことを批判し,経営体として経済的自立を求めるもので,政府機能の縮小を求める第二のスタンスと接続することもある。以下の3つの節では,上記三つの仮説がどの程度妥当するのか試論的に検討していきたい。

3　遠い東北――第一の仮説をめぐって

ボランティアが抑制された第一の理由として挙げられるのは，アクセスの困難さである。これは議論の余地はない。沿岸部の路線は壊滅し，道路も寸断されていた。東北自動車道は動いていたが，緊急車両用で一般の車は走れなかった。ガソリンも不足していた。一般の車は4号線で北上するしかなかったが激しく渋滞していた。それは主に現地に商品を運搬する商用車だったが，これ以上現地の物流を滞らせないためにも，ボランティアが各々車で被災地に入ることは慎む必要があった。発災直後のボランティア自粛論は一定の合理性があったのである。この状況は3月24日に東北道が一般車に開放されるまで続いた。

困難なのはアクセスだけではない。ボランティアの宿泊場所を確保することは更に難しかった。現地に宿泊施設はなく，後背地の主要な宿泊機関は，自衛隊，マスコミ，政府関係者などが抑えていた。

このような状況は被災地に共通のものであった。「一般のボランティアが立ち入るには危険な地域が多かったり，ライフラインの復旧に時間がかかり，4月になって災害ボラセンを立ち上げたところもあるなど，広くボランティアを募集するのが困難な地域が多かった」（全社協・全国ボランティア市民活動振興センター2011）。当初，ボランティアとして活動していたのは，自ら被災しつつ泥出しなどに関わった地元住民が多かった。

一方で，この状況は地域差としても表れる。図2は，被災三県のボランティアの数の推移を示したものである。参考として阪神淡路大震災の発災後のボランティア数の推移も示してある[4)]。

特に当初，ボランティアの少なさに悩まされたのは岩手県である。沿岸部に行く手段が極めて限られており，ボランティア数は被災三県で最も少なかった。4月の時点で，岩手県の地域福祉課の課長は，人や物資の多くが宮城県で止まって岩手まで来ないことに強い懸念を示していた。一方で宮城県は，相対的なアクセスの良さにより，他の県に比べ当初から2倍ものボラン

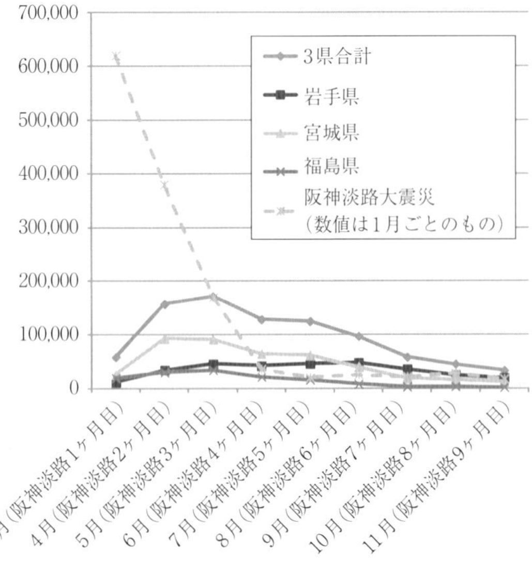

図2　ボランティア数の推移

注）被災三県のグラフは，全国社会福祉協議会「災害ボランティアセンターで受け付けたボランティア活動者数の推移（仮集計）」から，また阪神淡路大震災のグラフは，兵庫県県民生活部生活文化局生活創造課「阪神・淡路大震災　一般ボランティア活動者数推計」から，それぞれ作成。

ティアが来ていた。3月下旬から被災者が浸水した自宅に避難所から戻る中で，泥だしなどのニーズが多くなり，それまで以上のボランティアを募集するため，県内外問わず広く募集を開始し，そのなかでボランティアバスが有効に機能し始めた。この状況が夏前まで続く。福島県は，首都圏からの近さもあり，3月こそ岩手に次ぐボランティアの動員数を誇っていた。しかし原発事故の影響で翌月から激減し，現在に至るまでボランティア不足が最も深刻である。

地理的要因は，市町村のボランティア数の差異もある程度説明する。表1と図2は，岩手県市町村の災害VCを介して活動したボランティア数（一日平均）の月ごとの推移を示したものである。

3月は，被害の大きさとボランティア数が必ずしも一致してないことが分

表1　月ごとの一日あたりボランティア数（平均）の推移・ボランティア数累計・死者行方不明者数（岩手県被災市町村）

	宮古市災害VC	大船渡市災害VC	陸前高田災害VC	釜石市災害VC	大槌町災害VC	山田町災害VC	野田村災害VC	久慈市災害VC	岩泉町災害VC	遠野市災害VC	盛岡市災害VC
3月平均	51.6	49.4	29.6	161.1	7.7	0.0	93.0	55.3	28.7	48.3	18.9
4月平均	99.8	101.2	113.4	147.4	229.0	89.9	156.7	5.1	22.9	117.2	26.5
5月平均	107.9	137.9	281.3	150.7	296.0	114.8	84.3	0.6	9.7	261.4	31.7
6月平均	120.5	116.7	343.3	151.1	251.2	148.6	51.5	1.5	3.5	192.7	18.1
7月平均	101.9	124.0	483.7	157.6	263.0	153.2	51.2	0.2	2.7	156.7	8.5
8月平均	53.1	123.3	550.7	170.9	258.5	126.8	37.1	0.0	10.7	206.0	43.9
9月平均	31.3	138.2	417.3	149.1	178.1	72.3	5.4	0.0	0.0	199.3	34.9
10月平均	33.1	57.5	361.1	64.7	81.1	65.8	0.0	0.0	0.4	136.7	24.3
11月平均	26.0	55.7	261.5	62.8	61.5	40.3	0.0	0.0	0.7	140.1	26.4
ボランティア数累計（11月末まで）	18380	27116	86344	35072	49500	24543	13155	1386	46	44079	6858
死亡者・行方不明者数（太平洋沿岸地域のみ）	534	427	1852	1056	1307	769	38	4	7		

	奥州市災害VC	花巻市災害VC	北上市災害VC	一関市災害VC	八幡平市災害VC	二戸市災害VC	雫石町災害VC	滝沢村災害VC	紫波町災害VC	金ヶ崎災害VC	軽米町災害VC	洋野町災害VC
3月平均	92.0	18.9	0.0	5.4	0.0	0.0	9.1	4.0	19.0	0.9	2.1	1.0
4月平均	61.8	4.4	8.8	6.5	1.8	0.0	0.4	5.3	15.6	1.4	2.2	1.9
5月平均	40.2	2.5	12.9	6.7	2.3	1.0	0.0	0.0	5.7	3.2	0.0	0.4
6月平均	34.6	2.8	15.7	6.6	6.3	4.2	0.9	10.7	0.4	5.6	0.0	0.4
7月平均	7.2	0.6	13.3	4.3	1.7	0.0	1.5	4.9	0.1	1.3	0.0	0.0
8月平均	23.4	0.0	14.0	2.5	0.0	0.0	2.2	5.0	0.0	2.0	0.0	0.0
9月平均	28.8	0.0	13.6	1.3	0.0	0.0	2.0	3.8	0.0	0.3	0.0	0.0
10月平均	31.5	0.0	6.3	2.9	0.0	0.0	1.6	5.3	0.0	0.1	0.0	0.0
11月平均	18.1	0.0	4.9	2.6	0.0	0.0	0.0	2.6	0.0	0.0	0.0	0.0
ボランティア数累計（11月末まで）	9407	710	2731	1130	371	157	454	1227	1057	394	111	103
死亡者・行方不明者数（太平洋沿岸地域のみ）												

かる。陸前高田市，大槌町，山田町などでは被害が甚大だったにもかかわらず，3月中はボランティアは極めて少なかった。その一方で，野田村，久慈市，奥州市，遠野市といった相対的に被害の小さい地域や，内陸部の自治体でのボランティアが多い。野田村には三陸鉄道の復興支援列車で久慈市から入ることができたほか，北部の被災地には八戸など青森経由でも入ることができたことが影響していると考えられる。

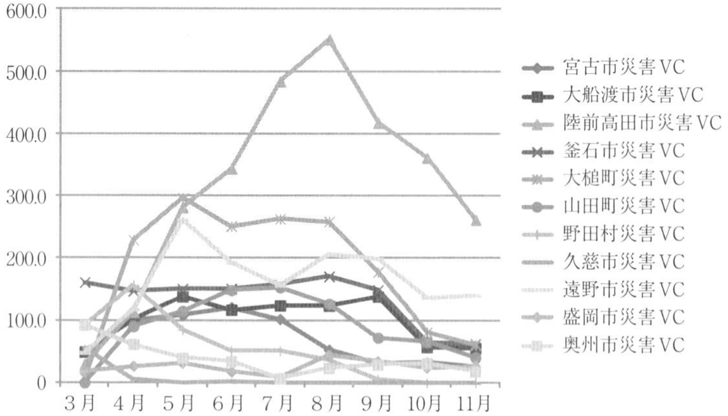

図3　月ごとの一日あたりボランティア数（平均）の推移（岩手県内市町村災害VC）

内陸では遠野市が卓越した役割を果たした[5)]。3月27日には市社協，青年会議所，内外のNPOが協働で「遠野まごころネット」という組織を作り，全国からのボランティアの受け入れと沿岸部への派遣を精力的に展開していく（村井2011）。4月8日には日本財団の資金協力のもと，50人規模のボランティアが宿泊できる施設を作るなど，アクセスの問題の解消にも積極的に取り組んだ。その結果，様々な支援団体も遠野に事務所を置くなど，岩手県における被災地支援の一大拠点となっている。

被害が大きい沿岸被災地でも，釜石市はボランティアが当初から活動できていた。3月18日から盛岡からのバスが復旧し，ＪＲ釜石線も4月6日という早い時期に釜石駅まで開通するなど，比較的アクセスしやすかった。その一方で，陸前高田市や大槌町などは，現地に行く手段が限られていた。

ちなみに地理的要因は，阪神淡路大震災におけるボランティア活動のありようも規定している。阪神淡路大震災では発災直後にボランティアが集中したが，阪神電車が翌日には甲子園駅まで，26日には東灘区の青木駅まで復旧したことが大きい。また振り替え輸送なども盛んに行われていた。つまり，非被災地に滞在しながら活動を行うということが可能だった。逆に言えば，限られた地域に大量のボランティアが集中しやすい構造があった。その後急激に減っていったのも特徴的である。大量のボランティアによる活躍・混乱と急速な減少——これが阪神淡路大震災におけるボランティア活動の特徴であり，その後のボランティアのイメージの基にもなっている。限られた地域に1ヶ月で60万人以上のボランティアが集中する状況は，行政や社協が到底処理できるものでなく，「何でもありや」という形で対応するしかない。

しかし，ボランティア経験も豊かな社会学者の新雅史（2011）が指摘するように，個人ボランティアが現地で活動するインフラが——食料やトイレも含めて——全くない今回の被災地の状況では，「「押し掛けボランティア」が被災地に大量に集まっていれば，食糧不足などの混乱が生じた」恐れがある（新 2011：210）。また活動上のリスクも高く，無邪気にボランティアの現地入りを称揚できないジレンマもあった。「何でもありや」というボランティアの自発性と善意に全幅の信頼を置く議論は，普遍的な命題と言うより，個人ボランティアがある程度自由に活動しうる環境を前提として成り立つ議論であるともいえる。

4　行政の弊害？——第二の仮説をめぐって

（1）行政機能の損壊

前節で見たように，今回の「低調なボランティア」は，まずは地理的要因が大きい。問題はそれに加えて，社協をはじめとする行政がボランティアを抑制したと，どの程度言えるかである。結論から言うと，確かに行政の混乱はボランティアの受け入れの妨げとなったと思われる。だがそれは「官僚主義的な行政による抑圧」というストーリーとは別のレベルで考えられる必要がある。

第一に，今回は災害VCを設置する社協自体が多く被災していた。再び表1を見てみよう。今回岩手県で最も被害が大きかった陸前高田市と大槌町は，初動のボランティア数は極めて少ない。これはアクセスの困難に加え，どちらも社協が壊滅的な被害を被ったことに起因するところが大きい。陸前高田市では，市職員の約3分の1に当たる113名が犠牲になり，社協と共に活動する民生委員・児童委員も83人中のうち11人が亡くなっている。生き残った職員は被災者支援に集中する必要があり，ボランティアへの対応は後回しになった。発災後3週間経って，ようやく市の民生委員・児童委員の理事会が開催されたが，この頃，全国から集まり出したボランティア団体はどの地区に行って何をしたらいいのか迷っている状況だったという（佐川編2011）。その後，民生委員が各地区を回ってニーズの把握をし，社協が災害VCを開設してボランティアの割り振りを開始する[6)]。これに対し，同じ沿岸被災地の釜石市では，14日には災害VCを設立し，15日から活動開始している（佐川編2011：62）。釜石も含め当初は市内の市民しかボランティアとして受け入れられなかった限界はあるとはいえ，表1に見るように，初期の段階からのボランティア活動を成功させた。

表2 宮城県における災害ボランティアセンターの開設日

仙台市	青葉区	3月20日
	宮城野区	3月15日
	若林区	3月16日
	太白区	3月19日
	泉区	3月27日
石巻市		3月16日
塩釜市		3月14日
気仙沼市		3月28日
名取市		3月18日
多賀城市		3月18日
岩沼市		3月13日
東松島市		3月19日
亘理町		3月19日
山元町		3月12日
松島町		3月16日
七ヶ浜町		3月15日
女川町		3月17日
南三陸町		3月26日

宮城県においても同様である。宮城県では，特に気仙沼市，南三陸町，女川町などで社協に甚大な被害があったが（全国社会福祉協議会制作企画部広報室2011），それらの地域では表2に見るように，災害VCの開設日が遅い。初動においてボランティアが効果的に動けるかどうかは，このように社協の物理的損壊とも関係している。

このような災害VCが機能し始めるには，外部からの協力が重要であった。陸前高田市の場合は，災害VCの立ち上げやニーズ調査において，隣接する住田町の社協の協力があった。このような社協間支援は県内だけでなく全国的に展開された。3月15日には都道府県・指定都市などの社協職員の派遣が決定され，17日より派遣が開始された。表3に見るように，2ヶ月間で述べ1万4千人の社協職員がサポートに入っている。

表3　全国の社協職員の派遣状況（2011年3月17日～5月16日）

	担当ブロック	ボランティアセンター関係			生活福祉資金関係	
		延べ人数	一日平均	最大時	延べ人数	最大時
岩手県	関東ブロック（B） 東海・北陸ブロック	4,449	72.9	104	ボランティアセンター関連業務と同じ	
宮城県	近畿ブロック 中国・四国ブロック	6,091	99.9	128	464	44
福島県	関東ブロック（A） 九州ブロック	2,094	34.3	50	945	32
合計		12,634	207.1	282	1409	76
総合計		14,043				

（全国社会福祉協議会制作企画部広報室 2011）

さらに，災害VCが活動する上で重要な役割を果たしたのは，経験や資力のあるNPO・NGOである。遠野市の遠野まごころネットが，社協と被災地NGO協働センターなどのNPOとの連携で立ち上がったのは先述の通りである。また宮城県の南三陸町では，壊滅的なダメージを受けた社協に代わって，社協の近畿ブロックチームが災害VC設立・運営の支援をしたが，それに加えて海外での教育支援を専門とする認定NPO法人「学校をつくる会」が重要な役割を果たした[7)]。また最大の被害を被った石巻市は，行政・NPO・大学など様々なアクターが協力して，「石巻モデル」と呼ばれる効果的なボランティア活動のスキームづくりに成功した（中原2011）。

既に様々に指摘されているように，社協はそもそも災害対応の専門ではなく，災害VCのベースとなるにも限界がある。その運営に経験豊かなNPO・NGOが災害VCの設置・運営に携わることは意義が大きい。だが，ここで重要なのは，社協職員も被災地の住民であり，時に被災者自身だということである。被災地の主体性を重視するなら，外部のNPOが主導するより連携の上で行われる必要がある。特に，既存の地域のつながりが強い地方では尚更である。ニーズ把握の上でも，地域をよく知る地元の社協職員や民生委員などの果たす役割は大きい。

このように，今回の行政は過剰統治というより，損壊による混乱が問題だったように思われる。この点について，先述の南三陸町の災害VCでの出来事を思い出す。ボランティアは足りているかと聞く筆者に対し，活動を開始したばかりの新人コーディネーターは「十分足りている」と答えた。すかさず，ベテランのコーディネーターが横から口を挟む。「ボランティアが圧倒的に足りない現状が見えないほど，コーディネートが追いついていない状態なんですよ」。十分量のコーディネーターが丁寧に聞き取れば，無数のニーズが発見されていく。それに応じてボランティアに仕事をマッチングさせることができる。だが，ニーズは聴き取られなければ「存在」しないことになる。行政機能の損壊は，聴き取る回路の主要な一つが喪失したことを意味する。だが，その損壊は，津波だけが原因だったのだろうか。

（2）平成の地域政策と東日本大震災

様々な困難の末，災害VCは多くの自治体で3月中に開設されていくが，外からの受け入れは進まなかった。この中で，現地の行政や社協に抗議が，時間を問わずに全国から寄せられ，不眠不休で被災者救援に当たっている公務員・準公務員が対応に追われる事態となった。言うまでもなく職員も被災者だが，「公務員」というだけで無条件で批判の対象となるかのようなネオリベラリズムの文法がここにはある。

だが公務員をバッシングする「気分」は，それ自体，行政機能の損壊と同一平面上にないだろうか。今回の東北の被災地は，津波によってのみならず，1990年代後半からの地方改革や公務員改革によって，すでに衰弱させられていたからだ。

平成の大合併の目的の一つは，管理業務を一つに集約することで職員数や経費を削減することにある。先述のように地方公務員は削減され，社協の数も1999年から2007年までの間に約4割減少している（全社協地域福祉推進委員会企画小委員会・合併後の社協の経営に関する検討作業委員会2007)。これら一連の改革は，特に合併によって周辺化された地域を，災害に対して脆弱なものにしていた。合併された旧自治体の行政や社協は支所化され，統廃合が規定路線とされている。小規模自治体の場合，行政や社協は地域住民とも密な関係を築きやすいが，広域化はその前提を失わせる。さらに，中心部が優先される一方，周辺化された地域は要望や支援も後回しにされがちになる。

例えば，宮古市では，災害時に行政機能を中心部に集中させるため，職員は本庁舎に全員集合・待機させられた。一方で，宮古市に合併された田老町は，合併前には100人弱の職員がいたが，今回，田老の避難所の運営に当たった職員は30人程度にすぎず，交代も応援もなかった。本庁からの応援も正式なものではなく，田老は地元の職員が自発的に手伝うという形を取っていた。田老出身の職員は「ある意味，ぼくは見放されたと思っている」と述べている（宮古市職員労働組合2011）。

また石巻市においても，合併された北上町や雄勝町などについては，しばらく市も状況がつかめず支援も滞っていた。北上町では支所の庁舎が海に呑まれ17人の職員が亡くなっていた。その中で地元の保健師が救援に当たっていたが，合併前に4人いた保健師は合併で3名に削減され，そのうち1名も津波によって亡くなっていた。保健師の数は全国的には増加しているが，地域によっては減少している。宮城県で災害医療に関わっているある医師は，「平成の大合併は，地域の自治力を萎えさせ，県の県民に対する生存権保障をも危ういものにしている」（村口2011：25）と指摘している。

今回被災地支援において，ボランティアや物資の届くところと届かない所があったが，それは市からも認識されないこのような周辺化された地区が多かった。石巻市の雄勝町では，本庁舎のある地区は優先的に携帯電話が回復されたが，支所しかなかった雄勝では1ヶ月も繋がらなかった。そこでは支所が流されて行政機能が失われ，人口の流出や自治会の解散などが激しい。しかし，支援や復興の視線は中心部に向いているため雄勝のような旧町地区の復興が遅れているという（葉上2011）。各自治体の復興計画でも，中心市街地には記述が費やされているが，周辺部の記述が極めて薄いことも多い[8)]。

市民セクターを活性化させるはずだった「行政の縮小」は，地域によっては誰にとっても――ボランティアにとっても――負の帰結として回帰している。その取り残された地域を優先的に支援することができるのも市民セクターの強みではあるが，それとは別に，周辺部の住民の社会権は公的に保障される必要がある。この捻れを，〈3.11〉以後に生きる我々は自覚しなくてはならない。

5　贈与経済の二重構造――第三の仮説をめぐって

(1) 点の支援と国内NPO

ここまで「低調なボランティア」の背景について，ボランティア側と受け入れ側という二つの立場に注目して見てきた。本節では，両者を媒介するNPOに焦点を当てる。代表的なNPO研究者である田中弥生（2011）は，「低調なボランティア」の原因をNPOに求める興味深い議論を行っている。田中によると，2011年5月時点で現地で活動している320のJCN加盟のNPOのうち，ボランティアを募集している団体は50に満たない。田中は日本のNPOが，行政からの助成や事業ばかりを重視し「市民とのつながり」を軽視してきたため，一般ボランティアを受け入れないのだと主張する。彼女によると，ここにNPO法以降の市民セクターの課題が端的に現れているという。この議論は重要な論点を提起している。また，NPOが行政の委託や補助金に頼る構造を批判し，経済的自立を重視する点で，1995年のパラダイムを正統に継承している[9)]。

だがこの文脈でNPOを批判することは，若干酷ではないかという感もある。今回，震災支援を行った市民団体・グループの多くは元々財政基盤が脆いところが多かった。多くの団体では，少数のメンバーが携行缶に入れたガソリンを積んで現地入りし，小規模な点の活動を展開したケースが多い。だが点の活動であっても，ネットワークとして大きな役割を果たした。その代表的なネットワークが，冒頭に出てきたJCN（東日本大震災全国支援ネットワーク）である。JCNは行政への要望なども行ったが，真の意義は団体間の情報交換と連携にあったと考えられる。特に大きな役割を果たしたのは，日々大量の情報がやり取りされていた，加盟団体のメーリングリストだった。どの避難所で何がどれだけ不足しているのか現地で活動する団体から情報が寄せられ，それを提供できる団体がピンポイントの支援に応じた。この種のやり取りが無数に展開された。

その一方で，確かにボランティアを大量に募集・派遣し，コーディネーションやリスク管理を単独で行える団体は，連合や青年会議所などの全国組織を除くと，日本財団，ピースボート，IVUSAなどわずかなものに限られていた。多くの団体は，それだけの経済的・労力的余裕がない。それは，「市民とのつながり」を重視するか否かとは別の問題である。

もちろん震災という非常時においては，NPOを支援する援助スキームが立ち上がる。募金には，被災者に直接配分される義捐金とNPO等を支援する活動支援金があるが，活動支援金はNPOが事業を行う上で決定的な役割を果たした。とはいえ小規模なNPOが多くの寄付を集めることは難しいため，NPOの中間支援機関から支援金の分配を受けることが現実的な選択肢となる。この代表的なものとして，日本財団の「災害にかかる支援活動助成」，共同募金会の「災害ボランティア・ＮＰＯ活動サポート募金」，ジャパン・プラットフォーム（JPF）の「共に生きるファンド」，日本NPOセンターの「東日本大震災現地NPO応援基金」などがあった。それぞれ助成予定総額は，日本財団が約6億6千万円（終了），日本NPOセンターが1億4千万円（2011年12月末時点），共同募金会が約31億円（2012年1月時点），JPFが10億円など大きなものである。

このようなNPO支援のスキームの整備は，1995年の遺産の一つであり，市民セクターの成熟の一つの表れでもある。だがこれらのスキームは，発災直後のNPO活動を支える上で必ずしも十分とは言い難かった。第一に，発災後すぐに使えるスキームは限られていた。日本財団は4月11日，日本NPOセンターも4月中という比較的早い段階に一回目の助成団体を決定したが，共同募金会は5月末，ＪＰＦも5月半ばであった。第二に，一件あたりの助成金額が大きくなく，件数も少なかった。それぞれの一回目の助成実績を見てみよう。日本財団は33件と多いが1件あたり100万円であった。日本NPOセンターは4件で100～200万円。共同募金会は，短期活動に平均21万円（22件），中長期活動でも平均246万円（80件）である。JPFは1団体平均527万円と比較的大きいものの8件に留まっている。これらの助成金もほとんどが被災者に直接裨益する活動に使われ，ボランティアを派遣する事業に用いられるケースはわずかであった。費用対効果を考えると無理はない。

つまり，平均的なＮＰＯ・市民団体は，経済的・人員的余裕はなく，活動を支えるスキームはあるものの，100万円程度のものが大半だったのだ。これは「点の支援」には適しているものの活動の規模を制限する。そもそもNPO法は，自治体の補完機能や，介護の受け皿としての機能を期待されて作られたもので，自治体や国の枠を越えて大規模な活動をするNPOを育成する意図はなかった。さらにNPO法制定の過程において，自民党は，NPOを無償のボランティアが担うものと捉える傾向すらがあった。現在，NPOの多くが小規模のまま留まっていることにも，1995年以後の市民社会政策が影を落としている。

（2）面の支援と国際NGO

多くのNPOは小規模で，それを支える資金スキームも十分でない。その一方で，阪神淡路大震災の時とは比較にならないほど，大きな役割を果たしたNPOもあった。それが国際NGOの領域である。

先述の田中弥生（2011）は，一般ボランティアを受け入れている例外的なNPOとして，認定NPO法人の「難民を助ける会」を挙げている[10)]。海外での災害支援等を主要な活動とする国際NGOだが，東日本大震災でも発災直後から活動を展開しており，炊き出し活動などに一般ボランティアが参加している。同会は1万人以上から寄付を集めているが，そのような「市民とのつながり」によって培われた財政的な蓄積と「ボランティアを受け入れるための体制やマネジメント力」によって，ボランティアの受け入れが可能になったとしている（田中2011：36）。

この指摘は重要であるが，同時に次の点も考慮する必要がある。難民を助ける会は，炊き出しのみならず，本来政府が果たすべき社会権保障の機能を実質的に代替するほど大規模な活動を行っていたこと，それを可能にする膨大な資金は，一般の寄付ではなく，固有の資金スキームから獲得していたことである。この点を掘り下げることで，現在の日本の市民セクターに見られる二重構造と，その含意について考えていきたい。

難民を助ける会は，震災発生2日後から被災地入りし，仙台市と盛岡市に事務所を開設し，宮城県，岩手県，福島県，山形県で活動を続けている。特に支援の手が届きにくい障害者，高齢者，在宅避難民を主な対象としており，現地事務所では，震災によって職を失った現地の人を40名程度雇用している。具体的な活動内容は下記の通りである（難民を助ける会ホームページ「東日本大震災：震災から10ヵ月――これまでの活動実績」2012年1月16日より）。

1　福島県の仮設住居・借り上げ住居に入居する全世帯（約35,000世帯）への生活必需品支援
2　福島県南相馬市への給食支援（約2,800名）
3　福島県相馬市への転入生徒へジャージと副教材代金の支援
4　福島県相馬市の子どもたちの精神的ケア
5　「地域みんなで元気になろう」プロジェクト（約3,000名を対象に，マッサージと健康体操や心のケア，地域交流イベント）
6　支援物資の配付（のべ1,382ヵ所　約82,292人）
7　炊き出し（のべ73ヵ所 約25,671食）
8　障害者・高齢者施設の修繕支援（約50ヵ所の施設で修繕や機材の提供）
9　車両の提供（16の福祉施設に提供）
10　福祉作業所商品の販路拡大支援（11箇所を支援）
11　コンテナハウスプロジェクト（44棟を設置）
12　「手作りトートバッグで被災地を応援しよう」プロジェクト（2,781個を配布）
13　被災地へやさしいきもちとチョコレートを届ける「まごころキャンペーン」
14　チャリティコンサートの開催（49種類227点の楽器（3,500万円相当）を寄贈）
15　「被災地へ温泉を運ぼう」プロジェクト（終了：計6ヵ所に対して日曜日を除く毎日配湯され，1日500～600人の被災者の方々が入浴）
16　巡回バスの運行（2011年6月4日で終了：2箇所で1日1～2便運行。

延べ750人が利用）

17　巡回診療・保健活動（終了：817名に対し医師による診察。387名に対し看護師による巡回訪問）

18　衛生活動（終了：25箇所の避難所で，約1,000人を対象に実施）

まず，これらの活動の規模に注目しよう。1では福島県の全ての仮設住宅に，日本赤十字社から支給されるいわゆる「日赤六点セット」以外の必需品を配布した。6の支援物資の対象者数も多いが，そこには人工呼吸器や発電機なども含まれている。8の被災した福祉施設の修繕も一箇所あたり数百万円はかかる。

この団体は発災直後，宮城県庁で担当職員から，全ての福祉施設に対する訪問による安否確認と物資配布の依頼を受けた。県はこの時，電話での安否確認しかできない状態だったという。岡本仁宏（1997）は，政府とボランティアとの関係を論じた重要な論考の中で，政府が権利の実現に最終的な責任を負うのに対し，ボランティアは非権利領域の実現に努める役割があると指摘している。だが難民を助ける会は，社会権の保障という政府の機能を，実質的かつ広範に代替していたということができる。

これらの活動はどれくらいの資金で可能になるのだろうか。2011年度の難民を助ける会の収入は，臨時の東日本大震災関連収入だけで約22億円にのぼっており，これは小規模な被災自治体の予算（例えば，岩手県野田村の2009年度歳入は32億円）と比べられるほどの規模である。市町村や県にとって，この一NGOが無視できない存在であることは想像がつく。

国際NGOの中には，このような怪物級の団体が存在する。これは，国際NGOが，通常のNPO政策とは異なるルートで発展してきた事とも関係する。NPO法の制定においては，先述のように国を超えて活動する団体には照準が当たっていなかったが，それが逆に，独自の官・民連携の仕組みの構築に繋がった。

その嚆矢は2000年のジャパン・プラットフォーム（JPF）の設立にある。これは外務省，経済界（経団連1％クラブ）が資金を出し，加盟するNGOが，

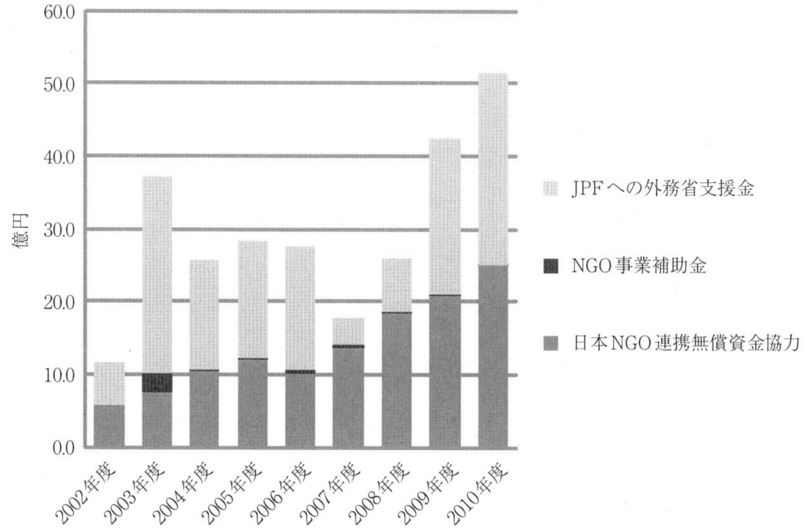

図4　外務省のNGO関連予算の推移

海外での災害発生時に迅速な緊急援助活動を可能にするシステムであり，現在33の団体が加盟している。さらに外務省は，2002年から「日本NGO連携無償資金協力」（N連）を，2003年からは「NGO事業補助金」を開始する。図4にみるように，外務省によるNGO関連予算は増加している。

この背景には，NGOを介することで，相手と円滑に交渉・支援できるケースがあることを外務省が認識し，有効なパートナーとして位置づけるようになったということがある。ただ別の見方もできるだろう。図4は，ODA予算と日本NGO連携無償資金協力の額の推移を示したものである。ODAは1997年をピークとして，橋本内閣が発足する1998年から急落している。その分NGOへの助成は増加しているとはいえ，規模が全く異なる。つまり，NGOへの政府資金の流入は，グローバルレベルの再分配の放棄と表裏となっていると言えるのだ。

とはいえ，その資金が，市民セクターにとって巨額なものであるのも間違いない。JPFは，東日本大震災のために69億円の資金を集めている（2012年3月12日現在）。そのうち10億円は先述の一般のNPO向けの「共に生きる

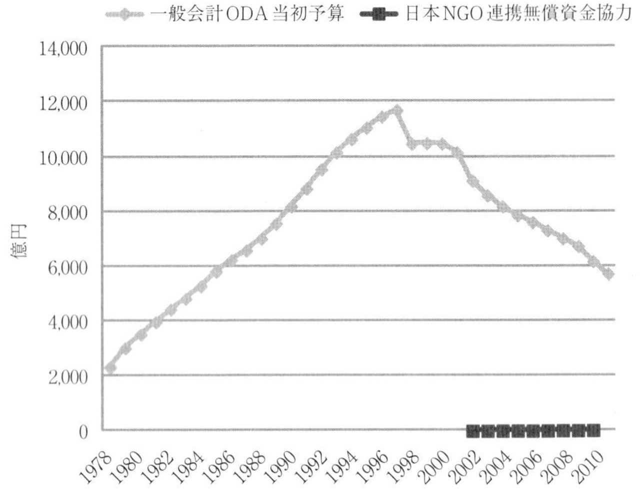

図5　ODA予算とNGO助成の推移

ファンド」に配分され，残りをJFPに加盟する33団体で活用することになる。JPFに加盟している「難民を助ける会」の迅速かつ大規模な支援も，上記の構造と密接に関連している。

国際NGOが使える資金スキームはこれだけではない。実は今回，東日本大震災向けに海外の財団が様々な資金スキームを準備している[11)]。国内の募金や寄付が時間と共に減少していく中で，これら海外の助成団体の役割は大きくなっている。だがそれらはグローバルな競争的資金としての性格を持ち，申請から資金獲得に至るまでには，高い英語力と厳格な事業計画・評価に耐えうる書類の作成能力が必要とされる。これらは，絶えず海外の団体と交渉している国際NGOにとってはアクセスが容易だが，国内のみで活動するNPOに開かれたものではない。ゼロ年代に入ってからグローバルな贈与経済市場が形成されつつあるが[12)]，そこにアクセスできる団体は限られてくるだろう。

そしてその経済構造は，決定過程にも影響しうる。表4は，2011年9月8日に開かれた宮城県第2回被災者支援連絡調整会議に参加したNPOの情報である。国際NGOが並んでおり，さらにJPFに関連する団体の比率も多い。

表4　宮城県第2回被災者支援連絡調整会議　NPO側参加者の所属団体

	主な専門分野	JPF関連／または構成団体	本部が宮城県内
レスキューストックヤード	災害復興支援		
ホープワールドワイド・ジャパン	子ども遊び支援		
東日本大震災全国ネットワーク	中間支援		
パーソナル・サポートセンター	就職・生活支援		
アクアゆめクラブ	地域スポーツ支援		○
日本赤十字	中間支援		
せんだい・みやぎNPOセンター／みやぎ連携復興センター	中間支援／復興		○
ジャパン・プラットホーム／みやぎ連携復興センター	国際NGO／復興	○	
石巻災害復興支援協議会／ジャパン・プラットホーム	国際NGO／災害	○	
ジャパン・プラットホーム	国際NGO	○	
ジャパン・プラットホーム	国際NGO	○	
ジャパン・プラットホーム	国際NGO	○	
難民を助ける会	国際NGO	○	
国際交流協会ともだちin名取	国際NGO		○
国際協力NGOセンター	国際NGO		
アドラジャパン	国際NGO	○	
アジア日本相互交流センター	国際NGO		

その一方で，本部が宮城県にある団体は3つしかない。残りの団体のほとんどは東京に本部がある。

同様に表5は，2011年8月24日に開かれた宮城県子ども支援連絡会の出席者の所属機関である。やはり東京に本部がある国際NGO及びJPF関連団体の比率が多い一方，本部が宮城県内にある団体は一つに留まる。

資金規模の大きな団体は，活動の質量の大きさによって，自治体にとって無視できない存在になる。一方で，多くの国内の団体は，限られた資金スキームの中で，限定された点の支援を行っている。このような贈与経済の二重構造とでもいうべき状況は，今回の東日本大震災で初めて顕在化した。しかしそれは，現地の団体が決定過程に十分加われていないという意図せざる帰結とも繋がっている。東京／東北というコードは，市民セクターの二重構

表5　宮城県子ども支援連絡会出席者所属機関

	国際NGO関係	JPF関連／または構成団体	本部が宮城県内
災害子ども支援ネットワークみやぎ			○
プランジャパン	○		
セーブ・ザ・チルドレン	○	○	
ジャパンプラットフォーム（JPF）	○	○	
カリタスジャパン	○		
ワールドビジョンジャパン	○	○	
日本赤十字			

造と交錯しつつ，緊急支援・復興支援という局面でも回帰するかのようだ。

以上見てきたように，多くのNPOがボランティアを派遣できる余力がなかったという仮説は十分支持できる。だがそれはNPOが「市民とのつながり」を軽視するということ以上に，NPOを取り巻く制度的環境によるところが大きいように思われる。

6　結語にかえて

本稿では，「低調なボランティア」という言説を対象として，それを説明する三つの仮説について検討してきた。その結果は繰り返さないが，そこには確かに行政の機能不全や，NPOの財政基盤の弱さという要因が関係していた。だが，それは1995年のパラダイムの単純な反復ではない。現状を変えるためには，1995年のパラダイムからの切断も必要とされるだろう。

さて，本稿では，主に緊急支援段階の市民セクターの動きに注目したが，現在は既に次の段階に移って久しい。ボランティアは2011年の夏頃から減少の一途をたどっているが，それは支援が必要なくなったことを意味しない。今後は，復興の過程で取り残されがちな社会的に弱い立場の人たちに対する支援や声の媒介が必要になる。特に今回論じられなかったが福島では放射能を巡る固有の問題も深刻である。もちろんそれも外部主導の支援ではなく，現地の人々の活動を側面支援する形で行っていくことが重要である。

緊急段階・復興段階のいずれにおいても，行政は公平性や「標準」を重んじる余り個別のニーズや「生の固有性」に対応できず，市民セクターはそこに寄り添うことに意義があるという1995年の発見は，重要な教訓であり続けている。バリアに満ちた避難所に障害者や高齢者が留まることができず，ライフラインが復旧しておらず支援も届かない自宅での避難を強いられるケースが多かった。災害時には，弱い立場に合わせるという平時のバリアフリーの建前が後景に退き，「標準／平均」を優先する社会の構造が露呈するかのようだ。絶えず「標準」から離れた生がリスクを抱え込むことになる（仁平2012）。そこを支援し寄り添うことこそ，市民セクターの重要な役割である。だがそれだけでは十分ではない。

この点を考えるために，岡本仁宏（1997）の議論をもう一度参照しよう。彼は，ボランティアの役割としてもう一つ，「非権利領域を権利領域に移行させていくこと」を挙げている。つまり市民セクターは，本来社会権を保障するべき行政が取りこぼした人々の支援を補完的に行うだけでなく，その生のニーズを権利として公的に保障するように，国や自治体にフィードバックしていくことも重要な役割の一つのはずだ。これこそが，「生の固有性に寄り添う」という市民セクターのポテンシャルを，政府・行政の単純な縮小という1995年的ベクトルに接続させるのではなく，普遍主義的な社会保障／包摂というベクトルへとつなぎ直し，持続可能な「人間の復興」を可能にするための賭金ではないだろうか[13)]。

●注

1）もちろん，戦後的なものからの転換は，この時期にのみ始まったわけではない。1980年代の臨調や中曽根改革も明確にその志向を備えたものだった。また雇用のフレキシブル化も，1993年に小沢一郎が出した『日本改造計画』でも主張されていた。またこれが実際に政策として作動したのは，1990年代後半の構造改革や労働者派遣法改正を待たなくてはならない。だが，多くの人々が戦後の転換を意識したのは1995年と考えてよいだろう。この点については中西（2008）も参照のこと。

2）ツイッター上では，原発事故対応のために不眠不休で事に当たっている枝野を応援したり体を気遣う「#edanonero」というハッシュタグが頻繁に見られた。

3）なお，「ボランティアの低調」という認識自体に対する疑義もある。東日本大震災のボランティア数は被災地の災害VCに登録している数であり，登録せずに活動したボランティアがかなりいたのではないかということである（新2010）。この指摘は極めて重要である。本章ではこの点について次の三つの観点を取る。第一に，このような「暗数」問題は阪神淡路大震災でも生じていたはずで，今回の方が暗数が大きいと考える積極的な理由はない。第二に，阪神淡路大震災時には被災地に「行こうと思えば行けた」が，今回はそれ自体困難だったことは広く共有されており，今回の方が少ないということは感覚的にも支持される。第三に，本稿では全体的な数よりも自治体ごとの数の差異／パターンに注目する。

4）グラフは，阪神淡路大震災に関してのみ，地震が起こった1月17日から1ヶ月ごとの数値を示している。よって，東日本大震災のデータと直接比較することはできない。特に最初の月は，被災三県のデータが3月11日から31日までの20日間の数値なのに対し，阪神淡路大震災のデータは31日間の数値となっている。

5）遠野市は2010年に『遠野物語』発刊百周年として，対外的に多くのイベントを行ってきた。そこで培われた発信力・企画実行力が，東日本大震災における迅速な対応にもプラスに働いた面がある。

6）なお，社協のVCは，積極的なニーズ調査をせずに受動的なマッチングのみだという批判があるが（中原2011：47；村井2011：69-70），その理解も一面的であることが，このケースから分かる。

7）学校を助ける会が受け入れてもらった理由としては，町職員からの紹介や，スタッフが南三陸町出身であること，中越震災時にボランティアセンターの立ち上げから運営に関わったボランティアがいたことなどの理由がある。これは「異例の快諾」と述べているとおり，「全国から様々なNPO団体が支援の依頼を行ってきているが，原則，素性の不明な団体はお断りをしているとのこと」というのが町のスタンスだった（JHP・学校をつくる会「南三陸町活動レポート」3月24日）。〈素性が不明／不明でない〉という区別がどこでなされているかについては不明だが，次節の二重構造とも関係が深い論点である。

8）一方で，周辺部だからこそ，住民自身が立ち上がるという状況も生じる。陸前高田市で，自主的な集団移転を目指しているところが広田半島や気仙町の集落に見られるが，これは復興計画が中心部にのみ集中しているため，住民たちが危機感を感じ立ち上がったという側面がある。

9）NPO論者の中には，行政からの委託をNPOの自律性の喪失と捉えて批判する向きもあるが，その理解は一面的である。なぜなら，社会権保障の活動の場合，財源を政府が責任を持ち，実行の部分をNPOが担う，ファイナンス／供給分離モデルこそが，ネオリベラリズムに回収されずに，社会サービスの提供活動を行う唯一の道だからである。さらに行政の委託は必ずしも自律性の喪失と繋がらない（仁平2011a；2011b）

10）1979年に設立され，災害の緊急支援，障害者支援，地雷対策，感染症対策，啓発活動などを55以上の国と地域で展開してきた。2010年度収入は約13億円である。

11）一例を挙げると，Caritas Germany, Direct Relief International, International Rescue Committeeなど多数あり，数千万円の資金の提供を準備しているところもある。

12）例えば，アメリカのフィランソロピック・リサーチは，市民活動組織の事業活動及び財務情報，役員などの情報を網羅した「ガイドスター」というデータベースの構築と公開を行っている。データソースは内国歳入庁（IRS）に非営利団体が毎年提出する年次報告書（公益団体の場合はForm990）から行われ，2006年の時点で全米の非営利団体約150万団体の基礎データ及び各種加工情報の提供を行っている。2003年にはイギリスで，ガイドスターUKが設立され，2005年には，ガイドスター・システムを世界に広めるための組織としてシビル・ソサエティ・システム（CSS）が設立された。寄付者はこのデータベースから自分の目的にあった「優良」な組織を検索し，寄付することができる。

13）今回この点に関する議論を十分に展開できなかったが，別項に譲りたい。その一つは，仁平(2012)にて，「災間」という言葉をキーワードにして考えた。ご一読いただければ幸いである。

●参考文献

新雅史2010「災害ボランティア活動の「成熟」とは何か」遠藤薫編著『大震災後の社会学』講談社現代新書

大沢真理2005「逆機能に陥った日本型生活保障システム」東京大学社会科学研究所編『「失われた10年」を超えて[I]――経済危機の教訓』東京大学出版会.

岡本仁宏1997「市民社会，ボランティア，政府」立木茂雄編『ボランティアと公共社会――公共性は市民が紡ぎ出す』晃洋書房． pp.91-118

佐川英雄編2011『いま果たすべき社会福祉法人の使命と役割』全国社会福祉協議会 pp.43-69

全社協地域福祉推進委員会企画小委員会・合併後の社協の経営に関する検討作業委員会2007『合併後の社協の経営改革に向けて』

全国社会福祉協議会制作企画部広報室2011「東日本大震災――社会福祉関係者の復旧・復興の取り組み」『月刊福祉』2011年7月号

全社協・全国ボランティア市民活動振興センター2011「東日本大震災におけるボランティア活動」『月刊福祉』2011年8月号

田中弥生2011『市民社会政策論――3・11後の政府・NPO・ボランティアを考えるために』明石書店

中西新太郎編2008『1995年――未了の問題圏』大月書店

中原一歩2011『奇跡の災害ボランティア「石巻モデル」』朝日選書

仁平典宏2011a『「ボランティア」の誕生と終焉――〈贈与のパラドックス〉の知識社会学』名古屋大学出版会.

仁平典宏2011b「ボランティアと政治をつなぎ直すために――ネオリベラリズム以降の市民社会と敵対性の位置」大阪ボランティア協会ボランタリズム研究所編『ボランタリズム研究』1号

仁平典宏2012「〈災間〉の思考――繰り返す3.11の日付のために」

赤坂憲雄・小熊英二編『「辺境」からはじまる――東京／東北論』明石書店

葉上太郎2011「「まちがない。」悲鳴すら上がらない被災地の窮状」『月刊自治研』2011年8月号

宮古市職員労働組合2011「自治体職員として今ここにあること」『月刊自治研』2011年8月号

宮本太郎2009『生活保障――排除しない社会』岩波新書

村井雅清2006「たった一人を大切に――かけがえのないボランティアたち」柳田邦男他著・似田貝香門編2006『ボランティアが社会を変える――支え合いの実践知』関西看護出版

村井雅清2011『災害ボランティアの心構え』ソフトバンク新書

村口至2011「被災者の状況と医療現場からみた東日本大震災」『住民と自治』2011年7月

柳田邦男他著・似田貝香門編2006『ボランティアが社会を変える――支え合いの実践知』関西看護出版

〈原発事故災害との格闘〉

第７章　原発・県外避難者の困難と「支援」のゆくえ

――埼玉県における避難者と自治体調査の知見から――

西城戸　誠
原田　峻

1　問題関心と問題の所在：避難者調査の経緯と課題設定の背景

2011年3月11日の東日本大震災と福島第一原発事故により，福島県内の約8万人が県内外へ避難を余儀なくされた。こうした人々は，避難所を転々とした後，仮設住宅や借り上げ住宅に居住しながらも生活再建の「場」が未だ定まっていないことが多い。さらに地域コミュニティの中で培ってきた近所つきあいが失われ，避難先で孤立している状況でもある。政府から福島第一原発事故の収束宣言が出されたものの，避難者にとって事態は一向に収束を見せていない。つまり，地元での「普通の生活」が奪われ，今後，どのように生きていくべきなのか，未来も定まらない，生きることの持続可能性の危機に直面しているといえる。この持続可能性の危機，困難を前にして，筆者ら社会学者は何をすべきなのであろうか。

阪神・淡路大震災の社会学的調査研究を実施した似田貝香門は，実学的，即応的な専門的知識・技術を持ち合わせていない社会学が，被災地域の生活再生のための調査研究＝現実科学としての社会学であるためには，被災者の〈希望〉の可能性への行為を反映している，現在の〈絶望〉の具体的な状況を把握することからスタートすべきだと主張する。そして，被災者の〈希望〉への可能性という「未検証の行為」が，再び〈絶望〉の状況へ引き戻されないように，「未検証の可能性」のチャンスの瞬間を，観察し記録し続けること，そしてこの「未検証の可能性」を被災者や支援者との対話による「共同行為」によって構築すべきであると述べる（似田貝,2008）。筆者らも現場での肉声の苦悩の多様性，複雑さに対して緊張感をもった研究の構えを未熟ながら持っていきたいと考えている。

さて，原発避難者の問題は，当初から賠償問題に還元される傾向があるが，本来，加害当事者である東京電力が被害者の賠償金額を規定するという通常の損害賠償ではあり得ないことが平然と起きている。こうした賠償金額の経済性や賠償のあり方の法的根拠を巡る議論は必要であるが，原発避難者のこれまでの苦しみ，苦悩，絶望，そしてそこから生まれうる明日への希望をすべて法律および金銭に還元してしまう。その問題の捉え方自体が「問題」であるのだが，「専門家」の知識によって被災者の苦しみ・苦悩は上塗りされる[1)]。

実は，ともすれば「専門的知識・技術を持ち合わせている」とされている学問境域が持つ「専門知」が，生活者の感覚から大きくずれ，的外れな生活再生になることは散見される。このような専門知を批判し，生活者に内在した「生活知」をもとに，生活再建，地域再生を目指すことが求められる。批判科学としての社会学は実学系から「社会学は批判ばかりだ」という指摘をされてきた。この点は看過できない。だが一方で，絶望を直視することを回避し，「専門家」による超越的な視点を外挿的に当てはめる再生，復興プランが，生活者にとって暴力的に作用することは批判されなければならない[2)]。現在の〈絶望〉の具体的な状況を把握し，そこから希望の萌芽を，被災者や支援者と共に育てていくという調査研究のささやかな営みを本章では提示していきたい。

筆者らは，東日本大震災・福島第一原発事故による広域避難者支援の共同研究[3)]の中で，埼玉県に避難した富岡町住民の方への聴き取り調査を行った。福島県富岡町は人口16000人，福島県浜通りに位置し，福島第二原発が立地している街である[4)]。津波被害はそれほど大きくなかった[5)]が，街全体のインフラは寸断され，町役場の情報源は非常用電源によってつけられたテレビだけだった。国や東京電力から原発事故に関する情報は何もなく，3月12日に町独自の判断で住民避難をした（山下・吉田・原田, 2012）[6)]。2012年2月現在，町全体が福島第一原発から20㎞圏の警戒区域に設定され，福島県内外に避難している。

本章の第一の課題は，埼玉県内に避難してきた富岡町住民の声をもとに，彼らがどのように避難し，現在，どのような状況におかれているのか，その一端を明らかにすることである。すでに，福島第一原発事故から避難してきた人々の声を綴った書籍，ルポも次々と刊行されており[7)]，これらの知見と共通する部分もある。だが筆者らの調査によって明らかになった避難者の避難プロセスやその後の置かれた生活状況は，単純ではなく多様であった。本章で紹介する避難者は，調査時点において埼玉に滞在している4世帯の個別避難者に限定されるが，調査を通じて埋没しがちな避難者の声を拾い上げ，避難者の苦悩を理解し記録し，そこから推察される社会的な課題を導き出すことにしたい。

また，本章では避難した地域，現在も避難先で住んでいる地域や組織（ネットワーク）の重要性を主張する。既存の議論の多くは，被害の構造がマクロレベルで議論され，ルポのように避難者の被害がミクロで語られてきたが，その間のメゾレベルの地域や組織・集団やそのネットワークが，避難者の受け入れや避難生活を左右すると考えられるからである。

他方で，避難者調査の中で浮かび上がってきた苦悩をどのように緩和し，解消したらよいのかという点も同時に考えなければならない。筆者の一人（原田）は，2011年3月に避難者2500名を受け入れたさいたまスーパーアリーナでの支援活動を行い，その後の埼玉県内の避難者支援イベント等の手伝いをしながら，支援団体への継続的な聴き取りを実施してきた[8)]。また，調査研究の中で，富岡町と国内友好都市であった埼玉県杉戸町が富岡町からの避難者の受け入れを積極的に実施し，その後の避難者の生活のサポートを行っていることがわかり，避難者の受け入れ自治体の動向を把握する必要性も浮かび上がってきた。埼玉県への避難については，2011年8月31日現在で，福島県外へ避難した人数が，新潟の14561人に次いで8635人と2番目に多く（朝日新聞：2011年9月26日付），2012年2月9日現在でも，埼玉県には4813人が避難している（埼玉県福祉部福祉監査課ホームページ）。このように埼玉県は，地理的に避難者の数が多いこともあるが，避難者の受け入れに関して，多様な支援団体が活躍し，自治体が積極的に避難者の受け入れを行った場所でもあった。そこで本章の第二の課題として，原発避難者に対する「支援」を受け入れ自治体の対応と支援団体の2つの側面から捉え，避難者支援に関する市民団体や受け入れ自治体の対応に関する現状と課題を考察する。

以下，2節では，福島県富岡町から埼玉県に避難してきた，県外避難者の避難プロセスと現状について明らかにし，避難者調査の知見から敷衍できる点を整理した上で，避難者「支援」を考える必要性について論じる。3節では，避難者支援に関して市民団体や受け入れ自治体の対応の現状と課題について，富岡町の友好都市であった埼玉県杉戸町と避難者受け入れに際して自立支援組織を立ち上げ，自治体としても新たな支援を展開した埼玉県越谷市の事例を中心に見ていく。4節では，現時点における震災避難者への「支援」の方向性について論じて，本稿の暫定的な結論としたい。

2　富岡町からの避難者たちの語り

2-1　避難者調査の困難と調査対象者

東日本大震災と福島第一原発事故によって福島県を中心に県内外に避難した人々の動向を正確に把握することは難しい。ある住所から別の住所に移動したという事実を住民が登録することによって成立する人口統計は，災害によって住居を転々とする被災者の流動性を把握することにはあまり役に立たないからである。今回の福島第一原発事故の場合，被災者を取り巻く状況が刻々と変化しているため，たとえ包括的なアンケート調査によって明らかになった全体像でも，公表段階では内容がすでに古く，陳腐化することもあり得る[9)]。

さらに，阪神淡路大震災後の避難者の移動・移転に関する研究[10)]を行った荻野・田並（1999）が指摘しているように，災害避難者の移動を把握する際には，住民登録に基づいた定住の原則に則った人口移動を超えたところで生じたさまざまな移動を論じる必要があり，具体的にどこに移動したのか（公共の場所／親戚・知人宅／新たな転居先），誰と移動したのか（家族の分離の有無）といった点を明らかにする必要がある。そこで，筆者らも，富岡町から埼玉県への避難者に対して，3.11以降の避難経路と現在の生活に対する思いなどを中心に，面接による聴き取り調査（2011年9月～11月）と，その後の状況について電話で伺った（2012年1月）。面接調査は3時間以上に及ぶこともあった。震災から半年が過ぎ，避難の経験を徐々に語ることができる状況下でありながらも，3月11日以降の過酷な避難経験をどう表現すればよいのか，堰を切ったように語ると思いきや，時折涙を浮かべ言葉に詰まるといった形で聴き取り調査は行われた。避難の当事者ではない筆者らも，避難プロセスの聴き取りに涙がとまらないことも多々あった。

本稿が対象とする4世帯の避難者は，福島第一原発事故を受けて，自力で避難が可能で，さまざまなツテをたどって福島県外に避難者した「個別避難者」[11]である。もう一つの県外避難者のパターンは「集団避難」である。役場機能ごとさいたまスーパーアリーナ（現在は，加須市にある旧騎西高校）に避難した双葉町の事例の他にも，後述する埼玉県杉戸町は，富岡町からの要請で7台のバスを派遣し，その後，富岡町住民200人は町職員とともに杉戸町とその周辺自治体（幸手市，宮代町）に集団避難を行った[12]。集団避難者と個別避難者の相違点は，個別避難者が避難に関して自己決定を迫られ，ともすれば避難は自己責任であると指摘される存在であること，そして集団避難者に比べて，地域社会の中で孤立，潜在化しやすいという特徴である。まず，本稿の調査対象が，個別避難者でかつ，調査当時（2011年9月）に埼玉県内に居住し，現在でも埼玉県に滞在していることを確認しておく。

2-2　避難の経緯と避難者たちの困難

(1) 対象者の概要

次に富岡町から埼玉県内に避難してきた方の，避難プロセスの概要を見ておこう。なお，AさんからCさんは，富岡町職員から紹介を受けた方である。

Aさん（40代女性）は，子ども3人と長男の友人，親戚たちとともに避難した。福島県内の避難所を転々としたのち，茨城県内の親戚宅，埼玉県内の親戚宅を経て，現在は埼玉県中央部の借り上げ住宅で生活している。

Bさん (30代女性) は，子ども2人・両親・姉夫婦・ペットとともに避難した。福島県内の避難所を転々としたのち，福島県内の親戚宅，埼玉県内の親戚宅を経て，現在は埼玉県東部の借り上げ住宅で生活している。

Cさん (50代女性) は，夫・子ども3人・C夫人の姉・義父母とともに避難した。福島県内の避難所を転々としたのち，栃木県内の親戚宅，埼玉県杉戸町の避難所を経て，現在は杉戸町内の公営住宅でCさん夫婦，子ども，義父母とともに生活している。

Dさん (60代男性) は，母親や親戚たちと避難し，福島県内の避難所を転々としたのち，栃木県内の親戚宅，埼玉県内の親戚宅，埼玉県杉戸町の避難所を経て，現在は杉戸町内の公営住宅で妻とともに生活している。

4人とも共通している点は，原発事故や周囲の人々の避難状況に関する情報が相当限定され，その中でこの場所にとどまるのか，別の場所に移動するのか，絶えず自己決定を迫られてきたことである。そして親族のネットワークをフル活用して避難したが，親戚宅に長居することはできず，結果的に埼玉県にたどり着いたのである。次に具体的に避難のプロセスと現在の生活状況について見ていこう。

(2) Aさん――「自分だけ逃げた」ことへの罪悪感に悩む[13)]

①埼玉へ避難するまでの経緯

Aさん (40代女性) は，夫，息子3人，義母と一緒に暮らしていた。小学校に次男・三男たちを迎えに行く途中で地震に遭った。次男・三男・義母・近所の人と一緒に総合体育館に避難したが，警察から「(そこは) 崩れるおそれがあるので外に出ろ」と言われ，雪が降り寒い中，庭で1時間待たされた。結局，別の場所に移ることになり，母・兄嫁と合流して，富岡町の健康増進センター・リフレ富岡に向かった。この頃，長男は富岡町内の中学校に避難し，そこでボランティアをしていた。12日朝に7人でリフレ富岡を出発し，自家用車で川内村に向かい，川内村ふれあいセンターに到着した。途中で道路が混んでいたので都路を経由し，幸いにも都路のガソリンスタンドで満タンに給油することができた。川内の避難所につくと，夕方ぐらいに警察の人などが防御服をきたので，「何かあったか」と思った。そして1時間もしないうちに，警察，自衛隊，応援に来ていた消防は，いなくなった。

自分たちには何も情報源がなく，川内の避難所でようやく一瞬だけ再会できた夫から「川内村も避難になる」と言われた。普段，柔和な夫の表情が強ばっており，事態の深刻さを感じたAさんは，移動をすることを決意し，夕方，田村市の知人宅に移動した。ここでようやく携帯電話が通じて，長男と連絡が取れた。13日朝，田村市で長男と合流，同日のうちに息子3人，長男の友達，義母と一緒に茨城県の親戚宅に移動した。10時間の車での移動は子どもにとっては辛い経験であった。茨城県の姉の家に1週間ほど滞在したが，姉の家族も茨城に避難してくることになったため，埼玉県中央部に位置する姉の家を頼ることになった。その後，その近くの借り上げ住宅に移って，次男・三男は埼玉県の小学校に通っている。長男は郡山のサテライト高校に通いたいということで，2011年4月に夫の迎えで福島に帰り，今は郡山で夫・長男・義母が一緒に暮らすようになった。

②現在の生活・思い

友人の多くは，仕事の関係などで夏休み中にいわき市に帰った。Aさんはその時に福島に帰ろうかとも思ったが，夫から「まだそういう状況ではない」と言われ，埼玉にとどまることになった。新年度（2012年度）を前に福島に帰る人がいるが，子どもたちの転校を繰り返したくないし，福島に戻っても落ち着く先がどうなるかわからないので，来年度も埼玉で暮らす予定でいる。ただし，借り上げ制度は2年間と聞いていたのに対し，今の住宅の契約書類には「3月まで」と書いてあり，3月で追い出されないか不安だという。それに，自分の失業保険も3月で切れるので，そのあとどうなるかわからない。わからないことが多いのが，一番困るとAさんは語る。

当初，Aさんの次男は，どこでもいいから福島に戻りたがっていたが，埼玉の学校で友達ができたので，その点は安心している。だが当初は，Aさんだけでなく子供たちも「逃げてきている」という罪悪感を抱いていたと思う。2011年末にいわきに住む友人と話をしたが，福島県内に残った母親たちの一部は，県外に出た人たちを快く思っていないという話を聞いた。福島県の病院から子どもの健康検査の書類が届くが，実施場所がすべて福島県内なのでなかなか検査を受けられない。「なんで（福島）県内だけ」という気持ちもあるが，「県外に出たのだから我慢しなきゃ」という気持ちもある。

警戒区域の再編の話は，常に気にかけている。だが，仮に戻れることになっても，子どもたちがいる間は帰りたくない。ただ，子どもたちが手を離れたら，夫と二人で富岡に戻ることを考えている。他の家族も，似たような気持ちではないか。今，悩んでいるのは，住民票をこちらに移すかどうかということだ。ただでさえ，ゴミを出すときに「税金を払っていないのに申し訳ない」という気持ちがある。他方で，富岡の人間でいたいという気持ちも強い。周りでは，子どもの公立高校進学のため住民票を移した人や，住民票を一度移したあとでまた富岡に戻した人もいる。どの家族も，それぞれの事情の中で決断しているのである。

(3) Bさん――手渡されたヨウ素剤と故郷への思い[14)]

①埼玉へ避難するまでの経緯

Bさん（30代女性）は，娘2人，ペットと一緒に暮らしていた。長女を友人たちとの待ち合わせ場所に送った帰りに地震に遭った。長女は友人の親が送ってきてくれて，子供2人と町内の体育館に避難した。12日の朝，田村市への避難指示が出たが，役場のバスが来るまで外で40分も待っていた。15時頃にようやく田村市の小学校に着いた。ここに15日まで滞在，3家族20人ほどが同じ教室で過ごした。

12日に，役場の人から40歳未満の避難者にヨウ素剤が配られた[15)]。「危なくなったら飲んでください」と言われ，Bさんが「いつが危ないのか」と尋ねたら，「雨が降ったら危ない」といわれていただけで，役場の人も分からなかった。また，14日か15日かに，子供たちが避難所でのボランティアとして，トイレ用の水くみを外で行っていたのだが，この時に放射能を浴びたのではないか本当に心配だ。15日に，川内村に避難していた両親・姉夫婦が迎えに来て，一緒に福島市の親戚の家に行った。だが，すでに親戚がたくさん集まっており，犬もいたので，親戚が予約してくれた近くの温泉旅館に泊まることになった。翌日，親戚の人から「県外にでた方がよい」と言われ，埼玉県の親戚宅を目指し，そこで7人が10日間過ごした。その後，不動産屋をしている親戚が紹介してくれたアパートに移り，4月上旬まで過ごした。

一方，富岡町と友好都市である杉戸町に富岡の人がたくさん来ていると聞き，杉戸の住宅に住むことを打診したが，犬はダメと聞き，あきらめざるを得なかった。そこでネットで「震災ホームステイ」というものを見つけ，杉戸町近くの戸建てを2年間まで無償で借りられることになり，娘2人・両親・ペットとともに移った。その後，8月の借り上げ住宅の申請に間に合い，杉戸町近くのアパート2軒を借りることができ，10月末に引っ越した。

②現在の生活・思い

子どもたちは，埼玉の学校に通い出した。次女が富岡町の小学校の雰囲気と全然違うので馴染めず，一時は不登校になってしまったが，学校や教育委員会の協力もあり，現在では少しずつ学校に行けるようになった。だが，娘たちが福島を出るまでに被曝していないかを心配している。役場から配布されたヨウ素剤を今でも持っているが，飲まなかったことが正しかったのか，今でも悩んでいる。埼玉にいても，水道水や食品の放射線が心配で，野菜や水は宅配で頼んでいる。

Bさんの父親は富岡町に一時帰宅したが，Bさん自身は放射線が怖いので一時帰宅すらしていない。いわき市に戻った友人とは電話で連絡を取り合っているが，一時帰宅した友人は，新築だった家がカビだらけになり，東京電力に文句を言っても事務的な答えしか返ってこず，怒りと落胆をこぼしていたという。Bさんの父親は「富岡町の部落で一つの街を作り，そこに帰りたい」という希望を持っていたが，現在の住居は昔の同級生が近くにいるし，地域の人との交流も増えてきた。

現在は，福島県から書類がたくさん届くので，書類書きに追われている。だが，季節が変わるごとに「田舎ではこうしていたのに……」など，いろいろ思うこと，感じることがある。テレビで福島の映像が映ると「あそこ通ったことがある！」という思い出が蘇える。埼玉の生活にも慣れてきているが，故郷の思い出が薄れることはない。

(4) Cさん夫妻――私たちには帰るところがない，写真があるだけだ[16)]

①埼玉へ避難するまでの経緯

Cさん（50代女性）は，夫，子ども3人と一緒に暮らしていた。近くに義父母も住んでいた。Cさんの夫は屋外で仕事中，Cさんと子どもたちは自宅にいるときに，地震に遭った。防災無線で「避難所に行け」と聞こえたが，避難所（リフレ富岡）は近所だったので，この日は自宅で過ごした。翌日の朝，防災無線や消防の車のアナウンスで「避難しろ」と聞こえて，これは大変だと思い，車に食料や荷物を詰め込んだ。Cさんの義父母も連れて川内村に移動，川内小学校に避難した。食事がほとんどもらえなかったので，車の中でご飯を3回炊いて，知り合いの小さい子供にもおにぎりをあげた。同日，「20km圏内は危ない」という情報をテレビでみて，夜に田村市の小学校に移動した。13日の夜に「小学校が再開するので出てください」と言われたので，14日の朝，栃木県の親戚の家に向けて出発した。この家では家族全員は入らなかったので，しばらくCさんの夫は車の中で寝泊まりした。18日に埼玉県のさいたまスーパーアリーナに行ってみたが，長女が「廊下で寝たくない」と言ったので諦めた。そのとき，Cさんの夫の従兄弟が杉戸町に避難していることがわかり，「こっちに来い」と言われ，夕方，杉戸町の避難所（すぎとピア）に到着した。結局，11日からの一週間で15万円ほど使った。すぎとピアにしばらく滞在し，杉戸町民から食料の提供があり，避難者たちが自炊をおこなった。

4月末に，杉戸町内の公営住宅に移った。このときに義父母を迎え，長女は埼玉の高校に通い出し，長男・次男は東京でアルバイト生活を始めた。Cさんの夫は避難生活を振り返り，「避難している間は，下着から全部がもらいもので，惨めな感じになった。でも，いつ何が起きるかわからないので，お金はなるべく出したくなかった。避難してきた人は，みんな同じ気持ちだったのではないか」と静かに語った。

②現在の生活・思い

Ｃさん夫妻は，埼玉での生活と富岡との生活を比較して「ちょっといけば海，山という環境にすんでいたから，生まれたところがいいのは当たり前」と，海がない埼玉県との違いと富岡町へ愛着を語る。だが，Ｃさんは「放射能が怖い」，Ｃさんの夫も「気持ちは富岡に帰りたいけれども，除染してもおそらく無理だろう」と語る。帰れない理由は子どものことが関係している。また，杉戸町からは生活にあたってさまざまな支援があったが，富岡町からの恩恵は何もなかったと話す。ビックパレット（福島県の避難所）にいた人は物資をいろいろもらえたようだが，遠くに離れていると支援がないと不満を漏らす。現在でも福島県内に居住していると県からの支援を受けやすいが，県外避難者にはその支援を受けにくいという。

また，Ｃさんは友人から「福島を見捨てたんでしょ」と言われ，ショックだったと話す。子どものことを考えて県外に避難したのに，同じ福島県民なのに差をつけられるのが辛い。住所は，東電の補償の問題があって埼玉に移してはいない。国と東電の方針がきまらないとどう動いていいのかわからないからである。地域密着で自営業をしていたＣさん夫妻は，現在の状況で仕事を再開する目処は立っていない。震災から１年経とうとしている現在も，Ｃさんの境遇は抜本的には変わっていない。問題が放置された状態という「問題」が今も続いているのである。

Ｃさんの夫が，東日本大震災の津波の被災者と原発避難者の置かれている状況を比較して，次のように語る。

「私たちは，帰る「実家」がない。写真しか残っていない。津波でなくなった方も大変だが，帰るところがある。そこが大きな違いだ。」

(5) Ｄさん――原発避難者のネットワークをつくりたい[17)]

①埼玉へ避難するまでの経緯

Ｄさん（60代男性）は，母親と一緒に暮らしていた。3月11日は仕事中に地震に遭い，まずは勤務先の顧客たちを帰すことが最優先だった。自宅に帰ると，近所の人が駆け付けていて母親は無事だったものの，家の中はひどく散乱していた。その後，大熊町に住む長女家族を探しに行くと，津波被害で道路が寸断されており，ようやく夜に避難所にいることが確認できた。夜中には黒電話で首都圏にいる長男，次女とも連絡がつながり，仕事の関係で次女宅にいた妻は帰宅困難の状態にあることがわかった。

12日朝，長女家族に会いに行ってから自宅に戻ると，隣近所に人がいなくて静かになっていた。役場の防災無線が流れていたが，ハウリングしてうまく聞き取れず，緊急事態とは思わなかった。職場の様子を見に行くと，道中で会った親戚から，川内村に向けて避難指示が出ていることを聞いた。県道は大渋滞だったが，母親と一緒に富岡町を出て，川内村の親戚宅に到着し，数日泊めてもらうことになった。原発の爆発映像のことは，親戚宅のテレビで初めて知った。親戚宅には10世帯も集まっていたが，13日は半分になった。

14日の深夜，かつて原発で勤めていた親戚から，「原発が爆発したというのに情報が少なすぎる。念のため避難したほうがいいのではないか」という提案があり，翌日早朝に3家族で郡山に向けて出発した。国道は大渋滞だったが，親戚が裏道を知っていたため，郡山にたどり着いた。続いて16日には，Dさんと母親で栃木県の親戚宅に移動し，ここで長女家族と合流した。孫たちはこの日のうちに，東京に移動した。17日，母親と埼玉県の親戚宅に移動し，10日間ほど滞在することになった。母親は，千葉県にいるDさんの妹宅に移ることになった。その後，杉戸町に避難所があるとわかり，29日から10日間ほど「エクスポいずみ」で過ごした。この間に，勤務先から，営業再開の目処が立たないため解雇という連絡があった。

その後，杉戸町役場から町内の公営住宅を紹介され，4月9日から入居を開始した。妻も合流し，現在も杉戸町内にて2人で生活を送っている。母親は，千葉県から福島県に戻り，Dさんの弟と一緒にいわき市の仮設住宅で生活している。

②現在の生活・思い

Dさんは，現在の杉戸町での生活には満足していると話す。今後は，賠償を含めた，原発の被害者のネットワークづくりをしていきたいという。Dさんは以前から，反原発運動にも関わってきたが，自分たちの活動が原発を止めることができなかったという無念さが募り，自分たちの運動を検証した上で，現行法の中で何かできないかと模索している。その背景には，家庭菜園での収穫した野菜を近所の人に配ることを生き甲斐としていたDさんの母親が，避難によって日々の生活が失われて相当なストレスを感じていること，東京電力がすべてを金銭で換算しようとすることに対して，Dさんはいらだちと苦悩と，悲しみを隠しきれないからであろう。

その一方で，Dさんは，杉戸町の住宅に避難してきた富岡町民のまとめ役にもなり，自治会的な自助グループを立ち上げ，杉戸町とのパイプ役を引き受けている。また，埼玉県内の各地で避難者の自助グループや，地域の支援団体との連携を模索している。

2-3　原発避難者の「困難」とその対応

ここまで4つの個別避難のケースを見てきた。4つの世帯については，情報がない中，限られた資源，人的ネットワークを駆使し，それぞれ福島県から埼玉県に至るまでの想像を絶する苦労があったことがわかる。4つの事例から敷衍できる点を整理してみよう。

(1)　物理的な困難とその対応

地震翌日（12日）の朝に，突然，避難を強いられたことに対して，自主的に避難が可能であった人は，避難先となる親戚のネットワークの存在と，それまでの生活経験が鍵となっているといえる。例えば，富岡町から川内村への道は大渋滞であったが，どの避難者も「あの道は混むと思い，裏道を使った」と話す。また，「ガソリンがたまたま満タンであった」という偶然や，普段からの生活習慣でガソリンを満タンにしていたため，ガソリンに困らずに車で避難できたという場合もある。

「避難してください」という防災無線のアナウンスは，ハウリングして聞き取れなかったと語る人（Dさん）もいたように，避難に関する情報は具体性を欠き，とりあえず避難という状況であった。このような状況では，避難の決定を下す判断基準を持っていたかどうか，独自に情報を得ようとしたかが分かれ目となる。避難所の異様な雰囲気を感じ取って避難したAさん，親戚から独自に得た情報を元に避難を決めたBさんやDさん，長年，夫が富岡町の消防団にいた経験を持つCさんは，「20k圏内は危ない」という情報を避難先のテレビでみて，移動しようと決意した。さらにCさんは，自らの判断に加えて「いろいろな人に聞いたことが良かった。被災者の方から発しないと，周りの人はなにをしていいかわからない」と話す。自らの判断基準とそれを支える情報入手可能性が，避難の物理的困難を克服する条件であった。Cさんが自嘲的に語ったように，原発事故を想定して地元で行われていた避難訓練は，残念ながら何も役に立たなかった。

一方で，バスで避難しなければならなかった人は，自力で避難できなかった人である。Cさん・Dさんと同じく杉戸町の公営住宅で生活するEさん（70代男性）は，杉戸町から派遣されたバスで富岡町から杉戸町に避難した。その時のことを「ただ，連れてこられただけ。バスの中はしーんとしていた。知り合いがいたわけでもないから」と話す（2012/1/16の聴き取り）。都会の住民からすれば「田舎」とされる地域は住民のつながりが強いと思われがちであるが，それは町内の小さな単位内のものであり，知り合いが避難途中や避難先で一緒になる可能性は低い。であるからこそ，近所の知り合いと避難したり，親族ネットワークを頼ったりして避難したのである。だが，4つのケースで見てきたように，親戚宅に長居することはできない。玉突きのように流れて避難し，結果的に埼玉に行き着いたのである。

ここで留意すべき点は，福島県外への避難先でのことである。個別避難者は，バスで集団避難した人々と比べて，避難プロセスに関して相対的に困難ではなかったかもしれない。だが，結果として避難先においては，個別避難者は集団避難者と比べて，存在が顕在化しにくい結果となってしまった。特にBさんは，富岡町民が多くいるという理由で杉戸町の公営住宅への希望があったが，ペットが飼えないということで，他市の借り上げ住宅に入った。

Aさん・Bさんは，避難所を経ずに借り上げ住宅に入ったため，避難先の自治体からの支援が行き届きにくいのが現状である。ただしこれはどの地域の避難者も同様であろう。

一方で，Cさん，Dさんのように，杉戸町の住宅にまとまって住むようになった避難者は，そこで知り合いになり人間関係が育まれていく。つまり，結果的に集まって住むことになった避難者は，孤立を回避しているともいえる。見知らぬ人とのつながりは人によっては不必要と判断するかもしれないが，慣れない土地で，避難者同士のつながりや，避難先の住民とのつながりを求める人が少なくないことを，埼玉県内の複数の避難者支援団体が指摘している。他方，Dさんは，各地で埋もれてしまった避難者に連絡を取ることが可能なように，行政が管理している個人情報の開示を避難者や埼玉県内の支援団体に公開して欲しいと求めているが，実現はしていない。このように，避難者同士，避難者と支援者のネットワーク化をどのように実現するのかが，原発避難者にとっての課題の一つであるといえる。

(2) 精神的な困難を前にして

「3月が一番きつかった」と多くの避難者は語る。避難所を転々とし，親戚を頼りに福島を離れた避難者は，「仮の宿」を埼玉県に求めた。だが，その避難プロセスの中で蓄積した肉体的，精神的疲労のダメージは，特に体力がない子どもや高齢者にもたらされた。聴き取り調査を行った2011年9月は，避難生活から半年が経ていた時期であり少し落ち着きも見られたが，それでもなお精神的な疲労が垣間見られた。福島県内（多くはいわき市）に仮設住宅ができたこともあり，仕事の目処がついた避難者は夏休みを境に福島県に帰って行った。ただし，そこは避難者の本当の故郷ではない。本当は故郷に帰りたいのだが，福島県内で我慢しているわけで，福島に帰ったからといって，それは希望通りというわけではない。このように帰りたい／帰りたくないという二分法で議論するようなマスコミ等のアンケート調査の結果は，その結果が一人歩きするという意味においても，現実を反映していないといえる。

さて，上記の4世帯は，福島に帰ることができない事情があった。例えば，子どもが埼玉の学校に通学を始めて転居が困難である，放射線の子どもへの影響が気になる，仕事をどのように再建していいのか模索している，などである。2011年9月の段階では，福島に戻ることができるかどうかわからない状態であり，「戻れないならば戻れないとはっきりして欲しい」と話す。その一方で，「本当は帰りたい，だが，帰れない」という現実があり，不満や被害を訴えようとしてもどこへ訴えたらよいのか，避難者の苦悩は賠償問題にすり替えられ，やり場のない怒りが募るばかりとなる。今後の展望，方向性が見えないことが避難者たちを最も苦しめている。

さらに，福島に戻ることがそう簡単ではないということが徐々に明確になると，将来の生活不安に加えて，当面の生活に関わる不安も募ってくる。そして，故郷・富岡町と避難先の地域の間で，どちらの市民であるべきなのかという「帰属意識」にも影響を与えていく。福島県民でありたいという気持ちもあるが，今の生活を重視すれば，避難先の埼玉に溶け込んだ方がいいのではないかという思いもある。それに加え，同じ福島県民であるにもかかわらず，「県外に逃げた」という言説が，県外被害者（Aさん，Cさん）を苦しめる。

もっとも，原発避難者を受け入れている自治体に対して，住民票を登録していない避難者へ行政サービスを提供することを義務づけた原発避難者特例法（2011年9月）によって，富岡町民でありながら，県外にいても同様のサービスを受けることはできる。だが，Aさんのように，住民税を払わずに，避難先の自治体からのサービスを受けることに躊躇も見られる。福島県に住んでいる避難者よりも県からの恩恵は少ないという不満もある。避難が長期に及ぶことになれば，避難先での生活を続ける上で仕方がなく住民票を移す場合もあるが，これは無理矢理「帰化」されたのも同様である。それが次の人生へのステップになればよいが，そう簡単に割り切れるものでもない。そして，精神的な負担は，減るどころか複雑化し，蓄積されていく。

では，このような避難者の精神的苦痛を少しでも和らげるにはどのようにしたらよいのだろうか。結論を先に述べれば，自己決定ができないという状況に対して，決定を留保し，自己決定が可能な状況になるように，避難者の「溜め」(湯浅，2008)[18]を確保するための支援が必要であろう。つまり，物理的(仕事，金銭，財産など)な溜め，自らの精神的な溜め(心の余裕など)，人間関係(親族，親戚，友人・知人)の溜めなどを得るための場所，人的ネットワークの構築が重要であり，さまざまな「溜め」の蓄積が，避難を契機に失われた生活・人生から新たな行き方を模索することにつながる。なお，埼玉県では，福島県双葉町が役場ごとさいたまスーパーアリーナに集団移転したが，その支援活動を担ったのは各種NPOに加えて，反貧困運動に携わっている人であった(原田，2012)が，これは反貧困運動のホームレス支援のノウハウや思想が被災者支援に近いためであろう。

さらに，避難者が「二重の住所」を持つことを可能にするようなシステムを構築することも重要である。住んでいる土地＝住所という発想がなくなれば，今は埼玉県に住んでいて埼玉県の行政サービスを受けるが，福島県民としての自治体への参加の権利も有するなど，複数の地域社会への関与を認める権利があってもよい。それは二重の生活を積み重ねている避難者の精神的な「溜め」にも寄与するだけではなく，福島に帰るための「留保」を与えてくれるはずである。

以下では，「溜め」の一つである，避難者間，避難者と避難先の地域住民とのネットワークの構築や，避難先の自治体の後方支援に着目し，原発避難者への「支援」の現状と課題について，埼玉県の2つの自治体の事例を見ていきたい。

3　原発避難者への「支援」の諸相

3-1　埼玉県杉戸町による「対口支援」[19]

(1) 富岡町と杉戸町の関係

前節でも簡単に触れたが，3月16日の早朝に福島県富岡町長から埼玉県杉戸町長への応援要請の電話があり，同日午後に杉戸町からバスが7台派遣され，県外への避難を希望する住民200名が杉戸町と隣接する幸手市，宮代町に避難してきた。この背景には2010年11月に富岡町と杉戸町が国内友好都市となったことが関係している。

富岡町と杉戸町との交流は，1996年から少年少女ソフトテニスの交流からスタートする。2002年からは，小学生の国内交流事業として，富岡町と1年おきに交互に小学生のホームステイが始まった。2006年には，町の役場職員の幹部の交流，翌年には町議や役場職員が富岡町に行き，友好都市の機運が高まった。その結果，2010年11月に国内友好都市となり，商工会議所主催の産業祭でも富岡町のブースが設けられた。両町は，文化交流，スポーツ交流，経済交流，行政課題への統一行動といった点を軸にして友好都市となった。災害協定を締結するには至らなかったが，何か災害があれば対応するということになっていたという。

(2) 震災後の杉戸町の対応

次に震災以降の杉戸町の対応を見てみよう。地震発生翌日の12日は，杉戸町はワゴン車2台に食料とおむつ，簡易トイレ，ブルーシートを積み込み，役場職員と町議会議員で富岡町に向かった。杉戸町長の決断と，これまで富岡町との交流に関わってきた町議会議員の働きかけが関係している。15日に杉戸町役場が義援金箱を設置したが，富岡町への義援金は1000万円以上集まり，震災全体への義援金（650万円）を上回った。この点からも杉戸町民の富岡町に対する支援の大きさが窺えるだろう[20]。

16日は杉戸町がバス7台を富岡町に送り，200名近くの富岡町民を受け入れ，隣接する幸手市・宮代町に応援を頼み，4か所の避難所を開設した。杉戸町秘書政策課[21]で庁内各部署から横断的に職員を集め，支援チーム（11名体制）を作り，避難所の対応を行った。健康管理については，町の保健師が対応するなど，杉戸町としては初めて避難者を受け入れたので，避難者対応は町が一括する形で行われた[22]。なお，富岡町からも職員が7名同行してきたため，富岡町民に直接的に関わることは富岡町職員が対応し，杉戸町職員は富岡町職員との対応であったため，杉戸町としては富岡町民の受け入れ対応はしやすかったという[23]。

4月には，杉戸町住民参加推進課が併任辞令を受けて避難者の対応を担うようになり，杉戸町内にある公営住宅25戸を富岡町民用応急仮設住宅として借り上げ，入居を開始させた。避難所からこの住宅に移った人は23戸にとどまった。多くは子どもがいた家庭であり，子どもを学校に通わせるための選択であると思われる。他方，避難所に残った避難者は，避難所にいると個人のプライバシーはないが，食事は提供され，金銭的に楽であるという判断があったと考えられる。また，8月末までに仮設住宅を建設するという国の方針が示されたことや，いったん杉戸町に腰を落ち着けると福島に帰りづらくなるという思惑，さらに埼玉県内の借り上げ住宅に入ることを待っていた単身で若い世代の避難者は，仕事や生活にあった場所での居住を期待していたのかもしれない。

5月上旬に隣接の宮代町の避難所は閉鎖し，7月上旬には避難所になっていたすぎとピアが閉鎖されたが，杉戸町は9月中旬まで避難所を閉鎖せず，これは富岡町の避難所30箇所の中で最後の方だった。この施策も杉戸町長が「最後まで避難所を残す」という決断があったようである。

2011年12月現在，公営住宅以外にいる避難者は178世帯であり，杉戸町が避難者に対して行っていることは，富岡町民にも杉戸町民同様の行政サービスを提供することと，月に一度の在籍確認である。だが，この在籍確認によって個別の避難者同士がネットワーク化することには至っていない。公営住宅にいるＤさんのように積極的に杉戸町とコンタクトをとっている避難者もいるが，借り上げ住宅に住んでいる避難者は，行政からの一方的な情報提供を受けるのみで，地域に住む避難者同士は，お互いの存在も知り得ない状態である。避難者を受け入れた自治体にとっては，避難生活が長期化する中で，いつまで，どのような支援をおこなえばいいのか，受け入れ自治体の役割として何があるのかという点を模索している段階なのである。

(3) 杉戸町にみる自治体対応の先駆性と課題

杉戸町における避難者の受け入れを見ると，杉戸町は富岡町に対する「対口支援」を行っていたといえる。対口支援とは，2008年の中国・四川大地震で用いられた被災地の支援手法であり，被災していない自治体と被災自治体を対にして支援を継続的に行うことである。この対口支援が可能になった背景には，町長のトップダウン，富岡町との交流があった町議会議員の存在が考えられる。町長のトップダウンは，富岡町の要請に基づき，バスを派遣したことから始まり，長期間，避難所を設置したことなどからも窺える。前節で述べた公営住宅に住む避難者は，「本当に杉戸町，町の人には世話になった」「富岡よりも杉戸の方がサービスはいい」という声も挙がっていたほどである。

杉戸町の防災計画は，他の多くの自治体同様に，自らが被災した場合しか想定しておらず，町外からの避難者を受け入れについてはまったくの白紙であった。その意味では，多くの避難者の受け入れを実施する体制を整えた杉戸町の対応は，町の規模を考慮すればかなり円滑な対応をした事例であるといえる。だが，いくつか課題もある。第一に，行政内部の縦割りによって全庁体制の構築に時間がかかったことである。避難者の受け入れや避難所の設営にあたっては当初，防災部局で対応するべきだという意見があり，役場の部署間の連携がスムーズではなかった。第二に，第一の点に関連して，避難者の受け入れや避難所の運営に関わった職員の業務が加重負担になってしまったことがある。この問題を回避するには，避難者の受け入れ体制の構築や役場所職員の意識改革が必要になってくる。第三に，対口支援という体制が，対になっている自治体の住民には支援が行き届くが，対になっていない自治体の住民には支援が届かない可能性がある点である。杉戸町では，友好都市協定を提携している富岡町の避難者を避難所の受け入れや宿舎への入居に関して優先させたのに対し，それ以外の地域からの避難者の受け入れを断らざるをえない場合があった。実際に現場対応を行った杉戸町職員は，同じ避難者であるのに，なぜ対応を分けるのか，非常に辛い対応をせざるをえなかったのである。今回の震災のように，数多くの多様な避難者に対して，緊急時の対応を行政としてどのようにすべきか，今後の大きな行政課題である。

さらに，避難者の緊急時の受け入れから住宅の提供までの対口支援は一段落したが，長期化が予想される避難生活の中で，避難者同士や避難先の地域住民との交流，ネットワークが避難者の精神的な支えとして必要である。それは三宅島の噴火（2000年）による長期全島避難の経験からも明らかである（宮下，2011）。三宅島では，全島避難によって既存のコミュニティが崩壊してしまったが，避難者は「島外避難」という同じ境遇下での避難生活の中で，「地域島民会」という新たなコミュニティを作った。それは情報伝達・交換，高齢者や独居者の見守りに大きな役割を果たした。また，7割の島民とボランティア団体，行政が参加した「島民ふれあい集会」は，分散した島民の出会いと情報提供の場として機能した。さらに，行政もすべての島民の避難先を把握できておらず，把握している連絡先も個人情報保護の観点から公開されることはなかった状態であったが，ボランティア団体と三宅島社会福祉協議会の協力により「島民電話帳」が島外避難中の4年5ヶ月の間に第三版まで作られた。

しかしながら，現状の杉戸町が行う月一度の在籍確認では，個別の安否確認はできても，避難者同士や地域住民との関係性が構築できない。確かに，避難者の中には，他者との交流を拒む人もいる。だが，本当に交流が不必要なのか，結果的に孤立してしまっているのか，東北人らしい自己主張を控える性格が交流を拒む結果になっているのではないかなど，避難者の状況の把握は，外側から眺める程度では難しい。行政が避難者に対してどの範囲まで関わるべきなのか，その範域を巡っても，従来型の行政対応では不十分であることを，杉戸町の事例は示している。

避難所での生活，住宅の提供，物資の配分などの緊急避難的な支援として，杉戸町のような対口支援は一定程度の効果があった。ただしその後の避難生活において，孤立しがちな避難者同士が出会う場づくり，避難者のネットワーク作り，避難者がどのようにしたら自立できるのかという，自立支援のあり方も問われている。次にその先駆的な事例の一つを見ていきたい。

3-2　自立支援グループの展開と自治体との協働－埼玉県越谷市の事例[24)]

(1)　埼玉県越谷市における避難者の受け入れの概要

埼玉県南東部に位置する越谷市は，震災直後に東北からの避難者が増えてきたことを受けて，越谷市危機管理課が対応する形で，避難者対策本部を18日に設置し，老人福祉センターなどを避難所とした。ネットや携帯サイトで受け入れ先を知り，越谷市を訪ねてきた場合もあり，老人福祉センターには20世帯63名が避難していた。だが，3月19日から募集された越谷市民からの救援物資は二本松市，相馬市，郡山市などに輸送され[25]，越谷市に自主的に避難してきた人には行き渡らなかったと，避難者支援を行った越谷市民のFさん（60代・女性）は語る。また，「マスコミや支援者がたくさん来るので，プライバシーを守りたい」という避難者の声があったことから，行政は支援の中身について関与しなかった。「あの時，もう少し関与していれば」と語るのは，4月以降，越谷市の避難者支援を結果的に担うことになった越谷市広報広聴課の職員である。先に述べたように災害対策本部は危機管理課が対応し，避難者対策に対応する組織がなかったことが原因である。

このような中で，越谷市の元教員で，5年前から越谷市民活動センターの発足に尽力していたFさんは，避難者30名ほどに対して，独自で食材を集め，食事（カレーライス）を提供した。ある意味では強引に避難所での支援を始めたことになるが，行政は上述したように具体的な避難者の支援には関与しなかったため，避難者はFさんを始めとする市民団体を頼る結果となった。そして3月末に避難所が閉鎖することが決まると，その後も相互に連絡を取れるように，楢葉町からの避難者Gさんをリーダーにした，避難者親睦団体「一歩会」が誕生することになった[26]。事務局はFさんたち越谷市のボランティアが務めることになった。Fさんが越谷市で市民活動センターをつくることに尽力してきており，さまざまな市民団体のネットワークを持っていることが，結果的に一歩会の市内での活動を円滑にし，活動の幅を広げることにもなったといえる。

避難所の閉鎖後，越谷市は，市民から提供された住宅や，市営住宅の改修を行い，避難者の住まいの斡旋を行った。4月2日には30数名の避難者が，避難所から越谷市の住宅に移っていった。だが，布団は越谷市が手配したが，市営住宅には家電やカーテンなど付帯設備がないため，Fさんを始めとしたボランティア団体が働きかけて，準備を行った。

(2) 一歩会の展開と行政との協働

一歩会は，避難者同士の交流会の実施などの親睦団体としての側面だけでなく，支援団体からの物資を会員（避難者）に配布したり，市役所へ要望書を提出したりするなど，避難者支援組織として多岐にわたる活動を展開した。月に一度実施されている避難者同士の交流会がマスコミで報道されたことにより，越谷市内に散らばっていた避難者からの問い合わせが届くようになり，会員は300人を超えるようになった。

一方，越谷市役所も，市長公室・広報広聴課実施のアンケートや避難者からの要望書によって，徐々に避難者の生活状況が行政に伝わると，避難者支援策を次々と講じるようになった。広報広聴課は，普段から市民の要望を市政に反映させる部署でもあり，市長公室の課であったため市長にも意見を反映させやすい部署であった。3月当初の縦割りとは異なり，「総合行政」が可能になったといえる。具体的には，5月下旬には水道料金と下水道使用量の免除が決定した。また，越谷市が斡旋した住居に入居した避難者には生活家電6製品が日本赤十字社から寄贈されることになっていたが，エアコンがなく熱中症になる恐れがあったこと，また親戚の家や自分で探した住宅に住んでいる避難者には，日本赤十字社からの寄贈は認められなかったことを受けて，越谷市として生活家電のセットとエアコンを提供することに決定した。ただし，行政としては，直接的に個人の資産の形成に資することはできないので，越谷市社会福祉協議会が管理している基金を利用し，家電製品を提供した。

上述した一歩会が開催する交流会も，例えば，一歩会の事務局長Fさんが市の農政課と知り合いであったことでイチゴ狩りが企画され，その広報については避難者の住所を把握する越谷市（広報広聴課）が担った。このように，一歩会と越谷市は，それぞれのポジションで協働して避難者への支援を行っているといえる。そして，その一つの到達点が，一歩会からの避難者の雇用に関する要望や「仕事がない」というアンケート結果を受けて越谷市が始めた，避難者の見守りを避難者自身が行うという事業である。2011年10月から避難者4名を臨時職員として採用し，同じ境遇の避難者の生活上の不安，ニーズ，住居の様子，雇用状況，健康状態などを聞いている。国の緊急雇用対策として始めた事業であるが，2012年度も越谷市の施策として引き続き継続する予定である。

3-3　避難者の自立支援に向けて

上記の被災者の見守り事業については，2004年の中越地震，2007年の中越沖地震に見舞われた新潟県柏崎市において，実はすでに行われている。松井（2011）によれば，柏崎市では避難者に対するアンケートから健康不安と精神的不安が多いことを把握し，「見守り支援事業」を始めた。この事業は「散り散りばらばらに」避難するかたちとなってしまった人を一軒一軒訪問して，避難者の話に耳を傾け，相談に乗る試みであり，柏崎市では被災者の雇用対策もかねて，この事業の担当者を避難者の中から7名，それ以外から3名採用し，業務は市内NPO地域活動サポートセンター柏崎に委託して，支援を続けている。被災者にとっては同郷の人が聞き手になっているため安心感がある一方で，同郷の支援員自体の心のケアが必要になると松井は指摘しているが，避難者が避難者を支えることで，避難先での自立につながるという点では評価される事業であると思われる。

一方，一歩会のイベント自体も，徐々に支援ボランティアが中心になるのではなく，避難者自身も運営に関わるように，つまり避難者の「自立」が意識されるようになった。一歩会・事務局長のFさんは，アフリカでの自立支援活動にも関与してきたこともあり，避難者に対する一方的な支援の継続は問題であり，どのようにして避難者自身が「自立」していくのかを課題としていることが背景にある。

なお，埼玉県では一歩会の他に，熊谷市の「熊谷交流サロン」，ふじみ野市の「おあがんなんしょ実行委員会」，加須市の「加須ふれあいセンター」など，避難先の地域をベースにした自助グループ・支援団体が立ち上がっている。それぞれ避難者への支援の段階から，程度の差はあれ，避難者と支援者がともに活動をするようになり，避難者の精神的な余裕につながってきている。当事者にとっては小さな活動かもしれないが，避難生活が長期化することが予想される中で，自立に向けた活動を支援することが避難者の「溜め」の確保につながっていくと思われる。

もっとも，自立支援については，避難者の生活に寄与する活動，とりわけ就業につながることが今後の課題となる。例えば，双葉町から加須市に避難している住民の中では，加須市にいる同業者のサポートにより地元で行っていた自営業を徐々に再開している人や，加須市の医師からマッサージの技術を学んで資格取得を目指すグループも生まれている。あるいは，埼玉県東松山市にあるコミュニティカフェでは，福島県からの避難者が家庭の味を提供している。三宅島の島外避難においては，国の緊急雇用事業として八王子市や江東区に農場が開設され，特に高齢の避難者にとっては生き甲斐と生活収入をもたらすことになったとされるが（宮下，2011），同様の試みを埼玉県でも実施することは不可能ではない。

避難者に喜んでもらうためのイベントはボランティアによって数多く実施され，現在も行われているが，避難者からすれば，一方的な押しつけになってしまう結果にもなっている。震災から一年が経ようとしている現在，求められるのは与える支援ではなく，避難者の自立に向けた支援であろう。その際には，「当事者のふるまいや思いを，自らの関与や多様な人たちとのかかわりのなかから探り，そのつどいま何が起きているのか，誰が何をどのように必要としているのかを問い直そうとする支援のあり方」＝「かかわりのなかにある支援」（三井，2011）が重要になってくる。今後，刻々と変化する避難者支援の内実を把握し，避難者とともにこれからの生活を考えるスタンスが問われている。

4　結語にかえて――原発避難者の「溜め」のために，今，できること

本章では，福島第一原発事故によって，富岡町から埼玉県に避難してきた住民の避難プロセスの困難さと，富岡町と国内友好都市であった杉戸町の対口支援の現状と課題，そして越谷市における避難者支援団体の活動と行政の

協働という点を踏まえて，避難者支援から自立支援の実態について述べてきた。

原発避難者の避難プロセスの困難さは，改めて言うまでもない。避難者が抱えるさまざまな困難さを単純化せずに理解することから始まり，その「絶望」の中から「希望」を見いだそうとするきっかけを紡ぎ出す必要がある。そのきっかけは，避難者がもつ「溜め」を徐々に確保することによって生まれてくる可能性があり，本章では，避難先の行政組織の支援，避難者同士や避難者と避難者先の地域社会とのネットワークが重要であると主張してきた。

3-3でも述べたように，埼玉県ではさまざまな避難先の地域をベースとした自助グループや支援団体が立ち上がる一方，埼玉県内の浪江町避難者を中心とした「相双ふるさとネットワーク」のように，避難元の地域をベースとした自助グループもある。地域社会の中で孤立しがちな個別避難者は，どちらかもしくは双方のネットワークに関わることによって，孤立を避けることが可能になる。そして，避難元の地域をベースとした支援と避難先地域の支援を有機的につなげることが，今後の課題であろう[27]。

ただし，避難先の地域と言っても，支援の位相と自治体の位相は完全に一致する訳ではなく，支援団体と行政の連携は必ずしも十分ではない。本章で紹介した事例は，相対的に自治体対応や支援がうまく機能した事例であると思われるが，従来の自治体行政の発想で，行政サービスの受給者＝居住者（納税者）と決めつけてしまうと，避難者は二重のアイデンティティに苦しむことになり，避難が長期化すれば，避難元の地域アイデンティティはなくなる可能性がある。また，地方自治体が「総合行政」と市民団体の「協働」によって，避難者や支援者の声を反映した形で支援施策ができるかポイントになってくる。

さらに，避難元の地域についても，震災前からあった地域間の差異（原発の有無，気質の違いなど）と震災後に生じた地域間の差異（放射線被害の度合い，除染の進捗，など）の存在に注意する必要がある。例えば，すでに東京電力関係者で県外避難をしている人が，避難者の自助グループや互助会に参加しづらいという現状がある。自分から名乗り出ることができない避難者も多数いる可能性もあり，避難者を埋没させないために，避難者同士の差をどのように埋めるのかも，避難者間ネットワーク構築の大きな課題となる。2012年春頃には，除染の度合いによって区分される可能性があるが，それによって，故郷に帰ることができる避難者とそうでない避難者の区別が明確になり，避難元が複数である人々から成立する避難者団体は，内部分裂等も懸念される。現実的にはこのような内部分裂は不可避であるとしたら，避難先に残された人々に対して，避難先の住民が支えることがより重要になってくる。

避難者の多くにとって，故郷はかけがえのないものである。除染に効果がないという住民が8割いながらも，除染を求めるのはそのためである（朝日新聞：2012年2月16日付）。だが，現在の状況は，福島県内外に離散した住民は，離散したまま，避難先で生活をすることを余儀なくされている。金銭的な補償を受け，将来の健康不安におののきながら，バラバラに故郷を離れて生活するといった帰結にならないために，そして放射線汚染されてしまった街が回復し，住民の生活が再建し，その街の住民としての世代間継承を可能にするためには，県内外に離散した人々と街がつながり，ネットワークを持つような仕組みを考えていく必要がある。そのためには，避難先の自治体，支援団体が協働して，避難者の居場所作り，避難者間のネットワーク化，避難者の自立支援のための試みが不可欠である。それらの支援実践もいずれ反省的に検討することが，まだ見ぬ災害の避難に寄与することになる。筆者らも埼玉県内の調査研究を通じて，避難者，支援団体のネットワークを構築する活動を共に始めている。筆者らの避難者，支援者との「共同行為」は，また緒についたばかりである。

●注

1）もっともこれは原発避難者の問題だけに該当するわけではない。津波被害で壊滅的な打撃を受けた石巻市北上町十三浜地区の高台移転と生業の再生は地域社会の合意形成プロセスが重要である。だが，「津波被害は純粋経済の問題で金さえあれば解決し，そもそも漁業の採算が合わない地域社会の再生は可能なのか」という本書の編者の一人による意見を筆者（西城戸）は耳にしたことがある。「金さえあれば地域が再生する」

という言及は，十三浜で数多くの住民が亡くなり，その絶望から生業の再生，生活の再建を始めようとしている人々を踏みにじる言動であり，現場をリアリティへの感受性が欠如したナイーブ極まりない霞ヶ関的発想は，筆者らの立場とは180度異なる。

2）本書の執筆者も含まれる建築史・都市計画分野の一部における「神のような超越的な視点」の投企とその認識の盲目性という構造的問題点については，西城戸（2012）を参照のこと。

3）この調査は，山下祐介，山本薫子，山本早苗，松薗祐子，高木竜輔，菅磨志保，吉田耕平，宝田惇史，各氏と共同で全国的に実施しており，筆者らはその中で埼玉県を担当している。現時点での全体の成果は「富岡町広域避難者調査報告書」としてまとめられ，富岡町に提出されている。

4）なお，2012年1月末現在の人口は，14686人。1500人近くが別の地域に転居したことが伺える。

5）津波による死者は警察官や津波を見に行っていた人など10数名だった（山下・吉田・原田，2012）。

6）一方，福島第一原発の立地自治体である双葉町と大熊町には，政府が住民を移送するバスが用意された（徳田，2011: 50-51）。

7）例えば，高田（2011），広河（2011），別冊世界（2012），金菱編（2012）などがある。

8）さいたまスーパーアリーナにおける支援の実態と課題については，原田（2012）を参照のこと。

9）それゆえワンショットの調査を調査公害にさせないようにする必要があるが，残念ながら「歴史的な記録を残すために」という名目と調査実務上の都合で大学の研究者による埼玉県内の避難者アンケート調査（＝調査公害）が実施された。

10）荻野・田並（1999）は，サンプリングが難しい被災者の移動に関する調査票調査を，調査者の知り合いをたどる雪だるま式抽出法と，街頭で被調査者を探す「街頭面接」的方法を用いて行った。なお，阪神淡路大震災の県外避難者への調査（田並，2005; 2010）や，三宅島噴火による避難者の動向調査（田並，2011）があるが，調査の困難さから県外避難者の調査は数少ない。一方，福島第一原発事故については，福島大学（今井照研究室）と朝日新聞の合同調査（調査票調査，聴き取り調査）が行われている。

11）なお，ここでいう「個別避難者」とは，いわゆる強制避難区域外からの自主避難者ではなく，強制避難を強いられ，集団避難ではなく，自力で避難した人々である。

12）福島県広野町と災害時相互応援協定を結ぶ埼玉県三郷市は，広野町からの集団避難要請を受け入れて，避難所を提供，浪江町やいわき市など周辺住民含め最大時106世帯298が三郷市で避難生活を送ってきた（三郷市企画総務部への聴き取り調査：2012年2月23日）。

13）避難プロセスや埼玉での生活については2011年9月26日に聴き取りを行い，その後の状況は2011年12月18日に電話で話を伺った。

14）避難プロセスや埼玉での生活については2011年9月26日に聞き取りを行い，その後の状況は2012年1月26日に電話で話を伺った。

15）なお，双葉町と富岡町は政府の指示を待たずにヨウ素剤を配布し，いわき市と三春町も住民にヨウ素剤を配布したとされる。ただし，いわき市の住民は政府の指示を待つように指示され，三春町の住民は渡されたヨウ素剤を服用したが後に県から回収するよう指示を受けた（徳田，2012: 74）。

16）避難プロセスや埼玉での生活については2011年9月26日に聴き取りを行い，その後の状況は2012年1月16日に聴き取り調査を行った。

17）避難プロセスや埼玉での生活について，2011年11月2日，28日，2012年1月16日に聴き取り調査を行った。

18）「溜め」とは，アマルティア・センの「capability（潜在能力）」に相当する概念で，外界からの衝撃を吸収してくれるクッション（緩衝材）の役割を果たすとともに，そこからエネルギーを汲み出す諸力の源泉となる」（湯浅，2008：78）。

19）杉戸町の震災対応に関する記述は，関係資料と杉戸町住民推進課への聴き取り調査（2011年12月8日）に基づく。

20）なお，杉戸町は富岡町に対して，3月29日に2,415,961円，4月29日に300万円，7月7日に300万円と支援要請を受けた物資（衣類，洗剤，おむつなど）を渡した。11月3日には友好都市協定の提携1周年として200万円が義援金が贈られた。

21）杉戸町の防災部局は町内の被害や計画停電の対応を行っていたため，国内交流を担当していた秘書政策課が担当した。

22）避難者対応に関連するボランティアの受け入れは社会福祉協議会が行っていた。避難所の食事は，食堂や自治会からの提供のほか，4月下旬頃から埼玉県が災害救助法を適用したため，3食の食事は食堂が提供，米は避難者が炊くというスタイルに変わった。

23）ただし，富岡町からの避難者からすると，富岡町職員が一つ一つ富岡町役場からの指示を仰ぐ必要があり，その意思決定の遅さには不満の声が上がっていた。埼玉にいた避難者は福島県内にいる別の富岡町民から携帯電話等によって，常駐した富岡町職員が伝えられていない情報を迅速に知っていたからである。

24）越谷市の震災後の対応に関する記述は，越谷市広報広聴課からの聴き取り調査（2012年1月25日）と，「広報こしがや平成23年秋号」に基づく。

25）越谷市は，3月19日から31日の13日間で，延べ1590人のボランティアの協力により2915件の物資を受け付けた。

26）なお，当初は福島県の浜通り出身者が多く，「浜通り一歩会」という名称であったが，別の地域の避難者も会に参加することになり「一歩会」と名称を変えた経緯がある。

27）埼玉県内における支援団体と自治体の対応に関する包括的な議論については，別稿を用意している。

付記：本章を脱稿したのは2012年2月末である。その後，状況が変化した部分もあり，現時点では事実認識が異なる場合があることは留意されたい。

●参考文献

原田峻，2012，「首都圏への遠方集団避難とその後——さいたまスーパーアリーナにおける避難者／支援者」山下祐介・開沼博編『「原発避難」論』明石書店，231-266.

広河隆一，2011，『福島　原発と人びと』岩波新書.

金菱清（編），2012，『3.11慟哭の記録——71人が体感した大津波・原発・巨大地震』新曜社.

松井克浩，2011，『震災・復興の社会学——2つの「中越」から「東日本」へ』リベルタ出版.

三井さよ，2011，「かかわりのなかにある支援」『支援』1:6-43.

宮下加奈，2011，「三宅島長期全島避難の経験から」『月刊自治研（2011年11月号）』53（626）：30-37.

西城戸誠, 2012,「「フィールド（地域）を学ぶ」ことの方法と意義」, 小島聡・西城戸誠（編著）『フィールドから考える地域環境』ミネルヴァ書房.
似田貝香門, 2008,「再び『共同行為』へ——阪神・淡路大震災の調査から」似田貝香門編『自立支援の実践知——阪神・淡路大震災と共同・市民社会』東信堂, 31-45.
荻野昌弘・田並尚恵, 1999,「震災後の被災者の移動・移転－震災から8月まで」岩崎信彦ほか編『阪神・淡路大震災の社会学　第1巻　被災と救援の社会学』昭和堂, pp27-40.
世界編集部（編）, 2012,『世界別冊　東日本大震災・原発災害特集　破局の後を生きる』岩波書店.
田並尚恵, 2005,「県外避難者の現在」『災害復興』関西学院大学ＣＯＥ災害復興制度研究会編, 関西学院大学出版会, pp.241-257.
田並尚恵, 2010,「阪神・淡路大震災の県外被災者の今－震災から15年」『災害復興研究』Vol.2, pp.143-159.
田並尚恵, 2011,「域外避難者に対する情報提供－三宅島噴火災害の避難者調査を中心に」『災害復興研究』3: 167-175.
徳田雄洋, 2011,『震災と情報－あのとき何がつたわったか』岩波書店.
山下祐介・吉田耕平・原田峻, 2012,「ある聞き書きから——原発から追われた町, 富岡の記録」山下祐介・開沼博編『「原発避難」論』明石書店, 57-90.
湯浅誠, 2008,『反貧困』岩波新書.

第8章　原子力災害下における福島・東日本の農業の課題と展望

――危機的状況の中でも制御可能な対策を求めて――

石井秀樹

はじめに

マグニチュード9.0という観測史上5番目の巨大地震と，それに伴う巨大津波からなる東日本大震災は，原子力発電所の多重防護システムの物理的・制度的な欠陥とあいまって，原子炉のメルトダウンと放射性物質の国土的拡散という事態を引き起こした。その結果，東日本を中心に土壌や陸・海水が汚染され，警戒区域や計画的避難区域など立入りや居住が規制される地域を生み出しただけでなく，居住が制限されない地域の住民に対しても外部被曝と内部被曝による身体的・心理的な健康リスクをもたらした。特に福島では住民間の相互不信や分断すら生じるなど，未だ顕在化，社会化していないものも含めて，深刻かつ多様な禍根が残った。

何より自然に根差した農林水産業は，放射能汚染によってその生産基盤が直接的被害を受けただけでなく，風評被害，観光客の減少といった経済的損出などの二次的被害も受けており，生産者は生業を奪われ，深く傷つき疲弊している。

第一次産業である農林水産業は，その生産基盤を自然環境に求める。特に日本は季節変化と多様性のある自然・風土を有し，人々は手間暇かけながら世代を超えて生産基盤を育み，これを継承してきた。こうした第一次産業の営みは，単に食物や木材を生産するだけでなく，農地・森林・海洋の多面的機能を引き出し，平時は快適な生活環境を提供するほか，山崩れや洪水の被害緩和といった防災機能も提供するなど，暮らしの存立基盤の成立に欠かすことができないものである。

ところが現状では，中～高レベルに放射能汚染された地域は，稲の作付制限や農作物の出荷制限の対象となり，風評被害にあえぐ東日本の生産者の多くは，耕作意欲が減退している。営農再開や風評被害の是正にむけた明るい見通しは示されていない。温暖湿潤な日本は植生繁茂が旺盛で，耕作放棄をすれば数年で圃場の劣化が進む。すると耕作再開は一層困難となる。避難区域である双葉群8町村や飯舘村では住居や山野の荒廃すら進行している。こうした事態が続けば離農が進み，農村集落が衰退するとともに，世代を超えて培われ，生産活動で担保されてきた技術や文化，コミュニティすら解体する[1)]。そうなれば将来的に放射性物質が減少し，やがて耕作可能性が確保されたとしても，第一次産業の担い手（労働力）やコミュニティが存在せず，第一次産業の復興など夢物語となってしまう。

このように被災地の農業・農村は“待ったなし”の状態なのである。除染や放射性物質の自然減少を待つだけでなく，放射能汚染という現実の中でも戦略的な土地利用を模索し，離農を食い止め，集落や自然環境を保全してゆく方法もまた模索する必要がある。こうした放射能汚染の中で，いかに市民の居住と福祉を確保し，農林水産業の持続可能性を担保することができるのか。そうした取り組みは，今始まったばかりである。

本稿では，「ベラルーシ・ウクライナ福島調査団」（2011.10.30-11.6 団長：清水修二氏），「ベラルーシ農業調査団」（2012.3.11-3.16 団長：小山良太氏）で得られたチェルノブイリ原子力発電所事故後25年間の教訓や知見を紹介し，日本の現状への適応可能性を問う。その上で作物への放射性物質の吸収抑制技術について取り上げ，これからの福島の農業の復興・再生に向けた課題を論じ，最後に福島の原子力災害に内在する矛盾や困難を筆者なりに整理しながら，福島・東日本の持続可能な農業・農村について論考したい。

1　チェルノブイリ原子力災害からの知見と教訓

（1）二つの調査団

「ベラルーシ・ウクライナ福島調査団」（2011.10.31-11.6）は計30名の研究

表１　ベラルーシ・ウクライナ福島調査団の訪問先

11月1日 ベラルーシ・ミンスク	① 国家緊急事態省チェルノブイリ原発事故対策本部 ② 国立警備隊研究所
11月2日 ベラルーシ・ゴメリ	③ ベラルーシ科学アカデミー付属　放射線研究所 ④ 放射線医学・人間環境研究所付属病院
11月3日 ベラルーシ・コマリン地区	⑤ コマリンの中等学校 ⑥ コマリン地区の診療所
11月4日 ウクライナ・キエフ	① チェルノブイリ博物館 ② 放射線医学研究所
11月5日 ウクライナ・チェルノブイリ	① チェルノブイリ原子力発電所 ② プリピャチ(原発から3kmにある廃墟都市
11月6日 ウクライナ・キエフ	① 住民団体『ZEMLYAKI』 ※プリピャチからの避難者の自助グループ

者と実務家，および10名のマスコミ関係者で組織された。研究者は福島大学からは，清水修二氏（地方財政学），小山良太氏（農業経済学），クズネツオーワ＝マリーナ氏(比較社会学)，法政大学からは舩橋晴俊氏(環境社会学)，石井秀樹（造園学，緑地計画／現，福島大学）の参加をはじめ，法学，哲学・倫理学，環境経済学，科学技術社会論などの多様な研究者が参加した。実務家は遠藤雄幸川内村村長をはじめ，浪江町議，福島県職員，南相馬市職員，農協，生協，森林組合，医師，医療生協らが加わった。

この調査団はチェルノブイリの原子力災害を多角的に把握し，25年間の試行錯誤の中から福島への教訓を得ることに重きがあった。その訪問先は以下である（表1）。なお視察内容の詳細は，清水修二氏による原子力委員会での報告[2)]や寺西俊一氏らによる報告[3)]，視察団報告書へと譲る。

「ベラルーシ農業調査団」(2012.3.11-3.16) は，小山良太氏，小松知未氏（農業経営学），クズネツオーワ＝マリーナ氏，石井秀樹の4名で実施された。この視察調査は，これからの福島の農業の展開を探るべく，放射能汚染の実態把握（土壌汚染計測とそのマップ化），その社会的公開のあり方，放射性物質を吸収抑制に関する基礎研究，放射性物質を低減させる食品加工，食品検査，営農指導，放射能教育といった課題に主眼を置き，農業に関わるより専門的な視察を行った。この調査団の訪問先は以下である（表2）。

（2）除染をめぐる基本的認識の違い

表2 「ベラルーシ農業調査団の訪問先」

3月11日 ベラルーシ・ミンスク	① サハロフ名称国際環境大学(ISEU)
3月12日 ベラルーシ・ゴメリ	② ベラルーシ国立放射線研究所(RIR) ③ NGO「チェルノブイリの子どもたち」
3月13日 ベラルーシ・ホイニキ地区	④ ホイニキ地区放射能安全政策教育研究センター(ISEUのサテライト) ⑤ 乳製品加工工場 ⑥ アルコール加工工場

筆者がベラルーシやウクライナの訪問を通じて考えさせられた点は多数あるが，その中で最も印象に残ったのは，現在争点となっている「除染」の考え方が日本と根本的に異なる点である（なお本稿における「除染」とは，“放射性物質に汚染された系から放射性物質を取り除くこと”とひとまず定義をし，作物への放射性物質の吸収抑制などは「除染」の定義に含めない)。

ユーラシア大陸の内陸西部に位置するベラルーシやウクライナは，広大な農地と森林地帯が広がる。ミンスクやゴメリといった都市をぬけると，地平線が見渡せる農地，針葉樹林を主とした森林地帯が広がり，その中に人々が暮らす集落や集団農場の施設が点在するような景観が広がっている。狭小で山地が多く，人口密度の高い日本とは，景観はもとよりそれを構成する地形や植生，気候などの自然風土，そしてこれに基づく営農体系が全く異なる。この広大な大地を目の前にした時，除染に伴う膨大な労力が想起され，“除染ありき”という考え方が揺さぶられる想いがした。

チェルノブイリ原子力発電所の第4号炉は，1986年4月26日に壊滅的事故が起きた。第4号炉の事故処理に膨大な数の復旧作業員（リクリダートル）が立ち入ること，また1991年まで隣接する他の原子炉（第1～3号炉）が稼働していたことから，チェルノブイリ原子力発電所の周辺は徹底的な除染活動が行われたという。チェルノブイリ原子力発電所に至る道路は，そもそも放射性物質の降下が少なかった方角で整備されたこともあろうが，車中から空間線量を測定すると発電所の近傍2,3kmまで，0.3 μ Sv/hを超えることはなかった。原発周辺の住宅は基本的に壊して地中に埋められた。これは除染よりも，むしろ立ち入り制限エリアで住居として利用されるのを防ぐことが目的であった。森林も樹木を伐採し，表層土壌もろとも地中に埋めるのが原則であった。これは山火事の発生で放射性物質が大気に拡散するのを防ぐための処置であった。

しかしながら，原子力発電所以外では基本的に農地や森林の除染は行わず，放射能汚染の度合いに応じてゾーニングを行い，住民を移住させ，高レベルの汚染地域は国立公園として閉鎖する。農地を除染するために表土を除去することは，貴重な栄養塩を奪い，その結果農地を“殺す”ことから，その利用可能性を損ねるため実施しない。広大な国土を除染することは，技術的限界や経済的不合理性から，ベラルーシやウクライナでのヒアリング対象者は除染の有効性に対して総じて否定的であった。

除染がベラルーシやウクライナで否定的に捉えられる一方，日本で除染がこれだけ争点に挙がるのは，①自然環境，②人口密度，③社会・政治的な環境，などの違いが背景にあると考えられる。より具体的に考えると，「移住」という選択肢が取れるのか，もしくは「移住」という選択肢がとれず，「除染」を検討せざるを得ないのか，という事情が大いに関係しているように思われる。

ベラルーシやウクライナでは大統領の権限が強く，住民自治の考え方は希薄である。国家の方針が重大な意味を持ち，住民が国家の方針を公然と非難することは容易ではないことが推察され，国民は移住に従う。一方，日本では土地の私的所有が認められるのに対して，旧ソビエト連邦諸国の土地は基本的に国有であった。特にベラルーシでは住居も仕事も国家が介在するのに対して，日本では居住場所と職業選択の自由が保障されおり，個人の裁量と責任が少なくない。この点は，原子力災害のその後の生活に決定的な違いをもたらす。日本では土地・建物は資産価値を伴う。そして農地や山林は長い年月をかけて生産基盤が構築されてきた。日本人の土地に対する愛着や執着は強い。また移住先で新たな職業を得ることも容易ではないことから，日本で「移住」という選択肢を取ることは，ベラルーシやウクライナ以上に個人は大きな代償を払う。

（３）農業に対する対策

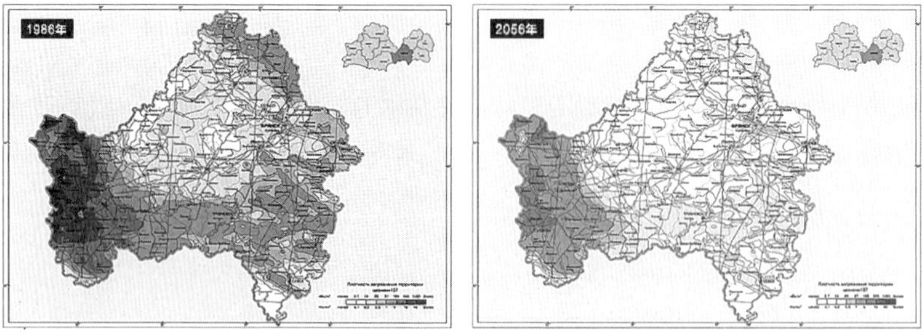

図1　セシウム137分布マップ（1986年）　**図2**　セシウム137分布マップ（2056年）
セシウム137が減衰する様子が読み取れる。

ベラルーシやウクライナでは，農地や森林の除染に懐疑的であったが，除染という選択肢を取らぬ中で，どのような農業対策をしているのだろうか。

以下，ベラルーシ政府の政策決定に対して研究・実践の立場からその判断材料を提供するベラルーシ放射線研究所のヴィクター＝アベリン所長の見解を主に紹介しながら，農業対策上のポイントを簡潔に纏めたい。

①　放射性物質の汚染状況の把握

放射能汚染が懸念される地域で，居住や耕作をするためには，まずは放射能汚染の実態把握が不可欠である。こうした実態把握がないままに，然るべき除染計画や復興計画を策定することも，農業生産も始めることはできない。すべては実態把握から始まる。

チェルノブイリの原子力災害では，ヨウ素やセシウムに加えて，ストロンチウム，プルトニウム等の放射性核種も拡散したが，ベラルーシでは放射性物質分布マップが核種ごとに，州レベル，地区レベルで作成されている。また放射性壊変による半減期を想定し，1986年から10年毎の汚染度の変化がシミュレーションされ，社会的に公開されている。

また圃場レベルでは，深刻な放射能汚染に見舞われたゴメリ州を中心として，4年毎に約10haスケールで区分された圃場毎に放射性物質の濃度と土壌組成が計測され，作付け計画の基礎的な判断材料としている。

②　作物の放射性物質の吸収抑制に関する研究

放射性物質の作物への移行は，土壌の放射能汚染濃度と，土壌条件（種類，交換性カリウム等の栄養塩，粘土鉱物，有機物の含有量，pH）などに左右されるが，作物への移行を減らすため，放射性物質の移行メカニズムに関わる基礎研究が進められている。

その詳細はⅢ-2に譲るが，福島第一原子力発電所の事故直後はベラルーシやウクライナで行われた研究蓄積が国内に紹介され，農業対策の一つの参考とされた。

③　汚染度に応じた栽培計画の提示

汚染実態の把握と，作物の放射性物質の吸収抑制に関する基礎研究を踏まえて，土壌の汚染度に応じて作付け可能な栽培品目を評価し，これを地図で表現する「RAINBOWシステム」が構築されている。土壌条件は17種類のパラメータで表現し，作物毎の移行係数を踏まえて，作物への放射性物質の移行をシミュレーションする。RAINBOWの名は，作物の放射性物質の予測含有量を7段階（7色）で地図に表現することに由来する。ベラルーシでは，このシステムを元に，農業者に栽培可能な作物の選択肢を提示（許可）し，放射性物質の吸収を抑えるための営農指導も行っている。基本的なポリシーとしては，汚染が軽微な圃場では然るべき土壌対策を行った上で食用作物が栽培されるが，中程度の汚染が認められる圃場では，アルコールなどの工業的な利用がされる作物，放射性物質を低減する食品加工（後述）を通じて食用利用される作物が栽培される。

なおこの作物の栽培許可は法的な位置付けがあり，それを逸脱した場合は刑事罰の対象になる場合があるなど，法的拘束力がある。

④　放射性物質を低減する食品加工

アルコールの蒸留，牛乳からチーズやバター等の乳製品を加工するプロセスには放射性物質を低減する効果があり[4]，セシウムやストロンチウム等の放射性物質を含んだ農作物や牛乳であったとしても食品加工することで，食

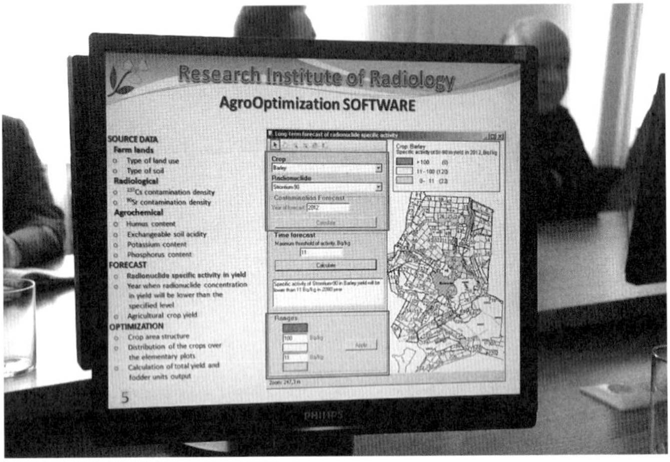

写真 1 「RAINBOW システムのインターフェイス」

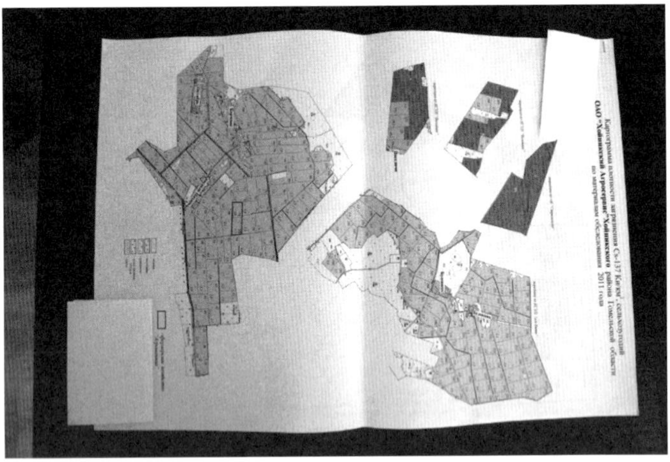

写真 2 「RAINBOW システムで評価された土地利用図」

用利用の可能性が開ける。チェルノブイリ原子力発電所から30kmほどに位置するゴメリ州ホイニキ地区には，乳製品の加工工場，アルコール蒸留工場があり実績がある。食品規制値を超える農産物の生産が予測される地域であっても，食品加工により放射性物質の低減をすることができれば，農業生産を通じた土地利用，産業復興につなげることができる。

ベラルーシ放射線研究所のヴィクター・アベリン所長は，食品の安全検査体制の構築，放射性物質分布マップの作成，栽培許可など，安全・安心な食物生産をするためには，国家の責任や指導力が重要であることを強調する。安全管理体制においても，流通段階でバラバラな検査を事後的に実施するのではなく，生産段階から圃場毎の土壌組成や放射能汚染の状況を踏まえて，ゾーニングを行い，然るべき作付けを計画的・予防的に行うことが，生産者にも消費者に安全・安心をより与え，結果として経済的な合理性があるという。

ベラルーシが25年かけて構築してきた生産・流通・検査における一連の体系だったシステムには学ぶべきところが多い。逆に一貫性のない生産・流通・検査の体制のままでは，生産，流通，検査の効率性を落とすだけでなく，結果として基準値を超える作物の出現に繋がり，いつまでも風評被害の火種を残し，福島の農業の再生を遅らせることになりかねない。

2　作物への放射性物質の吸収抑制技術について

（1）ファイトレメディエーションによる放射性セシウムの除染の難しさ

土壌中の放射性セシウムを植物が除去する方法として，ファイトレメディエーション（Phytoremediation）が注目され，2011年4月頃より新聞やメディアで盛んに取り上げられた。ファイトレメディエーション（Phytoremediation）とは，植物が根から水分や養分を吸収する過程を通じて，土壌中の汚染物質を吸収し，汚染物質を除去する方法である。

植物には放射性セシウムを吸収しやすい種，吸収しにくい種があるが，農林水産省によるヒマワリを用いた放射性セシウムの吸収実験によれば[5)]，ヒマワリによる除染効果は乏しく，植物に土壌中の放射性セシウムを短期間で吸収することを期待することは難しい。

土壌中の放射性セシウムには，図3の模式図に示すように様々な形態があると考えられている。第1は，植物が根から直接吸収することのできる土壌水分中に含まれる放射性セシウム。第2は，粘土鉱物や有機物といった土壌構成物の表面に付着し，土壌中の水分に比較的移行しやすいと考えられる交

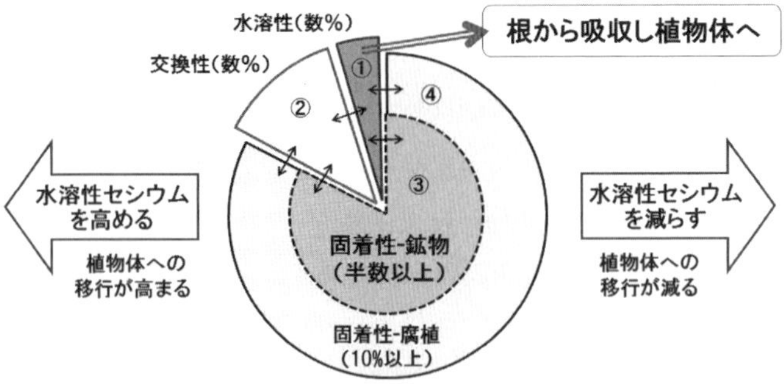

減らす	カリウム	増やす
減らす	腐植	増やす
減らす	CEC(塩基置換容量)	増やす
減らす	pH	増やす
増やす	アンモニア態窒素	減らす

図 3 「土壌内でのセシウムの所在と挙動」 ※石井が独自に作図

換性セシウムである。第3は，粘土鉱物をはじめとした鉱物に吸着されたセシウム。第4は腐植など有機物の内部に吸着されたセシウムである。これらの放射性セシウムの分布割合は，土壌の種類，土壌組成や，その土壌が置かれた環境条件に左右されるが[6)]，第1の水溶性セシウム，第2の交換性セシウムは，一般的な土壌の場合，土壌全体でほんの数%に過ぎないと考えられている[7)]。

植物が根から直接吸収できる放射性セシウムは土壌水分に含まれる放射性セシウムである。そのためファイトレメディエーションによって吸収できる放射性セシウムは，おおむね土壌水分中のセシウムと，土壌水分に移行しやすい交換性セシウムの二つの形態のセシウムに限られる。ファイトレメディエーションによって土壌を除染，すなわちクリーニングをするには，あらゆる形態の放射性セシウムを除去する必要があるが，植物が吸収できる放射性セシウムの形態は限られており，ファイトレメディエーションによるセシウムの除染効果は低い。

（2）放射性セシウムの作物への吸収抑制

植物への放射性セシウムの移行は，土壌の種類や，土壌組成によって大き

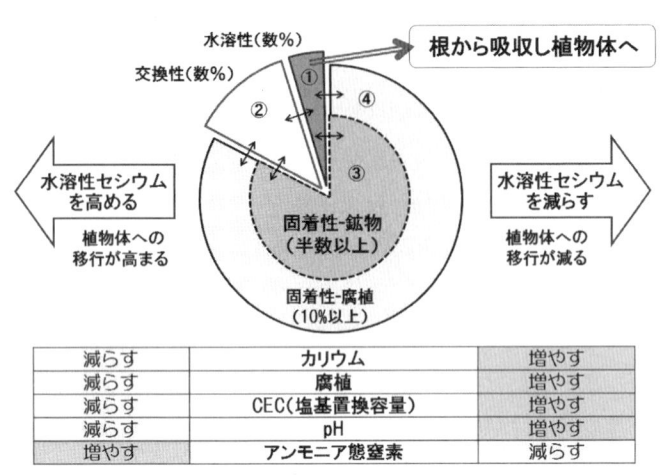

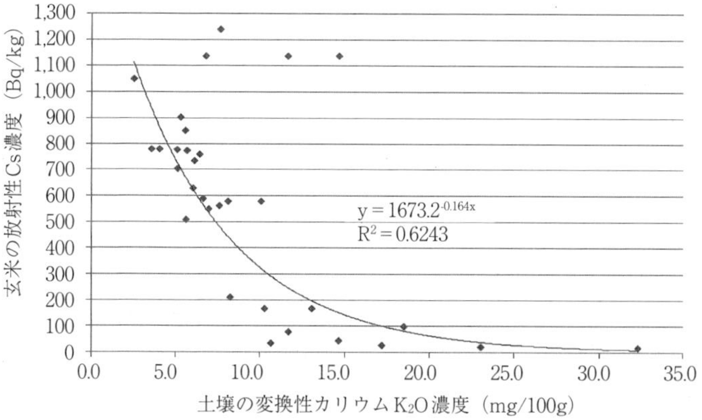

図４「土壌中の交換性カリウム濃度と玄米中の放射性セシウム濃度の関係」

く変わる。作物への放射性物質の移行を抑制する観点から，土壌の性質を変えたり，土壌組成をコントロールしたりする施肥の方法がある。具体的には，①セシウムと競合するカリウム肥料の投入[8) 9)]，②セシウムを吸着するゼオライトなどの粘土鉱物の投入[10) 11) 12)]，③有機物の維持・増強，④土壌pHの酸性化防止，⑤窒素肥料の利用削減，等が放射性セシウムの低減対策の観点からその有効性が検討されているが，これらはいずれも土壌診断をした上で適正な値にするような制御が必要である。こうした土壌肥料学的なアプローチは，チェルノブイリ事故を被ったベラルーシやウクライナに研究蓄積があり，一定の成果を挙げている。

また日本では（独）農研機構が，作付前の土壌中の交換性カリウムの含有量と玄米に吸収された放射性セシウムの含有量には高い相反関係があることを明らかにした（図4）[13)]。その上で，「作付前の交換性カリ含量が25 mg/100 gより低い水田土壌では，交換性カリ含量を25 mg/100 g程度になるように土壌改良することで，放射性セシウムの玄米への移行を低減できる」という指針を提示している。

その一方，福島県内の圃場では，大変幸運なことに作付制限の対象基準となった5000Bq/kgに近い汚染度の圃場であっても，野菜類を中心に多くの農産物が500Bq/kgの暫定基準値を大幅に下回っただけでなく，その多くが検出限界以下（福島県では10Bq/kg程度）となるものも少なくなかった。これは福島県内の生産者の多くが当初予測したよりも放射性物質の吸収が少なく，一つの明るい兆しとなった。

その理由は，ベラルーシやウクライナに広がる貧栄養なポドゾル土壌などに比べて，日本の土壌は肥沃度が高く，セシウムを土壌に吸着させる能力が高いことが関連していると推察されている。逆に言えば，チェルノブイリの原子力災害で大きな効果を挙げた土壌肥料学的な方法だけで，セシウムの吸収を抑制できる余地は少なく，むしろ土壌組成の制御を誤れば病害虫の発症，収量の低下，河川や海洋の富栄養化に伴う環境汚染といったリスクを孕んでいる。

（3）環境要因による放射性セシウムの移行の可能性

平成23年度に，暫定基準値500Bq/kgを超えるコメが検出されたのは，主として阿武隈山系の山間部の水田（伊達市小国・月舘地区，福島市大波・渡利地区）であった。福島県と農林水産省が平成23年12月25日に発表した「暫定規制値を超過した放射性セシウムを含む米が生産された要因の解析（中間報告）[14]」によれば，「暫定基準値を超過する放射性セシウムを含む玄米が生産された水田土壌の放射性セシウム濃度（0-15cm層）は，2,421～11,660Bq/kgと地点によって大きな差がある」，「土壌の放射性セシウム濃度が5,000Bq/kgを超える地点でも，米の放射性セシウム濃度が暫定基準値を大きく下回る事例もあるなど，土壌の放射性セシウム濃度と玄米の放射性セシウム濃度との間には明確な相関関係は見られなかった」（図5），と分析されている。

一般に玄米の移行係数は，一般的に0.004前後の値とされるが[15]，暫定基準値を超えるセシウムが検出された圃場では，（みかけの）移行係数が0.1を超え，場合によっては0.3にも及び，同報告書では「土壌からコメへの移行以外の要因が働いている可能性」があることが指摘されている。

しかしながら現状では，玄米中の放射性セシウムが500～1000Bq/kgに達するコメが生じるメカニズムは十分に解明されていない。昨年度は，暫定規制値500Bq/kgを超えるコメが見つかった時点で，大半の生産者は複数の圃

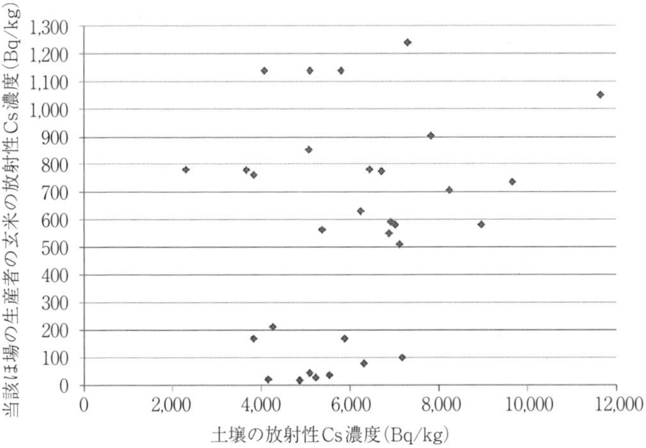

図５　「土壌中の放射性セシウム濃度とそこで生産される玄米の放射性セシウム濃度の関係」（※参考資料のviiのデータより石井が作図）

場で作られた米を乾燥機で混ぜてしまったが故に，圃場と玄米を対応させてその要因を特定するには至らなかった。平成24年度は，100Bq/kgを超過した地域で稲を栽培する場合，管理計画を策定し，作付前の吸収抑制対策，ならびに全ての米の全袋調査，流通管理が求められることから，こうしたメカニズムの解明が待たれる。

なお昨年度の限られた状況証拠から，放射性セシウムが特異的に高くなる要因として検討課題となっている仮説は，①水路などを通じて圃場に流入する放射性セシウムの影響，②フォールアウト時に覆われていた有機物が，稲が結穂する時期に急激に分解し，それに付着していた放射性セシウムが土壌に吸着されることなく，稲に直接的に吸収される影響，などが考察されている[16)]。

放射性セシウムの移行メカニズムについて，特に稲では土壌からの移行プロセスのみならず，水を介した環境要因による移行プロセスの解明も行うことが，放射性物質の吸収抑制を多角的に実施する上で必須である。

仮に環境要因による影響が卓越する場合，福島県と農林水産省の報告による「水田土壌の放射性セシウム濃度と玄米の放射性セシウム濃度の間には明確な相関関係はみられなかった」という指摘とあわせて考えると，土壌中の放射性セシウム濃度が高い福島県内の圃場であったとしても，然るべき環境要因の制御と施肥設計を行うことで，米の生産可能性が開ける可能性もある。その一方，土壌汚染度の低い地域であったとしても，陸水を通じて放射性セシウムが流入する環境要因が卓越する場合，その対応を怠れば，一定量の放射性セシウムが吸収される可能性もあるだろう。その意味で，然るべき対処が実用化されれば福島でも，作付可能性が広がる一方，基準値が100Bq/kgとなった今日，東日本全域で注意深くモニタリングをしてゆく必要があると考えられる。

3　これからの福島の農業の復興・再生にむけた課題

（1）福島の現状

福島では2011年10月に佐藤雄平福島県知事がコメの安全宣言を行った後，暫定基準値500Bq/kgを超えるコメが相次いで検出される事態に見舞われた。これは福島県内でのコメの予備調査や本調査を行う一方，土壌汚染の実態，土壌からコメへの放射性物質の移行係数などを勘案しながら，暫定基準値を下回ることが想定され，安全宣言を出したのだと推察される。しかしながら本調査のサンプル数の絶対的少なさ，環境要因の存在，といった問題が今日では指摘されているように，結果として暫定基準値を超える玄米の発見に至った。

農林水産省と福島県による米の放射性物質緊急調査では，500Bq/kgを超えるものは全体の0.3%，新基準値の100Bq/kgを超えるものは全体の2.3%に過ぎない。しかしながら，それまで全量の契約が決まっていたケースでも，それが検出限界以下（Not Detected）であっても，福島のコメであるというだけで出荷は停滞した。コメの安全宣言の直後に一転，暫定基準値を超えるコメが発見されたため，消費者・生産者の心理に大きな打撃を与えた。消費者の福島産のコメに対する信頼が失われただけでなく，各種施策に関わる国や県に対する信頼が大きく失墜することとなった。

2012年2月には復興庁が設置され，また「福島復興再生特別措置法案」が閣議決定された。これは福島県を対象とした企業誘致，税制などの優遇措置だが，その計画策定はすべて地方自治体に委ねられている。こうした構図は，原子力災害からの復興計画，除染計画の策定においても同様にみられる。地震・津波災害では，各自治体では復旧・復興に向けた地域開発計画が，（多くの批判を浴びながらも）半ばトップダウンで進みつつある。その一方，原子力災害に関しては，中間処理施設の設置など各自治体の利害を超えるが故に国の介在が不可欠な事象，あるいは放射性物質の処理に関わる立法が進まないことなど，政府の対応方針が見えず，国のこうした対応の遅れが，福島の復興をさらに停滞させていると言わざるを得ない。原子力災害から一年しかたっていないとはいえ，ベラルーシ政府の対応や指導力の発揮とは極めて対照的である。

（２）平成24年度のコメの作付方針をめぐる福島での混乱

放射性セシウムの基準値が，2012年4月1日より一般食品で100Bq/kgとなった。以下は，それを想定して2012年2月28日に出された，平成24年度のコメの作付に関する農林水産省の方針である。以下，これを例にとりながら問題点を指摘する。

第一の問題は100Bq/kgを超えた農産物の扱いが不透明なことである。出荷制限には法的拘束力はなく，あくまで生産者に対する出荷自粛の要請にすぎない。こうした要請は，実際的には各自治体の担当者や農協職員らが行うこととなり，現場でのコンフリクトは避けられない。

また全袋調査については，体系だった検査体制のあり方が十分に検討されていない点，またその労力の多さ，担い手不足などの課題があり，全袋検査が順調に進む確証もない[18)]。また100Bq/kgを超える農作物は焼却処分されるであろうが，焼却すれば焼却灰が高レベル放射性廃棄物となる可能性もあり，その処理の見通しもない。焼却処分されるまでは大量のコメが倉庫に保管されることから，そのコストもかさむ。これらは全て福島県内の現場が実施しなければならず，現場（＝被災地）に大きな負担が強いられている。

1．500 Bq/kgを超過した地域では，旧市町村単位(場合によっては「字」単位）で作付制限を行う一方で，来年以降の作付再開に向けた地域の一体的な取組に対する支援を行います。
2．100 Bq/kg超から500 Bq/kg以下の地域では，(1) 上記1と同様の取扱を基本としますが，(2) 以下により新基準値を超過する米が流通しないことを担保できる場合は，例外的に作付の道を開きます。

取組：次の(ア)～(ウ)を内容とする「管理計画」を策定
（ア）作付前の吸収抑制対策
（イ）全ての米の管理の徹底
（ウ）全袋調査の実施　等
手順：(a) 事前出荷制限
(b)「管理計画」の下において，新基準値以下の米袋については出荷　等
注：なお，100 Bq/kgを超過した米の発生が一部農家に限定される地域において，市町村が当該農家の生産を適切に管理する場合は，上記2の(2)の取扱いによらず，作付を行うことができます。

3．上記1・2以外の地域では，作付制限を行わず，収穫後の放射性物質調査により米の安全性を確保します。

（出典）農林水産省「24年産稲の作付に関する方針」について　（平成24年2月28日プレスリリース）[17]

第二の問題は，放射性物質の吸収抑制をするための対策が，現場の責任に委ねられている点である。玄米が100Bq/kgを超過した地域は，基本的に農林水産省が「来年以降の作付再開をむけた地域の一体的な取り組みを支援」することになっているが，その取り組み主体はあくまで現地であり，その内容は具体化されていない。100Bq/kg以上，500Bq/kg未満の地域に対しては，“作付前の吸収抑制対策”することで作付可能性が開かれるが，現状の対策は放射性物質の汚染度の高低や土壌の種類に関わらず，ゼオライトやカリウム肥料を地域で一律に散布するという極めて画一的なものであるという問題点もある。

交換性カリウムは既述したように，水田土壌100mgあたり25㎎程度を維持することが肝要であり，必要量以上にカリウムを散布したところでセシウムの吸収抑制には繋がらない。むしろカリウムの過剰散布は病害虫の発生要因や，土壌から溶脱すれば河川や海洋の富栄養化に繋がる可能性がある。もともとカリウムが25㎎/100gを超える圃場も少なくなく，カリウム散布を必要とせず，むしろ散布が弊害となる圃場すら存在するのである。

またゼオライトについては，セシウム吸収に必要かつ不可欠な投下量が学術的には明らかとなっていない。天然のゼオライトには，産地によりセシウ

ムの吸収特性に差があること，また汚染土壌には一定量の粘土鉱物が含まれており，ゼオライトを散布するまでもなくセシウムを一定量吸着する能力が備わっている。一方，ゼオライトの過剰散布は，植物生長に欠かせない微量元素を含めた栄養塩を一時的に枯渇させてしまうリスクもある。ゼオライトもカリウムと同様に，土壌散布の適正量というものがあり，圃場毎にしかるべき土壌組成の診断をした上で，本来，汚染度に応じてその散布量を決定する必要がある。“過ぎたるは及ばざるがごとし”であり，画一的な対応は本末転倒である。

第三の問題は，損害賠償が今後どのようになされるのか見通しがないことである。農林水産省は，平成24年3月29日に平成23年度の福島県産のコメで100Bq/kg以上，500Bq/kg未満の放射性セシウムが検出された13市町村の62旧市町村について，地域単位で民間団体がコメを買い上げる方針を正式に発表した[19]。コメを買い取るのは民間団体であり，損害賠償の予算的裏付けは未定で，今後東京電力に請求をしてゆくこととなる。そして忘れてならない点は，この決定はあくまで平成23年度のコメについてであり，平成24年度の扱いが未定である点である（平成24年4月10日現在）。

さらに損害賠償という方法がそもそも持続可能なものであるのか，例えば東京電力に賠償能力があるのか，あるいは中長期的に損害賠償に代わるより良い方法があるのか，という課題が残る。

原子力災害の被害者である生産者にとって損害賠償は正当な権利であり，かつ死活問題である。だが損害賠償の対象となるのは，あくまで実体経済として顕在化するフローの部分だけにすぎない。原子力災害によって失われた生産基盤，あるいは地域が作り上げてきたブランド，生産ノウハウ，人的資源といった，有形・無形のさまざまなストックは，現状では損害賠償の対象とはならない[20]。ましてや生産者が生業として食物生産することの生甲斐や喜びを奪い去ったことは，損害賠償ではそれを回復することはできない。また労働の有無によらず損害賠償によって生産者がお金を手にすることは，生産者の労働意欲を奪うことに繋がるほか，膨大な社会的コストを伴う点も鑑み，農業者の新しい生産活動とむすびつけた賠償保障に代わる別の対応も考える必要があろう。

4　おわりに

福島第一原子力発電所事故から約一年が経過し，当初の混乱期を経て，いよいよ福島・東日本の農業を復興させてゆく時期にきたと考えられる。最後に本稿を総括としながら，今後の課題を筆者なりに纏めてみたい。

まず第一に放射能汚染の実態把握の徹底と，基礎研究の充実を図るべきである。営農活動はもとより除染や復興計画というものは，汚染実態の把握をベースとしなければ実効性を伴わない。また農作物への放射性物質の吸収抑制をはじめとした栽培技術の研究は，チェルノブイリの25年間の経験と蓄積を踏まえて日本でも始まったが，チェルノブイリ原子力発電所の周辺諸国と日本とは，土壌や地形，気候などの自然環境のみならず，水田農業の存在をはじめとした営農体系も大きく異なっている。そのためこうした基礎研究は，ユニバーサルな普遍性を追求しつつも，日本の自然や風土，営農体系に適応させた形で体系化する視点が不可欠である。

またこれまで振り返ったように，作付制限や出荷制限に関わる政策決定，ならびに食品の安全基準，検査体制のあり方を方向づける研究は皆無に等しく，議論が社会的に錯綜している。例えば平成24年4月1日よりセシウムの食品基準値が100Bq/kgとなった。安全基準値の厳格化は，本来ならば生産者に対して基準値を下回るような営農体系を生産段階から代替的に提示するとともに，体系だった検査体制の構築とセットで導入するのがフェアーだが，このままでは100Bq/kgを超える農産物の出現は必至であり，食の安全・安心と第一次産業の持続可能性を両立させる展望がない。現状のような断片的，対処療法的な対応ばかりでは，安心・安全な食物生産はもとより，風評被害の解決などの根本的解決には程遠い。ベラルーシのように各種の対策を相互連携的に体系立てて組織してゆくことが望まれる。

またこのような問題が生じるもう一つの理由は，基礎研究や政策決定に関わる研究・実践とともに，こうした研究や実践の成果を現場に社会的実装をしてゆく取り組み，より具体的には地域ごとの自然・風土や放射能汚染度に応じて，生産者が選択できる営農体系をわかりやすく提示し，それを指導・普及してゆく体制が存在しないからである。この時，研究者や行政のみならず生産者や消費者の参加が必須である。なぜならこの原子力災害は，社会的排除が引き金となり，不信によって助長されてきたからである。

そしてこの原子力災害で被災した地域に必要なものごととは，除染や放射性物質の吸収抑制といった技術的介入を断片的に行うことだけでなく，放射能汚染という現実を直視した上で，危機的状況の中でも制御可能なものごとを見出し，そこに暮らす人々の暮らしの存立基盤や生産基盤を回復してゆくための，トータルな意味での福祉なのではなかろうか。「除染」それ自体は本来目的ではなく，あくまで市民が安心して暮らすための手段の一つである。「移住」もまた市民が安心して暮らすための手段であったはずである。

阪神淡路大震災の仮設住宅で孤独死をされた方の例をみるまでもなく，移住先での福祉が担保されなければ，たとえ放射能による健康リスクが低減されたとしても，身体的にも精神的にも，そして社会的な意味でも健康を失ってしまうだろう。

健康とは豊かに生きるための“手段”の一つであって“目的”ではないという考え方がある。この原子力災害によってもたらされた健康リスクは，単に個人の身体的・心理的な健康に還元されてよいものか筆者には疑問がある。より根源的には，福島や東日本の人々が失った誇りや自信を取戻し，地域が保有していた潜在的可能性が損なわれていることの自覚から，私たちが失ってしまった“健やかさ”を問い直すこともまた同時に必要なのではなかろうか。

そして放射能汚染によって暮らしの存立基盤や生産基盤が奪われることは，人権問題と同根である。農業の復興・再生というものは，単に農作物の生産量といったフローを回復させることではない。農業を通じて育まれてきた地域，ひいては文化や歴史，人と人の繋がりも含めて，有形・無形のあらゆるストックの次元から捉え直さねばならない。

より具体的には，新しい基準値である100Bq/kgをクリアーするような生業手段を与えること，その結果，生産と土地利用を持続的に展開できるようにすることを通じて，被災した地域の生産者の生活・経営自立をトータルに図ってゆく支援であり，こうした視点が今の農業の復興・再生にもっとも欠けているのではなかろうか。

●参考文献

福島大学災害復興研究所（2011）「双葉八町村住民災害復興実態調査」 http://fsl-fukushima-u.jimdo.com/双葉八町村住民災害復興実態調査/平成24年2月16日閲覧

清水修二（2011）「福島とチェルノブイリ――差異と教訓」第51回原子力委員会　資料第一号 http://www.aec.go.jp/jicst/NC/iinkai/teirei/siryo2011/siryo51/siryo1.pdf　平成24年2月8日閲覧

寺西俊一・石田信隆・藤井康平・西林勝吾（2012）「ベラルーシ・ウクライナ福島調査団の報告」，『環境と公害』，vol.41, No.4, pp.61-65

原子力環境整備センター（1994）『食品の調理・加工による放射性核種の除去率』，54pp

農林水産技術会議（2011）「農地土壌の放射性物質除去技術（除染技術）について【別添2】実証した除染技術の成果の概要」

日本土壌肥料学会（2011）「原発事故関連情報（5）：セシウム（Cs）の植物移行とそのメカニズム」http://jssspn.jp/info/nuclear/cs-1.html，平成24年2月18日閲覧

野中昌法（2011）『大震災・原発事故をのり越える有機農業』，日本有機農業研究会40周年記念シンポジウム講演資料　2011, 8.27

J. Lembrechts: A review of literature on the effectiveness of chemical amendments in reducing the soil-to-plant transfer of radiostrontium and radiocaesium, Science of The Total Environment, 137,81-98, 1993

A.F. Nisbet et al.: Application of fertilisers and ameliorants to reduce soil to plant transfer of radiocaesium and radiostrontium in the medium to long term - a summary, Science of The Total Environment, 137, 81-98, 1993

A.V.Konoplev et al.: Influence of agricultural countermeasures on the ratio of different chemical forms of radionuclides in soil and soil solution, The Science of the Total Environment, 137, 147-162, 1993

H. Vandenhove et al.: Potassium bentonites reduce radiocaesium availability to plants, European Journal of Soil Science, 54, 91-102, 2003

F. Degryse et al.: Enhanced sorption and fixation of radiocaesium in soils amended with K-bentonites, submitted to wetting–drying cycles, European Journal of Soil Science, 55, 513-522, 2004

農研機構（2012）「玄米の放射性セシウム低減のためのカリ施用」 http://www.naro.affrc.go.jp/publicity_report/press/laboratory/narc/027913.html 平成24年2月24日プレスリリース，平成24年3月3日閲覧

福島県，農林水産省（2011）「暫定規制値を超過した放射性セシウムを含む米が生産された要因の解析」（暫定基準値を超過したコメの発生要因中間検討会資料）

http://www.pref.fukushima.jp/keieishien/kenkyuukaihatu/gijyutsufukyuu/05gensiryoku/240112_tyukan.pdf
塚田祥文・山口紀子・高橋知之（2011）「土壌－作物系における放射性セシウムおよび放射性ストロンチウムの動態」，『科学と生物』，Vol.49, No.12, pp.834-842
「第二回放射能の農畜水産物等への影響についての研究報告会－東日本大震災に関する救援・復興に係る農学生命科学研究科の取組み－」
http://www.a.u-tokyo.ac.jp/rpjt/event/20120218.html
農林水産省（2012）「24年産稲の作付に関する方針」について，平成24年2月28日プレスリリース，http://www.maff.go.jp/j/press/seisan/kokumotu/120228.html，平成24年3月15日閲覧
小山良太（2011）「放射能汚染問題と食と農の安全性」『協同の発見 通巻231号』協同総合研究所，pp.51-61
「地域単位で買い上げ　100ベクレル超500ベクレル以下の23年産米」，福島民報　2012年3月30日（朝刊）
小山良太（2011）「東日本大震災・原発事故による農業農村の被害と再生のあり方――福島県農業の地域性と対応課題――」，『経済地理学会年報』，Vol57，No.3，pp.63-66

コラム2

消費社会における「食の安全」の限界

吉 野 馨 子

2011年3月11日の東日本大震災により引き起こされた12日の福島第一原発事故以降，農と食の現場は大きく動揺している。首都圏で使用される膨大な電力を供給するために建設された原発が，地域の土地を汚染し，農作物を汚染し，福島を中心とした東日本の農村に大きな打撃を与えた。

右往左往する消費者——情報不足と情報過剰

3月12日15時36分，福島第一原発一号機が水素爆発，14日11時1分，3号機が爆発，15日6時0分～10分，2号機と4号機が相次いで爆発した。放射能は大地や水を汚染し，厚生労働省は3月17日，食品中の放射性物質の食品衛生法上の暫定規制値を食品500ベクレル/キログラム，水200ベクレル/キログラムと発表。19日には，福島県産の牛乳と茨城県産のほうれん草から暫定規制値を超える放射性ヨウ素などが検出され，20日には，栃木県，群馬県，千葉県のほうれん草，春菊，カキ菜からも暫定規制を超えた放射性ヨウ素とセシウムが検出。21日，これらの自治体に対し，当該農産物の出荷停止が首相より指示された。首都圏の水からも高濃度の放射性物質が検出された。23日，1キログラムあたり210ベクレルの放射性ヨウ素が検出されたことを受け，東京都は乳児の水道水の摂取制限を宣言。消費者に大きなショックを与えた。

3月12日以来，私たち消費者は，政府から発表される情報の信頼性，速報性，詳細性の欠如に落胆し，より正確な情報を求め，右往左往してきたと言えよう。その中で，事実に基づくもの，伝聞によるもの，推察によるもの，玉石混合のさまざまな情報がツイッターやブログ，その他のメディアを通してあふれ続けた。放射能汚染を，喫煙，肥満，交通事故などのさまざまなリスクと比較し，それほどにリスクの高いものではない，とする見解。各地で鼻血，咳，がんの発症などが見られるとし，東日本からの一刻も早い避難を進める見解。放射能の害に敏感な住民と，さほど深刻に捉えていない住民の間で，互いに「過敏すぎる」，「鈍感すぎる」といった，あつれきも生じた[1)]。

どれが正しいのか，どれが正しくないのか，判断する術の無いまま，筆者も次々と新しい情報がくり出されるツイッターから離れられず，寝不足の日々を送った時期があった。私たちは，情報不足と情報過多が共存する，ねじれた状況に置かれ続けてきたと言えるだろう。その中で，私たちは，とりあえず，それぞれに判断し行動してきた。

“食の安全”に敏感な人が被災地産から離れる

日本有機農業研究会が，国内2,000人を対象に2012年1月に実施したインターネット調査がある[2)]。放射能物質を含んだ食品の摂取について，22％の回答者は「ほんの微量でも含んでいるものは，食べないようにしたい」，27％は「国の暫定規制値よりも厳しい基準で考えたいが，微量であればしかたがない」と，合わせて49％が国の暫定規制値よりも厳しい値を考えており，「国の暫定規制値を超えていなければ，食べても大丈夫と考えている」17％をはるかに上回っていた。「特に気にしていない」と答えたのは27％であった。

なかでも，有機農産物の購入者など，日頃より“食の安全”に敏感な人々が，被災地周辺の農産物から離れていった。産地を選ぶことは，防衛策としては最も確実で「安全」な方法である。多方面から積極的に情報を収集した上で，最悪な展開を提示する情報ソースをもとに判断する消費者も少なくない。情報収集の熱心さについては，“先進的”消費者であるとも言えるだろう。

さらに，日本有機農業研究会が有機生産者に対し，2012年2月に実施した原発事故による影響についてのアンケート調査[3)]からは，提携消費者の減少もみられたが，さらに数多く目立ったのが首都圏の自然食品店や自然食系のレストランからの注文がばったり途絶えたという回答であった。「安全」を商品として扱っている業者は，いち早く手を引いたということであろう。

被災地の農産物を支えた“消費社会”と地域社会

二本松で有機農業を営むAさんは，地産地消として地元食材利用を進めてきた学校給食での取引が停止され，有機農産物を提携してきた消費者グループの会員が半減した[4)]。窮地に陥ったAさんを最終的に支えたのは中間業者や卸売市場であった。市場は，やや安値ではあったが出荷したもの全品を受けいれてくれ，ようやく息がつけたという。

市場が受け入れた背景には，急速に成長する中食（ナカショク）産業等での利用の場合，産地の匿名化が可能であることも大きく影響していよう。平成17年のデータでは，国内で流通する農産物のうちの，実に81.6％が外食，惣菜などの中食産業に利用されている（農林水産省，2011）。生産と消費の見直しを原点として商品流通からの離脱を説いた有機農業が，逆に消費社会に支えられた，という皮肉である。口にははいらない花を出荷しようとした郡山市の生産者が，東京の市場では断られ，県内で販売したが，それは，「地元の人ならわかってくれる」からであった。首都圏の消費者が“安全”を理由に離れた農産物を支えたのは，同じ被災地である地域の消費者と，消費社会の食を支えるナカショクに食材を供給する市場であった。

農や土への思いから遊離する対策

このような状況の中で，放射能除染のためのさまざまな方策が模索されている。農業生産の現場においては，汚染された表土をはがすことや，天地返しをすることが有効であるといわれている。試算では，放射能物質の除染対象になる可能性のある地域は，全体で福島県全体の7分の1に当たるとされている[5)]。しかし農耕地については，表土は年々少しずつ培っていく貴重な農地の財産であり，表土をはがすことは生産者にとっては非常に受け入れがたいものである。

一方，海水や放射能で汚染された土地でも耕作できるとして，ここのところ急速に注目を集めているのが，植物工場である。震災後，被災市町村のうち，現時点で15市町村が導入を計画中という[6)]。放射能に左右されず，“安心”な農産物を提供できる植物工場は，土からの遊離を意味する。もともとは原発の電力が夜間余ることから推進されてきたことを思うと，これまた，なんという皮肉であろうか。

自然の循環から離れていく市場経済的解決の途しかないのか？

このように，東日本大震災・原発事故は，都市と農村の関係性のゆがみを如実に映し出した。またその対処法としても，いかにも消費社会，市場社会らしい対策が次々と打ち出されている。私たちの行き着く先はどこになるのだろうか？

産業の近代化以降，私たちの暮らしを“豊か”にしてきたのは，石油に代表される枯渇性の資源であった。“クリーン”なイメージが宣伝される植物工場であっても，その栄養源（培養液）やエネルギー供給源，施設の製造・建設にかかるエネルギー源等の大半は，かつての植物の光合成の蓄積により形成された石油をベースとしたものである。これまでのようなアメリカを頂点とした無国籍でエネルギー浪費的な大量生産大量消費型の経済が持続可能性に欠けているのは明白である。私たちの暮らしは，本来，私たちを取り囲む自然環境と，それが長年にわたり作り上げてきたさまざまな資源に依存せずにはいられないが，その依存の仕方が鋭く問われている。根本的な問題として，私たち一般市民が自分たちの“安全”を，あまりにも他者，しかも見ず知らずの他者に依存しすぎていることがあるのではないか。

高度に専門化された現代の市場社会，消費社会において，都市的な生活者は，ほとんどの財とサービスを，購入することのみによって手に入れている。生産から流通に至るあらゆる段階は高度に専門化され，一般的な消費者にとってブラックボックス化してしまっている。それに対し，消費者には数多くある情報から有用なものをうまく収集し，判断することのできる“賢い消費者”，情報リテラシーという方向性が与えられるのみである。

ギデンス（1993）は“近代”というものの特徴の一つとして，私たちの暮らしの「物質的，社会的環境の広大な領域を体系づける」「専門家システム」に注目し，私たちは，そのシステムをある種の「信仰」をもって，受け入れていると指摘している。現在，我が国の大半を占める都市的住民は，暮らしを成り立たせる基本である衣食住の全てを，その専門家システムに外

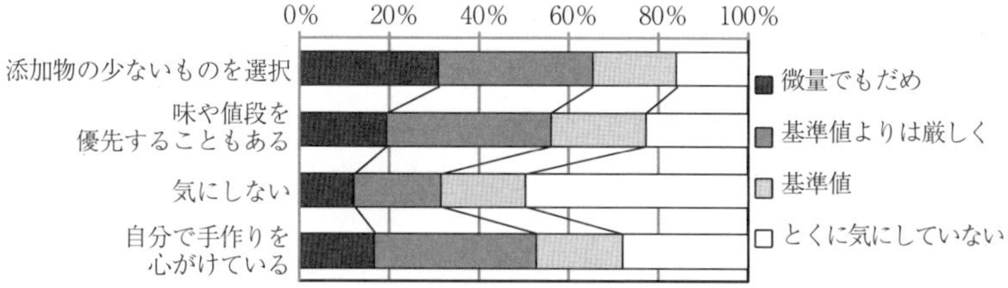

図　農産物をとおしての放射性物質の摂取についての意識と食品添加物摂取への態度

注してきた。そして，それが“進んだ”暮らしであるとも思ってきた（思わされてきた）。原子力発電に至る専門家システム，農産物の生産から流通に至る専門家システム，その双方に大きな綻びがみえている現在，私たちはどの方向を向かって歩きはじめればよいのだろうか。

先の日本有機農業研究会のアンケート結果を，もう少し詳しく見てみると興味深い結果がみえてくる。図は食品の摂取について，同じく“安全性”の観点から捉えられてきた食品添加物の摂取に関する態度と放射線への対処をクロス集計したものである。前述のように，「極力，添加物の少ないものを選択する」という，消費社会における“賢い”態度を示す回答者が，やはり放射能に対しても最も厳しい判断を下す傾向があるが，興味深いのは，「自分で手作りを心がけている」グループの放射能汚染に対する考え方である。

「自分で手作りを心がけている」グループは，「食品添加物よりも味や値段を優先することが多い」，いわば大衆的な消費行動を取るグループと同程度にしか，放射能汚染への感度が高くないのである。「手作りを心がける」というのは，食品添加物を使わない安全な食べ物を自分でつくることであるので，放射能の汚染に対しても敏感であることが予想されるのに，それほどでもない。これは，乳幼児がいる世帯でも同様であった（乳幼児がいない世帯との有意差がみられなかった）。筆者はここに，同じ“安全”を求めるものであっても，「自給する，自分でつくる」という行動が，今回の問題の捉え方について何らかの本質的な違いをもたらしているのではないか，と考える。これは，安全性は自ら手作りすることで獲得しようとする態度である。このことが，自分の暮らしの成り立ちに対する，何か本質的な確信，すなわち右往左往しないで済む何かをもたせることに寄与しているのではないだろうか。

自分たちの手に取り戻す

私たちは，これまで安易に他者に引き渡していた自らの“安全”を獲得する努力を，自分たちの手に取り戻していく必要があるのではないだろうか？

放射能汚染問題は，すでに何度も言われてきたように，目に見えず，臭いもしない。汚染度を知ろうとすれば検査の実施が不可欠である。自分たちの食べる食品の汚染状態を，政府・自治体やスーパーマーケットなどの事業者に対して検査の実施や検査した情報の開示を要求し，情報を得ることも可能であろう。専門家に確保して“もらう”ことは確かに，この大変高度な消費社会において重要なことである。しかし，“安全”を他者に依存しない方策を考えることもできるのではないだろうか。「ふくしま・あいコープ」(生協)では，消費者(生協組合員)たちが生産者農家を訪ね，生産者と一緒になって放射能の測定活動を行った。その結果は，手書きのニュースレターで他の組合員にも知らされた。茨城県をベースとする常総生活協同組合は，震災直後からいち早く自主的に放射能汚染の測定を進め，検査結果を詳細に発表した上で，地域の農産物をそれまで通り食べ続けた[7)]。

筆者は，放射能に汚染されたものでも食べよといっているわけではない。他者まかせにしすぎないこと，自分たちの暮らしを自分たちの力で成り立たせることを，少しでも日常の生活に引き寄せていくことの重要性を問うているのだ。自ら体を動かして関わることによってはじめて，真の食の安全が得られるし，他方，今回のことでは，地域や農産物が汚染されることの哀しみ，失ったものの本当の意味がわかるのではないか。

衣食住のごく一部からでも，自分の手に取り戻せないものか。「手前味噌の復活」，「家庭菜園の隆盛」を伝えるニュースや新聞記事は，その必要性を直感的に感じている人々の潜在的な多さを示していよう。生命のよりどころである水，食，そして燃料の自給を保持してきたかつての我が国の農山村の暮らしは，大きな参考となろう。

福島県郡山市石筵地区は，森林，水の共有の形を今も色濃く残す集落である[8)]。部落の入会林をもち，集落の中には水路が流れる。この水路は，戦後しばらくまで飲用として利用されてきたものであり，現在も，野菜を洗ったり，塩蔵した山菜を水さらしすることなどで利用されている。水路の上流には，村の人たちの管理による堰が作られており，台風などによる大水の時には，堰を調整することにより集落内に水があふれ出すことを防いでいる。石筵では，再生可能エネルギーとして注目を集めている小水力発電が，この水路を利用し，すでに大正時代に実践され各戸に灯りをともしていたという。水路を利用した水車や動力も利用され，人々（とくに女性たち）の労働の助けとなっていた。飲み水として使われなくなった現在でも，水路の水を汚さないようにと下水はパイプを伸ばして“下の川”に流している。田んぼに水を流すための堰は，皆で管理する。堰を開いて田んぼに水を流す日(堰上げ)は，集落の皆が集まりお祭りのように賑わう。

共有林は，かつては村人の燃料を確保し，また立木を販売することにより収入源となる重要なものであったが，こんにちでは経済価値はほとんど見いだされなくなってしまっている。しかし，それを逆手に取り，経済価値の下がった今だからこそ，手入れもされず放置されている私有林を共有林組合あるいは部落で購入し，地域の水源，環境を全体的に保全するチャンスなのではないかと考え，実現の機会をうかがっている人もいる。地域の本来の暮らしが何によって守られてきたかを，わかっている人たちがいまも暮らしているのだ。

また，世帯ではさまざまな自給用の作物や農産加工品が作られている。60代のBさん（女性）は，跡取り娘であったため，昭和30年代後半，全盛を迎えていた「金の卵」になって東京に“行くことができなかった”。盆や暮れに東京から帰ってくる垢抜けした元同級生たちに対しては，「取り残された」という思いでひどく気後れしたものだったが，「今となると残っていて良かった」とつくづく思う。それは，村にいるといろいろなものを自分で作り楽しむことができるからだという。Bさんは，昔から使われてきた大きな味噌樽を「もう使わない」という村の人たちから次々もらい受け，味噌を造り続けている。たくあん，白菜漬け，野沢菜，梅干し，凍みもちなど，昔ながらの加工品も，親世代から仕込まれた作り方にアレンジを加え，自分好みの味に仕上げている。果物が好きなので，たくさんの果樹を植え，ジュース，ジャム，果実酒づくりに励んでいる。できたものを，遠方の子供たちや友人知人に分けるのも楽しみである。自家製のどぶろくは，友達たちと一緒に飲んで楽しむ。“までに（丁寧に）”暮らすことが楽しまれている。

当然ながら，自分一人で「安全」を確保することは，容易なことではない。さまざまな作業は，一人や家族だけではできないものが多いし，どのような不測の事態が起きるかわからない。そのようなとき，地域社会の協同が大きな助けとなる。都市的住民が，「面倒くさい」とうち捨ててきた地域社会の協同性は，本来私たちが暮らしを成り立たせるには，どうしても不可欠なものだったのである。今回の津波を被災した三陸のあちこちの漁村集落からの，ときに孤立の危機に晒されながらも，協同しあうことにより，苦境を乗り越えたというニュースは，私たちの記憶に新しい。

隣り合う家同士，どんな暮らしぶりか，どんな家族の問題が起きているか，全てが知られてしまう暮らしの中で共同体が営まれている。私たちの社会には，羨みやねたみ，いろいろな感情が入り交じり，当然理想郷の暮らしではない。しかし，それでも共同性を保ちながら暮らしていかなければ人は生きていくことができないということを知り，その覚悟をしている人々，その覚悟の中で自然の恵みを生かしながら，さまざまな楽しみを自分たちの手で創り出そうとしている人々の暮らしである。

覚悟の無い社会で原発はできない

私たち，高度に発達した消費社会の人間は，暮らしの核心－確信を持つことができず，最終的には見も知らずの他者から与えられるものを渋々とでも受け入れていくしかないのだ。このことのもつ大きな問題点が，今回の問題の背景にある。地域の資源を生かし“自分でつくる”ことから遠く離れ，選んで気に入ったものだけ買う，気に入らないことがあれば遠ざかる，という使い捨ての精神構造，行動様式を身につけてしまった現代社会の都市的住民は，人が生命を維持していくことの原点，そして地域で暮らしていくということの本当の意味を見いだすことができずにいる。

自分の安全を，こんなに簡単に他者に依存してしまっていること，そしてその依存が非常に大きな代償を求めるものであることを，私たちは今回の原発事故により思い知った。これからは，「知らなかった」で逃げることはできない。

常総生活協同組合は，前述のように放射能汚染の測定を進める一方で，近縁の提携生産者の農産物を食べ続けてきた。そしてその上で，東海第二原子力発電所の停止を求める訴訟を始めている。やるべきことをやり，その上で汚染を我がこととして捉える覚悟をもった上で，これからの社会のあるべき方向性について，真剣に動き始めている。事故が起きたとしても，その土地のものを食べ続けるという覚悟の無い社会で，原発は作ってはいけないのではないか。私たちは，これからの社会をどのように作っていくか考える前に，それぞれの価値判断の基準となる確固たるものを見いだして－あるいは創り出していく努力から始めなければいけないだろう。

●注

1）直接的には，筆者が関わっている神奈川県の有機農業関係のグループで見聞きしたものであるが，一般的に，広く見られたようである。
2）日本有機農業研究会が2012年1月に実施したもの。筆者及び久保田裕子氏(國學院大學)が質問票を作成し，分析をおこなったものの一部である。報告書は下記の参考文献を参照のこと。
3）日本有機農業研究会が2012年2月に実施。久保田裕子及び筆者が質問票を作成し，2009年に日本有機農業研究会が提携に参加する有機農業者に対しおこなったアンケートに回答を寄せてくれた生産者を対象に郵送した。現在も，分析の途中である。
4）2011年7月20日，石井秀樹，清水隆，大森一三，筆者による 聞き取りによる。
5）朝日新聞，2011.9.15記事より。
6）NHK　2011-1-25　朝のニュースより。
7）2011年7月15日及び20日，石井秀樹，清水隆，大森一三，筆者による 聞き取りによる。
8）2006年6月より現在までの，島上宗子および筆者による反復的なインタビューによる。

●参考文献

日本有機農業研究会，2012，「有機農業への消費者の理解増進調査報告」，日本有機農業研究会

農林水産省，2011年3月，「最終消費からみた飲食費の流れ（平成17年）」，『第85次農林水産省統計表(平成21～22年)』，40頁．（農林水産省HPより2012.2.29アクセス， http://www.maff.go.jp/j/tokei/kikaku/nenji/85nenji/pdf/n0040.pdf）

ギデンス，アンソニー，1993，『近代とはいかなる時代か？――モダニティの帰結』，（松尾精文・小幡正敏訳），而立書房（原題：Giddens, A. 1990, *The consequences of modernity*, policy press, UK）

第9章　電気事業としての再生可能エネルギー政策

――福島県いわき市における持続可能なエネルギー事業に向けて

大平佳男

はじめに

東京電力福島第一原子力発電所事故（以下，原発事故）以降，原子力政策の見直しとともに再生可能エネルギーの普及が活発に議論されるようになっている。これまで再生可能エネルギーは供給の不安定性やコストといった面で原子力発電と対比される一方で，原子力発電は環境にやさしい（発電時に温室効果ガスである二酸化炭素を排出しない）として，あるいは化石燃料ではない（非化石エネルギー源）として，再生可能エネルギーと同じように扱われてきた側面がある[1)]。そのような中で再生可能エネルギーの普及に向けた取り組みが様々な形で行われてきた。

再生可能エネルギーは自然エネルギーやクリーンエネルギー，新エネルギーなどと呼ばれている[2)]。さらに再生可能エネルギーは電気エネルギーと熱エネルギーの2つに分類できるが，本章では電気エネルギーを対象とし，特に再生可能エネルギーの普及政策の対象である風力発電，太陽光発電，中小水力発電，地熱発電，バイオマス発電を想定する。再生可能エネルギーの特徴は，自然由来の再生可能資源を用い，地域差はあるもののその地域の自然環境を活用し，エネルギー資源の採取から発電時にかけて環境負荷の低い電気エネルギーである。さらに再生可能エネルギーは，小規模分散型が基本となっており，風力発電だけ，あるいは太陽光発電だけでは，十分に電力需要を賄うことができない。さらに自然条件に左右され，電力供給が不安定であることも，個々の再生可能エネルギーの課題のひとつである。そこで，再生可能エネルギーには地域特性に応じて導入し，多種多様な再生可能エネルギーの組み合わせによって，安定した電力供給を図ることが求められる。このように再生可能エネルギーは再生可能資源を用い，安定供給が図られることで，環境負荷の低い有用な電源として，持続可能な社会において重要な役割を果たすことができる。

本章の構成は以下のとおりである。まず，再生可能エネルギーの普及に対し，日本においてどのような政策が取られてきたのかを，代表的な2つの普及政策（組合せを含めて3つ）を踏まえて論じていく。そして，電気エネルギーとして再生可能エネルギーを捉えた場合，電気事業との関係を考慮する必要がある。電気事業においては原発事故以降，発送電分離や新規参入などの規制緩和，いわゆる電力自由化が注目されている。そこで，電力自由化のこれまでの経緯を論じた上で，電力自由化と再生可能エネルギーの関係について言及する。最後に，これらの議論を踏まえ，東日本大震災ならびに原発事故によって大きな被害が生じている被災地として福島県いわき市を取り上げ，再生可能エネルギーの普及に向けた取り組みを概観し，持続可能なエネルギーの地産地消および地域間連携について提言を行う。

1　日本における再生可能エネルギーの政策変遷

日本では，1970年代に生じた石油危機を契機にエネルギー政策の議論が活発となった。そこでは主に原子力発電が議論されているが，再生可能エネルギーについても1974年のサンシャイン計画によって，太陽エネルギーや地熱エネルギーの利用，石炭のガス化・液化による利用に関する研究開発を進めていた。このときは技術開発の振興が中心となっていた一方で，再生可能エネルギーの導入に対し，設備導入への補助金や低金利融資などが行われてきた。これらの技術開発の振興や補助金などは，一時的に廃止された期間があるものの，今日も続いている。これらの技術開発の振興や補助金は，再生可能エネルギーの技術発展やその普及に大きく寄与し，2000年代前半にドイツに抜かれるまで太陽光発電の導入量が世界一であったことからも，大きく貢献していたと言える。そのドイツでは，2000年4月に施行された再生可能エネルギー法によって大きく再生可能エネルギーの普及が図られた。この再生可能エネルギー法には，固定価格買取制度（FIT（Feed-in Tariff）制度）の枠組みが盛り込まれており，日本においても2011年8月に成立した「電気事業者による再生可能エネルギー電気の調達に関する特別措置法」に盛り込まれている。それまで日本では固定枠制度（RPS（Renewables Portfolio Standard）制度）が導入されていたが，十分な普及には至らなかった。以上のことを踏まえ，本節では，日本における再生可能エネルギーの普及政策の変遷を整理し，RPS制度とFIT制度の特徴について論じていく。

固定枠制度

日本では再生可能エネルギーの普及政策として，「電気事業者による新エネルギー等の利用に関する特別措置法」（固定枠制度，以下，RPS法）が2003年に完全施行されることとなった[3)]。RPS法は，電気事業者（一般電気事業者，特定電気事業者，特定規模電気事業者）に対して，販売電力量の一定割合（基準利用目標率）の再生可能エネルギー量（利用目標量）の利用を義務づけるものである。電気事業者による再生可能エネルギー利用の履行手段には，①自ら発電する，②他から再生可能エネルギー等電気を購入する，③他から再生可能エネルギー等電気相当量を購入する，の3つがある[4)]。

各電気事業者は，3つの履行手段のもとで，各自に定められた量（基準利用量）の再生可能エネルギーを利用しなければならないが，逆に定められた量だけ再生可能エネルギーを利用してしまえば，それ以上の再生可能エネルギーを利用する必要はない。これが再生可能エネルギーの普及を妨げる要因となっている。RPS法では利用目標量が多ければそれだけ再生可能エネルギーが普及し，利用目標量が少なければ十分な普及に至らない。日本で再生可能エネルギーが十分に普及しなかったのは，後者が要因であると言える。さらにRPS法のうち，バンキングやボロウイングといった枠組みも，再生可能エネルギーの特徴を考慮するとその普及を阻害する要因であると言える。バンキングは，電気事業者がある年度の基準利用量を超過して再生可能エネルギーを利用した場合，その超過分を翌年度の基準利用量に充てることができるというものである。一方，ボロウイングはある年度の基準利用量に未達成分がある場合，その未達成分を翌年度に繰り越せるというものである。再生可能エネルギーは自然条件に左右される上に，貯めておくことができない。バンキングのように再生可能エネルギーの年度間の取引を可能にした場合，翌年度に利用される再生可能エネルギーは実質的に減少し，ボロウイングでも未達成分だけ翌年度に多く再生可能エネルギーを利用しなければならず，結局，翌々年度にバンキングと同じ影響が生じることになる。このようにバンキングやボロウイングを認めることで，年度間で再生可能エネルギーの実質的な利用量に不均衡が生じることとなる。これを防ぐ手段としては，繰り越した分は翌年度以降，継続的に基準利用量に上乗せすることが挙げられる。また，RPS法のもとでの再生可能エネルギーの取引自体にも問題を有している。まず，利用目標量が少ないことから，各電気事業者の基準利用量も少なくなる。電気事業者にとって再生可能エネルギーを基準利用量以上に利用するインセンティブがないため，追加的に再生可能エネルギーを売りたいという主体がいたとしても，電気事業者はRPS法に基づいて追加的に購入する必要はない。そのため，電気事業者が実施する入札や抽選に応募しても全ての再生可能エネルギーがRPS法の対象とはならず，対象とならなかった再生可能エネルギーは「環境価値の含まれていない電力」として取引せざるを得なくなる[5)]。そしてもう一つが価格の問題である。平成22年度の再生可能エネルギー電気相当量と電気を併せた取引価格（加重平均価格）は，風力発電が10円/kWh，水力発電が9円/kWhとなっており，一方，風力発電の発電コストは10～14円/kWh，水力発電が8～13円/kWhとなっている[6)]。風力発電は取引価格と最も低い発電コストが等しくなっており，少しでも発電コストが高くなると採算が合わなくなる。水力発電は一部で発電コストが取引価格を下回っているものの，風力発電と同様，1円よりも発電コストが高くなると採算が合わなくなる。

ただし，RPS法はより再生可能エネルギーを利用しようとするインセンティブがないものの，利用目標量で再生可能エネルギーの普及が決まるため，適切な利用目標量が設定されていれば十分な普及が図られる[7)]。さらに利用目標量を再生可能エネルギー間で取り合うため，ここに競争原理が機能し，効率的な再生可能エネルギーの利用が図られることになる。ただ競争原理に任せてしまうと，割高である太陽光発電などは自然淘汰されてしまい，普及しなくなる恐れがある。再生可能エネルギーには多様化が求められ，さらに地域ごとに適した再生可能エネルギーの種類は異なる。よってRPS法では，利用目標量の中での競争原理によって効率的な再生可能エネルギーの普及を図りつつ，利用目標量を電源ごとで分けたり地域性を考慮したりといったルールの工夫が必要である。

太陽光発電の余剰電力買取制度

ドイツやスペインなどでは電気事業者に再生可能エネルギーを一定の価格で買い取らせることを定めたFIT制度が導入され，再生可能エネルギーが急速に拡大していったという実績から，日本においても2009年8月に「エネルギー供給事業者による非化石エネルギー源の利用及び化石エネルギー原料の有効な利用の促進に関する法律」が施行され，「太陽光発電の新たな買取制度」(太陽光発電の余剰電力買取制度，以下，太陽光FIT法）が実施された。これは一部の太陽光発電（特定太陽光発電）に対してFIT制度を適用するというものであり，太陽光発電から生産され，自家消費して余った電力（余剰電力）を，固定買取価格で電気事業者に一定期間買い取らせることを義務づけた制度である。

電気事業者は再生可能エネルギーの買い取りでかかった費用を電気料金に上乗せして徴収することになっている。上乗せ分は太陽光発電促進賦課金(以下，太陽光サーチャージ)として，2010年4月から電気料金に上乗せされ，全ての電力需要者に公平に負担させることになっている。ここで，電気事業者は固定買取価格で再生可能エネルギーを買い取り，そこでかかった費用は電気料金に太陽光サーチャージとして電力需要者に負担していることから，電気事業者は再生可能エネルギーの買い取りにかかった費用を支払う主体である[8)]。

固定価格買取制度

ここでは，2011年8月に成立した「電気事業者による再生可能エネルギー電気の調達に関する特別措置法」（再生可能エネルギーの固定価格買取制度，以下，FIT法）を取り上げる。FIT法では，全ての再生可能エネルギー（風力発電，太陽光発電（太陽光FIT法の対象のものを除く），水力発電（3万kW未満），地熱発電，バイオマス発電（紙パルプ等の既存の用途に影響がないもの））から作られた電力を全て買い取る（全量買取）としている。FIT制度は固定買取価格のもとで再生可能エネルギーの買い取りが行われるため，再生可能エネルギーの費用が固定買取価格を下回る限り，再生可能エネルギーを導入しようとする。よって，固定買取価格が再生可能エネルギーの普及を左右する要素となり，再生可能エネルギーを導入しようとする主体，再生可能エネルギーに融資しようとする金融機関などの行動選択に影響を及ぼすことになる。費用負担は，電力需要者に公平に負担させることになっており，太陽光FIT法と同様，電気料金に上乗せすることになっている。上乗せ分である賦課金（以下，サーチャージ）は，全ての再生可能エネルギーの買い取りにかかる費用を賄うため，太陽光FIT法の太陽光サーチャージよりも高くなる。

再生可能エネルギーを導入をする際，その地域が再生可能エネルギーに適した自然条件を有し，FIT法や金融機関などからの融資で事業性を見出せることが求められる。ここで，金融機関の融資条件として，FIT法の固定買取価格と買取期間がどの程度か，また再生可能エネルギーを導入して実際に発電できる発電量がどの程度なのかの2点が重視される。前者については政府によって決定される。安定的な融資が受けられるためにも，中長期的な展望が必要である。後者について，風力発電であれば風況，太陽光発電であれば日照時間などのデータの蓄積が重要である。そのようなデータもなく，単に再生可能エネルギーの導入のみに重きを置いてしまうと事業の失敗につながる。これまで再生可能エネルギーを導入しても十分な発電が得られなかったという失敗事例の多くは，実際にどの程度発電できるのかに関する事前調査が不十分であったり，再生可能エネルギーを導入すること自体が目的となり，その地域の自然条件に適さない再生可能エネルギーを導入したりするものになっている。再生可能エネルギーは環境問題の観点から重要な役割を果たすが，電気事業として採算が合うことも同時に求められる。一般電気事業者の総括原価方式のように費用に対する保証がない分，金融機関の融資を受けるには実際にどれだけの発電量が得られるのかといったデータが決め手となる。そのためにも，再生可能エネルギーに関するデューディリジェンスが重要になり，客観的に再生可能エネルギーを評価する仕組みが必要である。

また，FIT制度特有の問題として，再生可能エネルギーがどの程度普及するのかは，固定買取価格が決まり，実際に運用が開始されないとわからないという点が挙げられる。固定買取価格が想定よりも低く，再生可能エネルギーの導入を取りやめる事態も想定できる。さらに固定買取価格を再生可能エネルギーの普及や技術に応じて引き下げていくこととなれば，再生可能エネルギーの普及が一時的なものになってしまうことが懸念される。再生可能エネルギーの普及は喫緊の課題であるとともに，再生可能エネルギーのひとつひとつが小規模であるため，長期的に継続して普及していくことが望まれる。固定買取価格の水準だけで普及が左右されてしまうと，安定した拡大にはつながらない恐れがある[10)]。そこで，FIT法のもとでも計画的に一定の再生可能エネルギーの普及を保証するため，数量の下限規制を定めることが提言として挙げられる。いわゆるFIT法のもとでRPS制度を併用するものと言えるが，固定買取価格が適切に設定され，この下限規制を上回るだけ再生可能エネルギーが導入されていれば何ら問題はない[11)]。問題は固定買取価格が低く，再生可能エネルギーが十分に普及せず，下限規制を下回った場合である。このとき，固定買取価格を引き上げたり引き下げを取りやめたりする，あるいは電気事業者に対して再生可能エネルギーの利用を直接義務づけるなどして，再生可能エネルギーの確保が求められる[12)]。再生可能エネルギーは電気事業としても重要な役割を果たすことになるため，固定買取価格のみで普及が左右される仕組みでは，長期的に安定利用に支障をきたす恐れがある。そこで計画的な普及を図っていくことも併せて検討する必要がある。

2　電気事業と再生可能エネルギー

再生可能エネルギーを用いて電力を供給する場合，あるいは電気事業者として電力を供給する場合，電気事業法に基づいて事業を行う必要があり，FIT法に基づいて再生可能エネルギーを導入した場合でも，一般的に一般電気事業者が敷設した送電系統に接続する必要がある。また，FIT法は一般電気事業者だけでなく特定電気事業者や特定規模電気事業者も再生可能エネルギーの買取義務の対象となっている（これらの電気事業者の種類については後述）。しかし，現行の電気事業法のもとでは，特定電気事業者や特定規模電気事業者がFIT法に基づいて再生可能エネルギーを買い取るメリットは少ない。ドイツのように，再生可能エネルギーに対してより高い選好を持つ電力需要者が再生可能エネルギーを用いて電気事業を行う電気事業者を自由に選べることができるようになれば，電力の差別化（再生可能エネルギーか否かなど）が可能となり，電力市場における競争戦略になる。本節では電気事業の規制緩和，つまり電力自由化のこれまでの経緯を説明し，再生可能エネルギーとの関係を論じる。

電気事業法の変遷

電気事業は発電設備に莫大な費用（固定費用）がかかるため，経済学では費用逓減産業の典型的な事例として挙げられることが多い。費用逓減産業の場合，完全競争と同じような行動を取れば利潤が負となり，電気事業が成り立たない。一方，独占企業として電気事業を行えば利潤を得ることができるが，独占（自然独占）による弊害が生じる。よって，政府による規制のもとで独占による弊害を回避しつつ地域独占として電気事業を担うことになる。ここから，日本では総括原価方式や発送電の垂直統合といった制度が考慮されることとなった。その後，分散型電源や電気料金の割高感などの要因から，電力自由化の議論がなされるようになり，電力自由化や電気事業の合理化を図るために電気事業法の改正が段階を踏んでなされてきた。

まず，最初の電気事業法の改正は1995年である（第一次電気事業制度改革）。

このときの改正では，卸供給事業者（IPP: Independent Power Producer, 独立電気事業者）の新規参入と入札制度の導入，特定電気事業者の創設などである。IPPは一般電気事業者（地域独占として電気事業を担ってきた電気事業者）に対して電力を卸供給する電気事業者である。これにより一般電気事業者がIPPから入札で電源調達を行うことが認められることとなり，一定の費用引下げの効果が得られた。また，特定電気事業者は限定された区域に対して，自らの発電設備や送電系統を用いて電力供給を行う電気事業者であり，いわゆる電力自由化の最初の取組みと言える。

1999年の第二次電気事業制度改革では，特定規模電気事業者（PPS: Power Producer and Supplier）の参入，送電系統の利用条件に関する整備などが行われた。PPSとは，一部の電力需要者に対して，一般電気事業者の有する送電系統を通じて，電力供給を行う電気事業者である。一般電気事業者の送電系統を利用するものの，発電部門と小売部門については電力自由化がなされ，対象となる電力需要者は自由に電気事業者（一般電気事業者もしくはPPS）を選べるようになった。また，ここでの改正で送電系統の利用条件に関する整備が行われたが，依然として一般電気事業者が送電系統を所有している状況は変わっていない。

2003年の第三次電気事業制度改革では，一般電気事業者による送電系統の保有維持の確認，送電系統の利用に関する公平性・透明性の確保，分散型電源の促進，卸電力取引所の開設などがなされた。ここでの改正でも送電系統は一般電気事業者による保有維持となったが，PPSが自前の送電系統を用いて電力供給することが認められるようになった。

その後も自由化の範囲拡大の是非が議論されたものの，2005年4月の範囲拡大以降大きな進展は見られない。2008年1月の総合エネルギー調査会電気事業分科会第31回において，全面自由化をしないわけではないが現時点では見送るという結論を評価しており，これはPPSのシェアなどから電力需要者の選択に十分対応できるとは言えないことから現状維持とするというものである。

以上のように電力自由化は部分的に行われ，電力需要全体の63％の量が電力自由化の範囲となっている。しかし，2009年の発電電力量における一般電気事業者，卸電気事業者（電源開発，日本原子力発電）等，特定電気事業者，PPSのシェアを見ると，一般電気事業者が84.6％，卸電気事業者等が14.6％であり，電力自由化に伴う新規参入者である特定電気事業者及びPPSはそれぞれ0.2％，0.6％と，合わせても0.8％となっている。電力自由化の範囲拡大を見送った理由としてPPSのシェアの低さを挙げているが，それにもかかわらずPPSの新規参入が進展しなかった原因に対する議論，そして今後拡大させていく方策に関する議論はあまりなされていなかった。さらに電力自由化の範囲拡大に係る費用便益分析の結果では，競争促進策（例えば一般電気事業者に対する価格規制）を講じれば電力完全自由化をしてもしなくてもプラスとなるという結論も出ている。電力の完全自由化は全ての電力需要者が自由に電気事業者を選択できることであるが，少なくとも現在の電力の部分自由化においても，積極的な競争が図られるように電力市場を活性化させることが重要である。

電力自由化と再生可能エネルギー

電力自由化の重要なポイントとして，PPSによる電気事業への参入増加と発送電分離が挙げられる。新規参入の増加は市場競争の促進につながり，さらに再生可能エネルギーを用いた新規参入は火力発電や原子力発電などの大規模集約型電源の依存を低めることになる。また，発送電分離は，電力自由化に伴う新規参入を促進させ，再生可能エネルギーの普及に対し，必要不可欠な要素である。概念上，発送電分離をせずとも電力自由化は可能であり，現在の日本がその一例であるが，発送電分離をしないことによる弊害が大きく，新規参入が進まないだけでなく，再生可能エネルギーの接続拒否や，一般電気事業者間や50Hz-60Hz間の地域間連携線の脆弱性といった，すでに表面化している問題の是正も進展しない[14)]。一般電気事業者が発送電分離に対して消極的な姿勢を取る理由として，新規参入によって安定供給が損なわれ，停電が生じる恐れがある点，併せて再生可能エネルギーを接続することで送電系統が不安定になる点，送電系統の所有権がそれを敷設した一般電気事業者の財産と見なせる点，発送電分離後，新規参入した電気事業者の生産量が増え，一般電気事業者の生産量が減少する恐れがある点などが挙げられる[15)]。これらの点については，すでにヨーロッパで経験した事案であり，安定供給が損なわれることもなく，新規参入も活発に行われおり，解決できる問題であると言える[16)]。

上述したように，電力自由化に伴い，新規参入をして電気事業を行うことは可能である。よって再生可能エネルギーはFIT法のもとで電気事業者に買い取ってもらうだけでなく，電気事業者として電力市場に参入して自ら電力供給をするという選択も可能になる。再生可能エネルギーを用いて電力市場に新規参入するケースはすでに先行事例が存在しており，着実に実績を上げつつある。制度的な側面から見ると，再生可能エネルギーを用いて新規参入した場合，発電設備が再生可能エネルギーであろうと，その電力はFIT法の対象にはならない。そこで，電気事業に参入し，再生可能エネルギーをFIT法の対象とする手段は，再生可能エネルギーの発電部門を子会社化させ，新規参入する電気事業者は電力の取引を扱う主体とすることである。これにより再生可能エネルギーの供給主体（特定供給者）と電気事業者は別の主体となり，FIT法を利用することができる。再生可能エネルギーがFIT法の対象となることで，PPSとしての売電収入だけでなく，FIT法の固定買取価格による収入も見込める。よってPPSの売電収入と固定買取価格による収入が再生可能エネルギーの費用を上回る限り，再生可能エネルギーの導入が進展することになる。さらに他の電気事業者との競争によって電気料金が下がってPPSの売電収入が下がろうとも，固定買取価格が上昇すれば収入は上昇するし，あるいは再生可能エネルギーの費用が低下すれば費用を抑制できるため，電力市場での競争にも対応しうる。そして排出量取引や炭素税などの環境政策の導入によって，火力発電を用いた電気料金は値上がりが必至となり，その一方で値上がりしない再生可能エネルギーを用いた電気料金には，より一層の環境付加価値が見出されることになる。このように電力自由化を進めつつ，再生可能エネルギーの普及を図るために，固定買取価格だけでなく，再生可能エネルギーの費用，排出量取引や炭素税といった環境政策なども重要な役割を果たすことになる。次に，電力自由化と再生可能エネルギーの理論的な解釈として，再生可能エネルギーを用いて電力市場に新規参入した場合，一般電気事業者による部分独占状況に直面することになる。つまり，ある電力需要に対して一般電気事業者が大部分の電力供給を行い，残りの電力需要をそれ以外の電気事業者が電力供給する状況である。一般的に再生可能エネルギーは，それ単独では小規模分散型電源である。その特徴に着目すると，再生可能エネルギーは火力発電や原子力発電などの大規模集約型電源と異なり1基当たりの初期費用が低い。大規模集約型電源では自然独占となってしまうが，相対的に小規模分散型電源である再生可能エネルギーは競争原理が機能しやすく，市場競争による効率化が期待できる[17)]。

3　被災地における再生可能エネルギーの普及に向けて
――福島県いわき市を事例に

本節ではこれまでの議論を踏まえ，福島県いわき市を事例に再生可能エネルギーの普及を検討する。福島県は2011年12月に発表した「福島県復興計画（第一次）」の基本理念の最初に，「原子力に依存しない，安全・安心で持続的に発展可能な社会づくり」を掲げ，県内の原子力発電所の全基廃炉を求めるとしている。福島県の脱原発宣言は，原発からもたらされる財源および雇用の依存からの脱却，リスクを伴う植民地型開発からの脱却を訴えるものであり，このことは原発を抱える自治体に対してだけでなく，これまで日本社会が抱えてきた様々な社会問題に対しても大きな転換を訴えるものである。さらに原発に依存せずに持続的に発展可能な社会づくりを明記している。原発はエネルギーを生み出すものであるが，その原発に代わってエネルギーを生み出し，持続可能な電源となると再生可能エネルギーしかない。福島県復興計画（第一次）にも，省資源・省エネルギー型ライフスタイルを発信し，再生可能エネルギーを導入拡大するとともに，再生可能エネルギー産業による雇用の創出などを図ることが盛り込まれている。福島県復興計画（第一次）を受けて東日本大震災の地震および津波の被災地でもあるいわき市は，「いわき市復興事業計画（第一次）」（以下，復興事業計画）を2012年1月に発表している。いわき市は再生可能エネルギーの導入に適した自然条件を多く有しており，再生可能エネルギー事業の拠点となることが期待されている。

いわき市における再生可能エネルギーへの取り組み――復興事業計画を中心に

いわき市が発表した復興事業計画の中で，再生可能エネルギーは重点施策の一つに挙げられており，再生可能エネルギーを核とした産業振興プロジェクトが示されている。ここではまず復興事業計画のうち，再生可能エネルギーに関する点を取り上げる。

(1) 洋上風力による産業振興

2011年度第3次補正予算において，経済産業省は「浮体式洋上ウィンドファーム実証研究事業委託費」として約125億円を計上し，いわき市は国・県と連携しながら，洋上風力の実証実験を行い，本格的な発電施設の整備につなげ，同時に関連産業の集積，地域産業の参入等に関する調査・研究を実施するとしている。いわき市では洋上風力を導入するとともに，関連産業の市内集積と雇用の創出を図り，開発拠点や認証機関の誘致にも取り組むとしている。洋上風力は国のプロジェクトという位置づけであり，いわき市としては後者に重きを置いている。

(2) 太陽光発電による産業振興

いわき市は東北の中では温暖な気候であり，冬でも積雪があまりないという特徴を有し，日照時間も東北地方では数少ない年間2000時間を超える地域である[18)]。いわき市では，大規模太陽光発電所（メガソーラー）の誘致とともに，補助金政策などを通じて個人家庭向けの太陽光発電の普及促進を図り，新たに事業所向けについても推進することにしている[19)]。これについては，前述した太陽光FIT法及びFIT法によって，住宅用も事業用も，さらに発電用も太陽光発電で作られた電力を固定買取価格で買い取られるため，一層の導入が促進されると期待される。いわき市では2001年の段階で太陽光発電の集中連係システムを構築しており，規模としては小さいものの蓄電設備も有し，すでに実績を挙げている[20)]。

(3) 木質バイオマスによる産業振興

市内の豊富な森林資源を活用し，林道や簡易作業道を開設し，間伐材の搬出を容易にし，その利用促進による木質バイオマスに係る産業振興に取り組むとしている。太陽光発電への補助と同様，間伐材などから作られる木質ペレットを利用したペレットストーブに対しても補助をしている。

(4) 成長産業等の育成支援

環境分野，エネルギー分野，医療・福祉分野など，今後成長が見込まれる産業の育成を図るとともに，農商工連携の取り組みを推進することで，新たな産業の創出を支援するとしている。エネルギーに着目すると，市内の自然環境や地域資源を活かした環境・エネルギー分野のビジネスの取り組みに対し，事業化に向けた技術開発や市場調査，販路開拓などを体系的に支援するとしている。

(5) スマートコミュニティの調査研究

国等が進めているスマートコミュニティに関する実証実験を踏まえ，経済効果や市内での実現性について調査研究をするとし，福島県としてもスマートコミュニティによる再生可能エネルギーの地産地消を提示している。

以上が，復興事業計画における再生可能エネルギーに関する内容の概要である。これらの項目は，浮体式洋上風力のような国による実証実験から，環境・エネルギー分野の関連産業の育成支援のような地域に根付いたものとなっている。太陽光発電やバイオマス発電の事例は，いわき市に限らず他の地域でも実践的に行われていることもあり，それらの事例を踏まえつつ，さらに発展していくことが望まれる。そして，いわき市のエネルギー政策において，スマートコミュニティがこれらの取り組みをつなげる重要な役割を果たすことになる。

持続可能なエネルギーの地産地消

ここでは，これまでの内容を踏まえ，いわき市における持続可能なエネルギーの地産地消モデルを検討する。このエネルギーの地産地消モデルは，持続可能なエネルギー構造を示唆するものであり，長期的な目標となる。これまでの枯渇性資源に依存したエネルギー構造は持続可能性を有しておらず，原子力発電に至っては，不十分な核燃料サイクルの中で運転がなされ，事故が起きてしまえば制御不可能な状態に陥り，それまで形成されていた地域社会を寸断し，事故以前の状況に戻れるかすら誰にもわからないことから，決して持続可能な社会を形成できるとは言えない。つまり，現在のエネルギー構造そのものが持続可能性を有しておらず，東日本大震災以降に露顕した脆弱なエネルギー政策を転換しない限り，その危険性が常に存在し続けることになる。

いわき市におけるエネルギーの地産地消を検討する上で，例えば電力の生産と消費のバランスを見る必要がある。持続可能なエネルギーの地産地消を達成するためには，少なくとも電力供給量と電力需要量が同量であるか，電力供給量が電力需要量を上回る必要がある。この需給について再生可能エネルギーを用いた先行研究として，千葉大学倉阪研究室と環境エネルギー政策研究所が行っているエネルギー永続地帯研究が挙げられる。このエネルギー永続地帯の定義は「その区域における再生可能エネルギーのみによって，その区域におけるエネルギー需要を賄うことができる区域」である。つまり，再生可能エネルギー生産量がエネルギー需要量を上回る地域がエネルギー永続地帯となる。ただ，このエネルギー永続地帯の指標では，エネルギー需要の対象が民生部門と農林水産業部門となっており，製造業部門や運輸部門などのエネルギーを大量に消費する部門が含まれていない。また，人口の多い地域は必然的に人口の少ない地域よりも電力需要が多くなる。よって，製造業が活発で，人口の多い地域では電力需要が多くなるため，エネルギー永続地帯となるには困難である。いわき市は，産炭地域であったことから，古くから鉱工業が発展し，石炭から石油へのエネルギー革命のときに多くの失業者を伴いつつも，石炭産業から重化学工業への転換を図った経緯がある。現在，いわき市は東北で最も製造品出荷額が高く，製造業が盛んな地域である。また人口についても，総務省によるといわき市は東北で仙台市に次いで2番目に多い[21)]。ここからもいわき市におけるエネルギーの地産地消をエネルギー永続地帯の指標で評価することは，現状では非常に困難である。

では，持続可能なエネルギーの地産地消を検討するため，電力需要と電力供給に分けて考察を加える。まず電力需要について，いわき市の復興事業計画では主に電力供給に関する枠組みが取り上げられており，電力需要に関する枠組みは含まれていない。電力需要の扱いは非常に難しく，電力需要の非合理的な抑制は，企業の生産活動に制約をもたらし，家庭の消費活動に不便をもたらす。地域のエネルギー政策やスマートコミュニティ実証地域のマスタープランでも，直接電力需要を抑制する内容は見られない。さらに東日本大震災以降，東北電力や東京電力の各管内で電気事業法27条に基づく供給制限が行われたが，強制的な電力需要の抑制は法律に基づくほど強い影響を及ぼすものである。このように電力需要の抑制は，生産活動や消費活動に影響を及ぼすため，容易には受け入れられない。そこで重要な役割を果たすのが，前述したスマートコミュニティであり，それを管理する設備のスマートメーターである。スマートメーターは電力を使用する時間帯や電気機器から電力需要の状況を判断し，省エネや不要な電力の使用を抑制するための電気メーターである。スマートコミュニティを形成するためには，スマートグリッドの整備とともにスマートメーターの普及を行うことが求められる。そして急激な電力需要の削減は容易ではないが，段階的に削減することを目的に，長期的な削減目標を設けることが必要である。さらに工場での省エネ設備や家庭での省エネ家電への切り替えを促すような優遇措置も必要である。

次に電力供給について，持続可能なエネルギーの地産地消では，枯渇性資源に依存しない再生可能エネルギーを中心とした供給構造が求められる。そのためには，十分な再生可能エネルギーの電源確保と，そこで作られた電力を供給し，需要される体制が必要である。まず前者について，再生可能エネルギーは小規模分散型であるため，一つ一つの発電規模は小さい。よって多種多様な再生可能エネルギーを少しでも多く確保することが求められる。これにより一定の電力供給を確保するとともに，例えば雨天によって太陽光発電が機能しなくても，風力発電やバイオマス発電で補うといったことも可能となる。具体的に復興事業計画を見ると，洋上風力や太陽光発電，木質バイオマス発電が重要な位置づけとなる。これらの再生可能エネルギーが基幹電源となり，そこから第1節で議論した太陽光FIT法やFIT法によって多種多様な再生可能エネルギーの確保を図ることになる。また，電力は需要の変化に応じて供給しなければならない。電源のベストミックスとして，これまで主にベース電源に原子力発電が，オフピークからピークまで(ミドルロード)の電源に火力発電が，ピーク時の電源に水力発電が用いられている。再生可能エネルギーのうち，ベース電源としては，本来，地熱発電が適しているが，いわき市の自然条件を見る限り地熱発電は困難であるため，風力発電やバイオマス発電といった他の電源を用いることになる。そしてオフピークからピークまでの電源には風力発電やバイオマス発電，ピーク時の電源には太陽光発電や中小水力発電といったように，それぞれ適した再生可能エネルギーを当てはめることが望まれる。

後者の電力の供給・需要体制について，これは第2節で取り上げた電気事業法に則って議論する必要がある。再生可能エネルギーを電気として供給する場合，自家消費をするか電気事業者として参入するかの選択に迫られることになる。自家消費であれば再生可能エネルギーの設置主体の電力需要に充てられるが，持続可能なエネルギーの地産地消のもとでは，その効果は限定的である。いわき市内に電力供給を行うことを考慮すると，電気事業者として参入する必要がある。さらに電気事業法における諸条件や復興事業計画を勘案すれば，卸供給事業者かPPSとして参入することになる。卸供給事業者の場合，一般電気事業者である東北電力へ売電することになり，再生可能エネルギーで作られた電気であることは関係なくなる。この場合はエネルギーが地産地消となっているかどうかの判断が難しくなるため，東北電力が需給調整をしつつ，卸供給された分がどの程度で，いわき市内にどの程度供給されたのかを示してもらう必要がある。ここからエネルギーの地産地消が成立しているかどうか判断することになる。そしてPPSとして参入する場合は太陽光FIT法やFIT法を活用することになる。ただ太陽光FIT法やFIT法だけで十分な普及が図れるかは不透明である。環境政策によって再生可能エネルギーの環境付加価値を高めつつ，再生可能エネルギーの優先接続によって安定して供給できる体制の整備が求められる。このような持続可能なエネルギーの地産地消を形成するためには，全ての電力需要者が自由に電気事業者を選択できるようになっていることが必要であり，電力の完全自由化へ移行していることが前提となる。

再生可能エネルギーに対する地域金融の役割と地域間連携

最後に，再生可能エネルギーの導入に向けた地域金融の役割と再生可能エネルギーの地域間連携を取り上げる。復興事業計画では国からの補助金が重要な役割を果たすことになるが，持続可能なエネルギーの地産地消を図るには，再生可能エネルギー事業の継続性が必要である。将来的には補助金に頼らない形で，再生可能エネルギー事業が成り立たなければならない。また，外部資本による再生可能エネルギー事業の場合，固定資産税や一定の雇用創出というメリットはあるものの，その再生可能エネルギーで作られた電力や利益がその地元に還元される保証はなく，場合によっては植民地型開発につながる恐れがある。一方，地域金融を活用する場合，その地域のお金を利用しているため，その地域でお金が循環する仕組みが形成される。さらに再生可能エネルギー事業で得られた利益もその地域に入る。問題は再生可能エネルギー事業の事業性の保証と地域の金融機関による融資の可能性である。再生可能エネルギー事業には，自然リスクだけでなく，故障せず計画通り発電できるか，資金回収は可能か，地域住民との合意形成ができているかといったリスクもある。これまでこれらのリスクは再生可能エネルギー事業者が抱えてきた。金融機関は再生可能エネルギーがいくら環境によく，社会的に貢献できるとしても，リスクが大きく利益が期待できなければ融資するわけにはいかない。よってこれらのリスクを小さくし，リスク分散を図り，利益の出ることが求められる。そのためには第三者による再生可能エネルギー事業の認証機関や債務保証が必要である。認証機関による信用保証によって金融機関も融資を実行することができ，債務保証によってリスクを軽減することができる[22)]。そして再生可能エネルギーの小規模分散型という特徴も優位に働く。金融機関でもその種類ごとに融資可能な金額が異なるため，再生可能エネルギーの事業規模に応じて金融機関を選択することになる。そしてこれらの再生可能エネルギー事業をその地域の事業者が担うことでその地域に雇用が生まれ，再生可能エネルギー事業による利益が地域に還元し，循環することになる。補助金という一時的なお金を活用するだけでなく，市内のあらゆる企業，人材，資源を活用し，長期的な展望を持って再生可能エネルギー事業が行われることが望まれる。その中で，再生可能エネルギーの関連産業の誘致と，再生可能エネルギー事業に関する認証機関を含めた体系的な仕組み作りが，持続可能なエネルギーの地産地消を支えることになる。

さらに持続可能なエネルギーの地産地消の安定を図るため，再生可能エネルギーの地域間連携が重要な役割を果たすことになる。エネルギーの地産地消は電力供給量と電力需要量が同量であればよいが，電力需要の日中の変動や季節変動にも対応しなければならず，ピークに合わせて電源を確保しておく必要がある。ただ，ピーク以外のときは電力供給量が電力需要量を上回っていることになるため，供給超過となっている電力を地域外に供給することが可能となる。エネルギーの地産地消では，地域内の限れた電力需要から一定の再生可能エネルギーの導入が見込めるものの，地域内の電力需要が増加しない限り，さらに再生可能エネルギーを拡大させるインセンティブが見出せなくなる。地域外に電力供給を行うことによって，新たに再生可能エネルギーを拡大させるインセンティブを見出すことができる。再生可能エネルギーの地域間連携はすでに先進事例がある。例えば，東京都環境局では，都内の業務ビルなどにおけるグリーン電力の需要の開拓を図ったり，風力発電等の生グリーン電力を都内に送電したりといった取り組みが行われている[23)]。割高な再生可能エネルギーを，託送料金を負担してまで利用することは，本来，合理的な判断とは言えないが，再生可能エネルギーの環境付加価値や電気として実際に利用できる上，排出量取引や炭素税の導入でそれらの負担増加を回避することができ，それらが強化されることによって枯渇性資源を用いた電力での負担の上昇は免れず，そうなると相対的に再生可能エネルギーが安くなり，合理的に再生可能エネルギーへの需要が拡大することになる。排出量取引はすでに東京都で実施されており，炭素税も地球温暖化の改善に向けて重要な環境政策である。これらの環境政策の実施によって環境に配慮した社会が実現するとともに，再生可能エネルギーの普及にも寄与することになる。

おわりに

本章では，原発事故以降，社会的な議論となったエネルギー問題を，再生可能エネルギーの普及政策と電気事業の両面から概観し，被災地である福島県いわき市を事例に再生可能エネルギーの普及を検討した。今回の原発事故によって，日本のエネルギー政策は転換期を迎え，これまで表面化していなかったエネルギー政策における持続可能性の危機を再確認するきっかけとなった。原発事故が起きる以前は原発推進を中心としたエネルギー政策となっていたが，これは超長期にわたる放射性廃棄物の管理を後世に押し付け，さらにその放射性廃棄物の量を増やし続けることを意味していた。1987年の環境と開発に関する世界委員会でブルントラントが示した「将来の世代の欲求を満たしつつ，現在の世代の欲求も満足させるような開発」の持続可能な開発に関する概念に基づくと，放射性廃棄物は将来の世代の欲求を満たすどころか，逆に負の遺産を残し続けることになる。

本章で取り上げたいわき市では1960年ごろの石炭から石油へのエネルギー革命で多くの炭鉱が閉山し，多くの失業者が出た経験を持つ。これは石油需要の隆盛という社会的な背景があるものの，政策転換によってもたらされた社会問題である。このとき，いわき市では生産基盤の整備と工場誘致を積極的に行い，新たな雇用創出が図られた。今回，原発事故をきっかけに再生可能エネルギーの普及に向けて舵が切られようとしている。これを機会に地域主導の再生可能エネルギー事業を推進し，持続可能なエネルギーの地産地消を実現し，そしてこの持続可能なエネルギーの地産地消モデルが全国各地の自治体で，その地域に適した再生可能エネルギーを用いて行われることが望まれる。

最後に原発の利用推移を見返してみると，日本では1970年段階で発電電力量における原発の占める割合は約1.3％であったものが，2010年には約24.9％まで上昇していた。一方，2010年の再生可能エネルギーの占める割合は0.6％であった。40年後に再生可能エネルギーの占める割合がどれだけ伸びるのか，現在その分岐点に直面している。

●注

1）代表的な議論として，原子力発電の費用については大島(2010)第2章が，非化石エネルギーとして再生可能エネルギーと原子力発電を扱う点については内閣府原子力委員会新大綱策定会議(第3回)における浅岡美恵氏の指摘が挙げられる。

2）再生可能エネルギーなどの用語については「エネルギー白書2007」p.57,「エネルギー白書2010」p.99，資源エネルギー庁「買取制度の概要」平成23年5月などを参照されたい。

3）RPS法が導入されるまでの経緯については，遠州編(2010)第3章や飯田(2011)第3章を参照されたい。

4）RPS法では再生可能エネルギーではなく，新エネルギーと表記している。また，③の再生可能エネルギー等電気相当量は，再生可能エネルギーの発電に適した地域の差を是正するために設けられ，②と異なり，直接再生可能エネルギーの取引をせず，電子口座を活用して取引を行うことで，基準利用量に充てることができるというものである。

5）RPS法の対象とならなかった再生可能エネルギーについて，日本ではグリーン電力証書が重要な役割を果たしてきた。グリーン電力証書は再生可能エネルギーの環境付加価値を取引するものであり，企業のCSRなどで用いられてきた。

6）数値はRPS管理システム「RPS法下における新エネルギー等電気等に係る取引価格調査結果について」および「エネルギー白書2010」p.123を参照している。後者では小規模発電の水力発電が除かれている。なお，前者にはバイオマス発電の取引価格として9.4円/kWhが記載されているが，後者には記載がないため本文では割愛している。バイオマス発電は燃料や技術によって大きな違いがあり，小島ほか(2007)によると10.9～42.6円/kWhとなっている。

7）経済学的にいうと，RPS制度が数量規制，FIT制度を価格規制と見なし，再生可能エネルギーの限界費用が特定できれば，理論上，いずれも同じ効果が得られる。詳しくはMenanteau et al. (2003)を参照されたい。

8）負担と支払いの違いについては，汚染者負担（支払い）原則（PPP: Polluter Pays Principle)の議論に通じる。そこから電気事業に関するあらゆる情報は電気事業者が有しており，再生可能エネルギーの拡大を図るには，電気事業者に対する責任を拡大させることも提案として挙げられる。

9）デューディリジェンスとは，ある投資について，その投資の価値を調査することであり，投資に対するリスクが客観的に評価される。再生可能エネルギーの場合，金融機関から融資を受けようにも，再生可能エネルギーの事業性に対するリスク評価が不十分であり，金融機関からの融資が敬遠されてしまう。

10）固定買取価格の決定プロセス自体にも問題がある。すでに実施されている太陽光FIT法を見ると，固定買取価格は単年度ごとに見直され，年度末に決定される。例えば金融機関が再生可能エネルギーへの融資を決める要因に固定買取価格と買取期間があるため，固定買取価格がなかなか決まらなければ，その融資の判断もできない。この点について竹濱(2010)においては，単年度方式ではなく3年程度先まで予告されることの必要性を論じている。

11) FIT法のもとで下限規制が定められることによって，RPS制度が有する弊害を除去することができる。つまり，RPS制度では基準利用量が下限規制となり，それ以上の利用インセンティブがなかった。FIT法では再生可能エネルギーの買取義務があるため，下限規制を大幅に上回っても電気事業者は再生可能エネルギーを買い取らなければならない。

12) 固定買取価格を引き上げる場合，固定買取価格が高くなるまで再生可能エネルギーの導入を見合わせるということが想定される。

13) 電力自由化は一般電気事業者とPPSの競争と見なされているが，制度上，一般電気事業者同士の競争も可能である。これまで九州電力と中国電力の間でなされたことがあるものの，ほとんど例がない。

14) 一般電気事業者間や50Hz-60Hz間の地域間連携線の脆弱性によって広域連携が出来ない背景には，送電線の容量不足が挙げられる。本州にある一般電気事業者間は50Hz-60Hz間を除いて比較的融通しやすくなっているが，北海道と本州というように海で隔たれると容易ではなくなる。本州と北海道を結ぶ北本連携線の容量は60万kWであり，これ以上の送電はできない。また，50Hz-60Hz間の地域間連携線は新信濃周波数変換所，佐久間周波数変換所，東清水周波数変換所の3つであり，総容量は100万kWである。本州にある50Hzの地域は東北電力と東京電力の2つの供給管内だけであり，ここで電力不足となっても，他の地域から160万kWの容量までしか融通することができない。160万kWは東北電力および東京電力の発電設備容量(8220万kW)の約2%に過ぎない。つまり，東北電力と東京電力の供給管内は，2つの管内だけで独立している状況になっていると言える。

15) PPSによる送電系統の利用には託送料金やインバランス料金の負担が定められている。再生可能エネルギーを利用すると，送電系統の負荷変動が激しくなり，インバランスが大きくなり，負担の増加が懸念される。これも再生可能エネルギーの普及を阻害する要因となる。そのため，インバランス料金の低減や再生可能エネルギーの優先接続が求められる。

16) 詳しくは植田・梶山編(2011)第8章を参照されたい。ここでは主に発送電分離と再生可能エネルギーの普及について論じられている。

17) 前掲の植田・梶山編(2011)第8章においても，再生可能エネルギーの分散型電源は原発などに比べて自由市場と親和性が高いと指摘している。また，RPS制度では，再生可能エネルギー間で競争原理が働くことを期待されていたが，利用目標量が少なく，わずかな枠を奪い合う状態になっていた。一方，FIT制度では固定買取価格が決まるため，その分だけ再生可能エネルギーが普及することになるものの競争原理は機能しなくなる。

18) 気象庁によると，いわき市小名浜の2001年から2011年の年間日照時間の平均は約2027時間である。

19) いわき市のこれまでの取り組みとして，いわき市立中央台南中学校などに310kW，中央台公民館に60kWの太陽光発電を導入している。

20) 復興事業計画の中では言及されていないものの，緊急時の非常用電源にも活用できるため，被災経験を活かした電源確保のあり方のモデルケースになりうる。

21）東日本大震災以降，福島県を中心に人口移動が激しい。いわき市については，人口流出以上に人口流入が多いため，全体として増加している。

22）再生可能エネルギー事業と地域金融における事業評価や債務保証については，法政大学サステイナビリティ研究教育機構（2011）で言及されている。

23）生グリーン電力とは，実際に再生可能エネルギーで作られた電力のことである。例えば青森県六ケ所村の風力発電で作られた電力を，送電にかかる託送料金を負担して，東京都の新丸の内ビルディングに供給するといった取り組みが見られる。

●参考文献

飯田哲也（2011）『エネルギー進化論』ちくま新書

植田和弘・梶山恵司編（2011）『国民のためのエネルギー原論』日本経済新聞出版社

遠州尋美編（2010）『低炭素社会への選択』法律文化社

大島堅一（2010）『再生可能エネルギーの政治経済学』東洋経済新報社

大平佳男（2007）「日本の電力市場に関するサーベイ」『大原社会問題研究所雑誌』No.583

――（2010）「RPS（固定枠）制度と太陽光FIT（固定価格）制度に関する比較分析――日本の再生可能エネルギー普及政策を事例に」『公益事業研究』第62巻第2号

――（2011）「FIT制度の制度設計とRPS制度の再検討に関する一考察」『環境経済・政策研究』【環境論壇】Vol.4, No.1

小島明弘・高濱均・芦澤正美（2007）「国内バイオマス燃焼発電システムの現状調査・分析」『電力中央研究所報告』M07002

竹濱朝美（2010）「太陽光発電に対するフィード・イン・タリフの買取費用」『立命館産業社会論集』第46巻第2号

吉田文和（2011）『グリーン・エコノミー』中公新書

いわき市「いわき市復興事業計画（第一次）」2012年1月

経済産業省編「エネルギー白書」2007年版，2010年版

経済産業省「工業統計調査」平成21年確報

資源エネルギー庁「買取制度の概要」平成23年5月

総務省「統計でみる市区町村のすがた2011」

千葉大学倉阪研究室・NPO法人環境エネルギー政策研究所（2011）「永続地帯2011年版報告書」

電気事業連合会統計委員会編「電気事業便覧」昭和48年版，平成23年版

福島県「福島県復興計画（第一次）～未来につなげる，うつくしま～」2011年12月

法政大学サステイナビリティ研究教育機構（2011）「地域のエネルギーとお金を地域と地球に活かす」第14回サス研フォーラム講演記録集（14）

Menanteau, P., Finon, D. and Lamy, M. L.（2003）'Prices versus quantities: choosing policies for promoting the development of renewable energy' *Energy Policy* 31 pp.799-812.

気象庁・気象統計情報（http://www.jma.go.jp/jma/menu/report.html）

RPS管理システム（http://www.rps.go.jp/）

〔人名・地名・重要事項索引〕（注：頻出する地名は除く）

（さ行）

（た行）

（な行）

執筆者紹介

[編著者]

長谷部俊治（はせべ・としはる）

1951年生まれ，法政大学社会学部教授。専門は，行政法，国土・都市・地域政策。主な著書・論文に，『地域整備の転換期——国土・都市・地域の政策の方向』（大成出版社，2005），『環境をめぐる公共圏のダイナミズム』（共編著，法政大学出版局，2012），「災害対策法制の有効性——その構造的課題」『社会志林』Vol.59No.2（法政大学，2012）。

舩橋晴俊（ふなばし・はるとし）

1948年生まれ。法政大学社会学部教授。専門は，環境社会学，社会計画論。主な著書に，『組織の存立構造と両義性論——社会学理論の重層的探求』（東信社，2010），『社会学をいかに学ぶか』（引文堂，2012），『核燃料サイクル施設の社会学——青森県六ヶ所村』（共著，有斐閣，2012）。

[執筆者]

第1章　牧野英二（まきの・えいじ）

1948年生まれ。法政大学文学部教授（文学博士）。専門は，哲学，倫理学，感性学。主な著書に，『和辻哲郎の書き込みを見よ！和辻倫理学の今日的意義』（法政大学出版局，2010），『崇高の哲学　情感豊かな理性の構築に向けて』（法政大学出版局，2007），『カントを読む　ポストモダニズム以降の批判哲学』（岩波書店，2003，ハングル語訳，2009）。

第2章　舩橋晴俊：編著者参照

第3章　長谷部俊治：編著者参照

第4章　宮城孝（みやしろ・たかし）

1957年生まれ。法政大学現代福祉学部教授（博士（社会福祉学））。主な著書に，『イギリスの社会福祉とボランタリーセクター——福祉多元化における位置と役割』（中央法規，2000），『地域福祉と民間非営利セクター』（編著，中央法規，2007），『新版コミュニティとソーシャルワーク』（編著，有斐閣，2008）。

コラム1　金慶南（キム・ギョンナム）

1963年生まれ。法政大学サステイナビリティ研究教育機構准教授（文学博士）。専門は，アーカイブズ学，歴史学（韓国近代史）。主な論文に，「韓国大統領記録の管理と大統領記録館の設立方案」『研究紀要』2号（国文学研究資料館，2006），「帝国と植民地における不均衡残存記録の構造と植民地支配の特徴――朝鮮総督府の山林資源記録を中心に」『アーカイブズ学研究』第15号（2011），「戦時体制期における近代都市釜山開発の植民地的特性」『経営経済論集』18-1号，（九州国際大学，2011）。

第5章　岡本哲志（おかもと・さとし）

1952年生まれ。法政大学サステイナビリティ研究教育機構研究員（博士（工学））。専門は，都市形成史。主な著書に，『港町のかたち――その形成と変容』（法政大学出版局，2010），『「丸の内」の歴史：丸の内スタイルの誕生とその変遷』（ランダムハウス講談社，2009），『銀座四百年：都市空間の歴史』（講談社メチェ，2006）。

第6章　仁平典宏（にへい・のりひろ）

1975年生まれ。法政大学社会学部准教授（教育学博士）。専門は，市民社会論，福祉社会学。主な著書に，『「ボランティア」の誕生と終焉――〈贈与のパラドックス〉の知識社会学』（名古屋大学出版会，2011），『労働再審5 ケア・協働・アンペイドワーク――揺らぐ労働の輪郭』（共編著，大月書店，2011），『若者と貧困』（共編著，大月書店，2009）。

第7章

西城戸誠（にしきど・まこと）

1972年生まれ。法政大学人間環境学部准教授（博士（行動科学））。専門は，環境社会学，地域社会学。主な著書に，『フィールドから考える地域環境』（共編著，ミネルヴァ書房，2012），『用水のあるまち――東京都日野市・水の郷づくりのゆくえ』（共編著，法政大学出版局，2010），『抗いの条件――社会運動の文化的アプローチ』（人文書院，2008）。

原田峻（はらだ・しゅん）

1984年生まれ。東京大学大学院人文社会系研究科博士課程。専門は，地域社会学，社会運動論。主な著書・論文に，『「原発避難」論』（共著，明石書店，2012），「NPO法制定・改正をめぐる運動と政治」『中京大学現代社会学部紀要』5巻2号（共著，2012），「「住民運動」と「市民活動」の連続性をめぐって」『ソシオロゴス』34号（2010）。

第8章　石井秀樹（いしい・ひでき）

1978年生まれ。法政大学サス研を経て，福島大学うつくしまふくしま未来支援センター特任助教。専門は，造園学，環境福祉論。主な著書・論文に，「暮らしと自然が育む「場のケア力」――園芸療法と森林療法からコミュニティデザインへ」『「環境と福祉」の統合』（有斐閣，2008），「危機的状況の中での制御可能なものごとを求めて――二本松市の栽培実験とチェルノブイリ視察団の経験」『PRIME』（明治学院大学国際平和研究所紀要，2012），『放射能汚染から食と農の再生を』（共著，家の光協会，2012）。

コラム2　吉野馨子（よしの・けいこ）

1965年生まれ。法政大学サステイナビリティ研究教育機構プロジェクト・マネージャ（博士（農学））。専門は，生活農業論。主な論文に，The role and possibilities for subsistence production: reflecting the experience in Japan, In "From Community to Consumption: New and Classical Themes in Rural Sociological Research"（Rural Sociology and Development Series, Emerald Publishing, 2010)，「住民による農産物の入手と利用からみた地域内自給の実態把握――長野県飯田市の事例調査から」『農林業問題研究』44巻3号（共著，2008)，「氾濫原の恵みを生かした村の暮らしと環境の変容――バングラデシュ農村における伝統的な資源利用と近代化」『村落開発と環境保全』（古今書院，2008)。

第9章　大平佳男（おおひら・よしお）

1980年生まれ。法政大学サス研を経て，福島大学うつくしまふくしま未来支援センター特任研究員。専門は，環境経済学，電気事業および再生可能エネルギー政策。主な論文に，「部分独占を伴う電力市場でのRPS法施行と価格差別を考慮した理論分析」『経済政策ジャーナル』第3巻第2号（2006)，「電力自由化における再生可能エネルギー促進政策の比較分析」『公益事業研究』第60巻第2号（2008)，「RPS（固定枠）制度と太陽光FIT（固定価格）制度に関する比較分析――日本の再生可能エネルギー普及政策を事例に」『公益事業研究』第62巻第2号（2010）

編著者

長谷部俊治（はせべ・としはる）

船 橋 晴 俊（ふなばし・はるとし）

持続可能性《じぞくかのうせい》の危機《きき》 —— 地震《じしん》・津波《つなみ》・原発事故《げんぱつじこ》災害《さいがい》に向《む》き合《あ》って ——

2012年9月10日　第1版第1刷発行

編著者　長 谷 部 俊 治
　　　　船 橋 晴 俊
発行者　橋 本 盛 作
発行所　株式会社 御茶の水書房
〒113-0033　東京都文京区本郷5-30-20
電話 03-5684-0751

組版・印刷／製本：タスプ

ISBN978-4-275-00995-1 C3033

SGCIME編　マルクス経済学の現代的課題　全九巻・一〇冊

各巻定価（本体三一〇〇円＋税）

第Ⅰ集　グローバル資本主義

第一巻　グローバル資本主義と世界編成・国民国家システム

Ⅰ　世界経済の構造と動態

Ⅱ　国民国家システムの再編

第二巻　情報技術革命の射程

第三巻　グローバル資本主義と企業システムの変容

第四巻　グローバル資本主義と景気循環

第五巻　金融システムの変容と危機

第六巻　模索する社会の諸相

第Ⅱ集　現代資本主義の変容と経済学

第一巻　資本主義原理像の再構築

第二巻　現代資本主義の歴史的位相と段階論（近刊）

第三巻　現代マルクス経済学のフロンティア

御茶の水書房